네이티브 앱처럼 동작하는 웹 프로젝트 완성
SNS 앱 예제로 배우는 프로그레시브 웹 앱

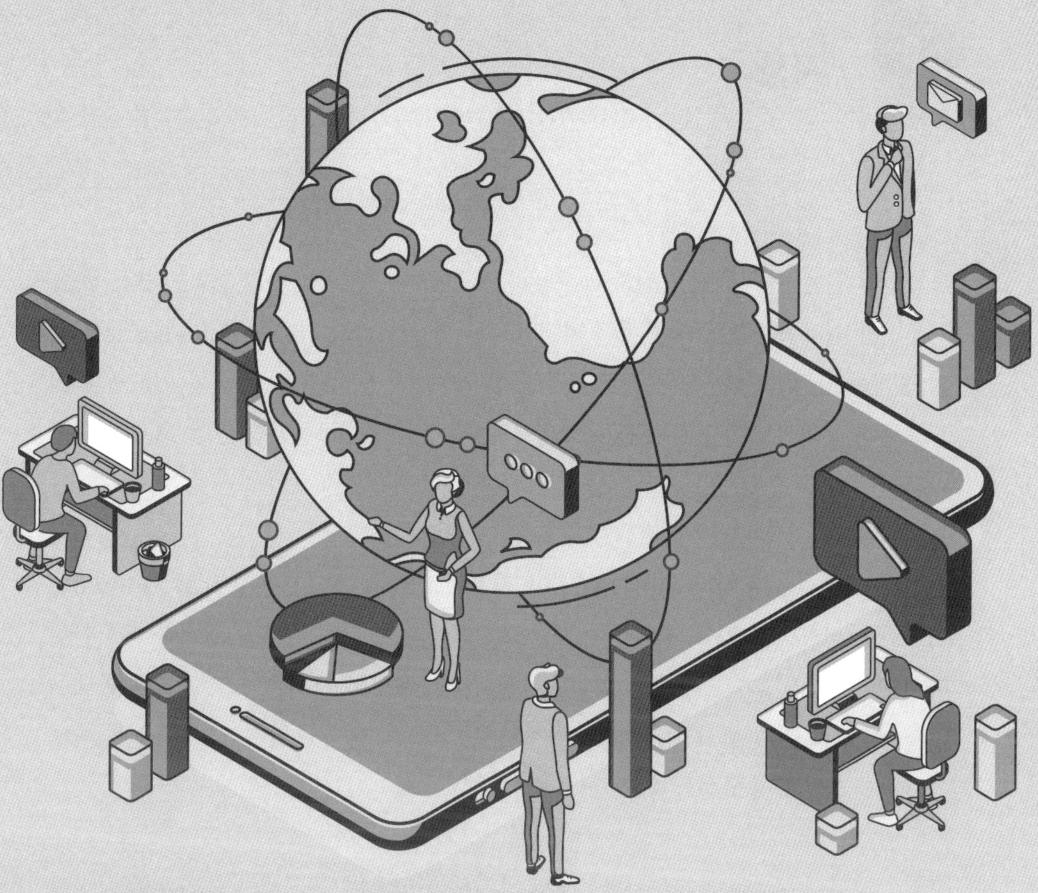

SNS 앱 예제로 배우는 프로그레시브 웹 앱

네이티브 앱처럼 동작하는 웹 프로젝트 완성

이근혁 지음

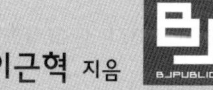

서문

오늘날의 웹은 누구나 쉽게 접하고 사용하는 중요한 수단으로 자리잡았습니다. 웹 브라우저만 있다면 어떤 플랫폼이나 기기에서든 웹 서비스를 사용할 수 있다는 것은 웹의 강력한 장점입니다. 그러나, 오프라인 상태에서 사용할 수 없고 네이티브 앱과 비교해보면 상대적으로 좋지 못한 성능과 사용자 경험을 제공한다는 단점 역시 존재합니다.

네이티브 앱의 사용성과 웹의 접근성이 적절히 조합된 프로그레시브 웹 앱(PWA)은 이러한 단점을 해결하고, 지금까지 사용해왔던 웹과는 다른 새로운 경험을 제공합니다. 네트워크가 없는 오프라인 상태에서 웹 서비스를 사용하고, 백그라운드에서 데이터를 동기화하거나 푸시 메시지를 제공하는 등 기존의 웹에서 할 수 없었던 일들을 웹 기술만을 사용하여 구현할 수 있습니다.

프로그레시브 웹 앱은 지금도 계속해서 발전하고 있으며, 구글과 모질라뿐만 아니라 애플과 마이크로소프트에서도 프로그레시브 웹 앱을 지원하고자 노력하고 있습니다. 지금도 계속해서 다양한 기능이 만들어지면서 구현되고 있기 때문에 점점 더 강력한 힘을 얻게 될 것입니다.

사전 지식

이 책의 내용에서 자바스크립트가 차지하는 비중이 크지만, 결과적으론 하나의 웹 앱을 만들어나가게 됩니다. 이러한 이유로 웹 개발을 처음 접한 분들보다는 HTML, CSS, 자바스크립트와 같이 기본적인 웹 개발에 대한 지식이 있는 분들이 더 쉽게 이해할 수 있을 것이라고 생각합니다.

개발 환경

이 책의 실습 내용은 모든 플랫폼(Windows, macOS, Linux 등)에서 진행할 수 있도록 구성되어 있습니다. 웹 브라우저와 코드 에디터만 존재한다면 실습을 진행할 수 있습니다. 이 책에서는 구글 크롬과 Visual Studio Code(이하 VSCode) 에디터를 기준으로 진행되며, 사용된 소스코드는 https://github.com/bjpublic/snsapp에서 받아볼 수 있습니다.

구성

이 책은 총 10장으로 구성되어 있습니다. 본격적으로 프로그레시브 웹 앱에 대해 알아보기에 앞서 예제 소스코드를 살펴보고, 앞으로 어떠한 방향으로 실습을 진행해 나갈지에 대한 전체적인 목표를 미리 살펴봅니다. 이후 프로그레시브 웹 앱의 기본적인 개념과 서비스 워커, 웹 앱 매니페스트 등의 주요 구성 요소뿐만 아니라 오프라인 캐싱, 백그라운드 동기화, 푸시 알림과 같은 대표적인 기능에 대한 개념을 학습하고, 밑바닥부터 직접 구현해보며 일반적인 웹 앱을 프로그레시브 웹 앱으로 발전시켜 나가는 방향으로 실습이 진행됩니다.

감사의 말

이 책을 집필할 수 있도록 기회를 제공해주신 비제이퍼블릭과 이동원 편집자님, 옆에서 긍정적인 힘을 보태주었던 친구들, 그리고 항상 곁에서 응원해준 가족들에게 정말 감사드립니다.

저자 소개

이근혁

고등학교 시절부터 지금까지 웹 개발자로 일하고 있다. 우연히 접한 웹 개발을 시작으로 흥미를 얻어 현재까지 웹 분야에 대한 다양한 기술을 배우고 활용하고자 노력하고 있으며, 지금보다 더 나은 웹을 추구하는 개발자 중 한 명이다.

다른 사람들과 지식을 공유하는 것을 좋아하여 개인 블로그(https://geundung.dev)와 깃허브(https://github.com/leegeunhyeok)에 다양한 내용을 종종 올리고 있다.

베타 리더 리뷰

요새 프로그래밍 세계에서 가장 핫(hot)한 분야는 뭐니 뭐니 해도 프론트엔드입니다. React.js, Vue.js, Angular 등 최신 프론트엔드 프레임워크는 프로젝트에서 필수로 자리잡은 지 오래입니다. 웹 접근성, 웹 표준과 함께 프론트엔드의 개발자는 Ecmascript 2015(ES6)와 HTML5, CSS3의 학습을 쫓아가다 보면 그 발전과 진화에 혀를 내두르게 됩니다.

이 책은 현업에서 풍부한 경험을 가지고 있는 저자가 프론트엔드 개발을 위한 개발자가 반드시 알아야 할 핵심 지식을 구석 구석 잘 전달하고 있습니다. 현업에서 웹 프로그래밍을 강의하고 있는 강사의 입장에서 학생들에게 좋은 책을 추천할 수 있게 되었습니다. 이 책을 읽고 저자의 설명대로 따라가다 보면 여러분도 전문가가 될 수 있을 것입니다.

복종순

프로그레시브 웹 앱(PWA)이 라는 말을 처음 듣는 사람이 많을 것입니다. 2016년 구글에서 발표한 미래의 웹 기술로 네이티브 앱과 웹의 장점을 모두 가지고 만들어진 것이 PWA입니다. 안드로이드, IOS, 웹 개발을 전부 하기 힘든 스타트업에서 기술 스택으로 가장 이상적이라 할 수 있습니다.

이 책에서는 PWA의 기본 개념부터 SNS 앱을 만들면서 PWA의 기술이 어떻게 적용되는지 하나하나 배울 수 있습니다. 기존 웹 개발 기술을 활용해 PWA 구현 방법을 배우고 싶은 분이나 프로그레시브 웹 앱에 관심이 있는 웹 앱 개발자들에게 이 책은 가장 좋은 선택이 될 것이라 생각합니다.

이석곤

PWA란 단어를 접한 건, 1년 전 웹 관련 영어 기사를 통해서였습니다. 당시엔 오프라인 상태에서도 보여줄 데이터를 캐싱하여 사용자에게 최대한 온라인과 같은 환경을 제공한다고만 얼핏 이해했었지만, 이번에 베타테스터로서 이 책을 읽고 PWA가 좀 더 정확히 무엇인지 그리고 어떤 구성 요소를 가지고 처리되는지 알게 되었습니다.
이 책에선 간단한 PWA을 같이 만들어보며 예제를 통해 독자의 이해를 돕고, 구현 시 주의해야 할 점에 대해 친절히 소개하고 있습니다. 독자 분들이 이 책을 읽으면 PWA가 이런 것이구나 하고 쉽게 이해하실 수 있으리라 생각합니다.

이승표

초급 개발자를 위한 기초부터 시작해서 전문가 영역까지 SNS 앱 개발의 처음과 끝을 잘 다루고 있어 개발자라면 누구나 꼭 읽어야 할 책입니다. 저도 알았던 사실도 있지만 이 책을 통해 새롭게 배운 것이 많았습니다.

이종우

PWA에 대한 기본 원리와 구동 방법에 대해 철저하게 익힐 수 있는 책입니다. 이 책의 장점은 코드에 대한 상세한 해설과 원리에 대한 디테일한 설명입니다. 하나의 프로젝트를 가지고 깊이 있게 해설해주기 때문에 차례차례 실습을 따라하면서 설명을 읽어 가다 보면 PWA가 어떤 식으로 구동이 되며, 기존 웹 앱과는 어떤 차이가 있는지 체득하게 됩니다.
웹 앱 개발을 하고 있거나 관심 있어 하는 분들에게 큰 도움이 될 책입니다. 특히, 자바스크립트를 공부하거나 관심 있어 하는 모든 분들에게 이 책을 꼭 추천하고 싶습니다.

장대혁

목차

서문 ······ IV
저자 소개 ······ VI
베타 리더 리뷰 ······ VII

Chapter 01 시작하기 ······ 1
1.1 자바스크립트와 웹 기술의 발전 ······ 2
1.2 프로그레시브 웹 앱(PWA)이란? ······ 3
1.3 네이티브 앱 vs 웹 앱 vs 하이브리드 앱 vs 프로그레시브 웹 앱 ······ 13

Chapter 02 실습을 위한 개발 환경 준비하기 ······ 17
2.1 Node.js 설치하기 ······ 18
2.2 Visual Studio Code 설치하기 ······ 24
2.3 실습 소스코드 준비하기 ······ 26

Chapter 03 프로그레시브 웹 앱이 되기 위한 준비 ······ 33
3.1 Paper 파악하기 ······ 34
3.2 Paper에 PWA 불어넣기 ······ 46

Chapter 04 PWA의 핵심, 서비스 워커 ······ 51
4.1 서비스 워커란? ······ 52
4.2 서비스 워커 등록하기 ······ 56
4.3 서비스 워커의 기능 이벤트 ······ 61
4.4 서비스 워커에서 브라우저 요청 가로채기 ······ 64
4.5 서비스 워커의 생명주기 ······ 69
4.6 서비스 워커의 상태 ······ 74

Chapter 05 오프라인을 위한 캐시 스토리지 ········· 81

5.1 캐시 스토리지란? ········· 82
5.2 웹 페이지 리소스 캐싱하기 ········· 84
5.3 캐시에서 응답하기 ········· 93
5.4 캐시 관리하기 ········· 96
5.5 다양한 캐싱 전략 ········· 100
5.6 오프라인 상태 알리기 ········· 118

Chapter 06 IndexedDB 사용하기 ········· 123

6.1 IndexedDB란? ········· 124
6.2 데이터베이스 생성하기 ········· 129
6.3 객체 저장소 (ObjectStore) ········· 133
6.4 트랜잭션 (Transaction) ········· 143
6.5 Paper에 적용하기 ········· 162

Chapter 07 웹 앱 매니페스트 (Web App Manifest) ········· 191

7.1 웹 앱 매니페스트란? ········· 192
7.2 웹 앱 매니페스트 살펴보기 ········· 192
7.3 홈 화면에 Paper 설치하기 ········· 209

Chapter 08 Sync, 백그라운드 동기화 ········· 213

8.1 백그라운드 동기화 살펴보기 ········· 214
8.2 동기화 작업을 위한 저장소 만들기 ········· 222
8.3 백그라운드 동기화 기능 구현하기 ········· 230
8.4 백그라운드 동기화 개선하기 ········· 245

Chapter 09   서비스 워커와 클라이언트 간 메시지 주고받기   **249**

9.1 Paper의 문제 파악하기   250
9.2 서비스 워커에서 웹 페이지로 메시지 보내기   252
9.3 웹 페이지에서 서비스 워커로 메시지 보내기   256
9.4 메시지 채널을 통해 메시지 주고받기   266

Chapter 10   **Push, 사용자에게 알림 보내기**   **271**

10.1 푸시란?   272
10.2 웹 푸시 살펴보기   274
10.3 알림 API (Notification API)   281
10.4 푸시 알림 준비하기   296
10.5 푸시 알림 보내기   319
10.6 마무리하며   331

Chapter 11   **부록**   **339**

11.1 ES6 자바스크립트 맛보기   340
11.2 라이트하우스 (Lighthouse)   362
11.3 워크박스 (Workbox)   365

찾아보기   368

CHAPTER
01

시작하기

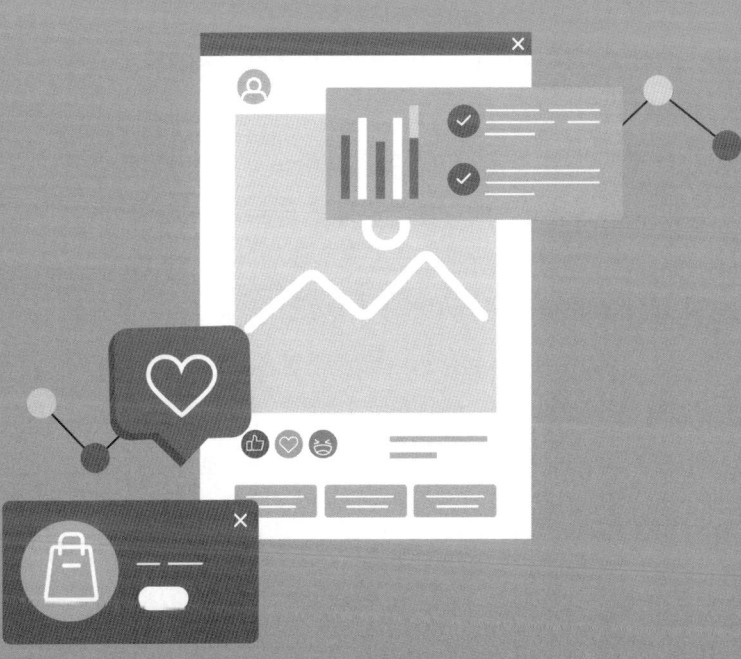

1장 시작하기

이번 장에서는 자바스크립트와 웹 기술의 발전에 대해 살펴보고, 프로그레시브 웹 앱 Progressive Web App, PWA에 대한 기본 개념에 대해 알아보도록 하겠습니다.

1.1 자바스크립트와 웹 기술의 발전

오늘날의 자바스크립트는 다양한 분야에서 사용되는 인기 언어 중 하나입니다. 불과 몇 년 전만 해도 자바스크립트는 주로 브라우저에서 작동하는 언어일 뿐, 그 이상도 이하도 아니었습니다. 그러던 중 자바스크립트를 브라우저가 아닌 환경에서 실행할 수 있도록 하는 노드JS Node.js가 탄생하고, 서버만이 아니라 다양한 분야와 영역에서 자바스크립트를 사용할 수 있게 됨으로써 점점 더 많은 주목을 받게 되었습니다.

하나의 언어로 프론트엔드와 백엔드 영역을 모두 개발할 수 있다는 것은 매우 큰 장점입니다. 이후 자바스크립트의 언어적 측면에서 큰 전환점이라고 볼 수 있는 'ECMAScript 2015'(이하 ES6)가 등장하여 기존 자바스크립트가 가지고 있던 많은 문제점을 개선하게 되었고, 오늘날까지도 새로운 언어 스펙이 발표되고 자리를 잡으면서, 점점 강력한 언어로 성장해 나가고 있습니다.

자바스크립트의 발전도 한 몫 했지만 웹 기술도 미래를 향해 빠르게 나아가고 있습니다. HTML5와 CSS3의 등장 이후, 사용자에게 다양한 기능과 컨텐츠를 제공할 수 있게 되었으며 더욱더 인터랙티브 interactive[1]한 웹 페이지를 제공할 수 있게 되었습니다. 또한, 과거에는 데스크탑 환경 기준의 웹 페이지가 주를 이루었다면, 요즘에는 모바일 환경을 위한 웹 페이지를 쉽게 접할 수 있습니다. 스마트폰과 같은 모바일 기기의 보급 이후, 사용자들은 손 안에서 웹 페이지에 쉽고 빠르게 접근하길 원하고 있으며 이제 모바일 환경에 최적화된 웹 페이지를 제공하는 것은 선택이 아닌 필수로 변화하고 있

---

[1] 콘텐츠를 제공하는 것에 지나지 않고, 사용자가 직접 조작하고 상호작용할 수 있는 웹 페이지를 의미합니다.

습니다.

이처럼 불과 몇 년 만에 크고 작은 발전이 있었고, 언어 자체의 발전과 더불어 사용자 기기 성능의 발전 등 다양한 요인에 따라 기술 트렌드도 변화하고 있습니다. 하이퍼링크를 통해 페이지를 여기 저기 이동하는 고전적인 웹 페이지와는 조금 다른 단일 페이지 애플리케이션Single Page Application, SPA[2]이 주목받고 있으며, 이를 보다 쉽게 개발하기 위한 라이브러리와 프레임워크(Angular, React, Vue.js 등)가 엄청난 인기를 끌고 있습니다. 이 외에도 웹 어셈블리Web Assembly, AMPAccelerated Mobile Pages와 다양한 웹 API 등의 기술과 기능이 계속 발전하고 있으며, 이 책의 주제인 프로그레시브 웹 앱도 발전하고 있는 분야 중 하나입니다.

1.2 프로그레시브 웹 앱PWA 이란?

[그림 1-1] PWA

프로그레시브 웹 앱PWA은 2015년 구글의 크롬 엔지니어인 알렉스 러셀Alex Russell이 고안한 개념에서 시작하여, Google I/O 2016 발표를 통해 세상에 알려졌습니다. 프로그레시브 웹 앱은 웹의 편리한 접근성과 네이티브 앱의 기능적인 장점 및 사용성

---

2 하나의 페이지에서 다양한 페이지를 제공하는 방식의 웹 페이지를 의미합니다.

을 결합한 차세대 웹 앱[3]을 의미합니다. 그러나 사실 프로그레시브 웹 앱에 대한 명확한 정의에 대해 설명하긴 어렵습니다. 이는 웹 기술로 구성되어있으며 프로그레시브 Progressive의 의미와 같이 '점진적'으로 동작하는 웹 앱을 의미한다고 볼 수 있습니다. 여기서 점진적이라는 의미는 앞으로 계속 설명할 내용이지만, 간단히 말해 사용자의 환경에 알맞게 기능을 제공하고 사용하면 할 수록 점점 더 개선되어갈 수 있음을 의미합니다.

프로그레시브 웹 앱은 일반적인 웹 환경의 틀을 벗어나지 않으면서, 서비스 워커라는 핵심 요소를 통해 네이티브 앱에서만 구현할 수 있던 다양한 기능을 사용자에게 제공할 수 있습니다.

그러나 아직 프로그레시브 웹 앱에 대한 구체적인 모습이 머릿속에 잘 그려지지 않을 것입니다. 사용자가 프로그레시브 웹 앱을 사용하는 시나리오를 보면서, 프로그레시브 웹 앱의 기능들을 알아보도록 하겠습니다.

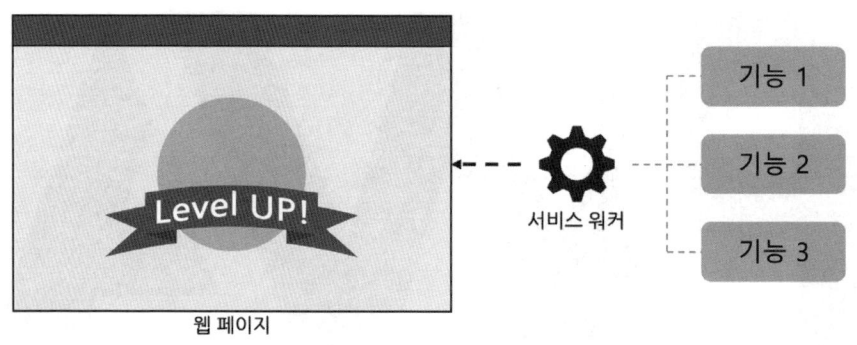

[그림 1-2] 프로그레시브 웹 앱이란?

당신은 업무를 위해 해외 출장을 떠나게 되었습니다. 공항에 도착하고 비행기에 탑승하기 전에 뉴스 웹 사이트에 접속하여 오늘의 기사를 확인합니다.

---

3 웹 앱은 웹 페이지의 범주에 속하며 자세한 내용은 1.3장에서 알아보겠습니다.

> 기사를 읽다 보니, 이 언론사가 마음에 들어 언론사에 '좋아요'를 누르고 새로운 기사 알림을 신청합니다. 이후 다른 기사를 읽어보던 중 비행기 탑승 시간이 임박하여 보고 있던 웹 페이지를 닫고 급하게 비행기에 탑승했습니다.
>
> 기내에서는 네트워크 연결이 끊겨 있지만, 다시 뉴스 웹 사이트에 접속하니 조금 전에 읽었던 기사들이 그대로 보입니다. 기사를 마저 읽고 의견을 남기기 위해 댓글을 작성합니다.
>
> 어느덧 목적지에 도착하여, 휴대전화를 네트워크에 연결하니 비행기에서 작성했던 댓글이 업로드되었고, '좋아요'를 누른 언론사에서 새로운 기사가 업로드되었다는 알림이 옵니다. 당신은 알림을 눌러 새로 업로드된 뉴스 기사를 바로 확인하게 됩니다.

살펴본 시나리오에는 다음과 같은 핵심 기능들이 포함되어 있습니다.

- 오프라인 환경에서 웹 페이지 사용
- 댓글 작성 백그라운드 동기화
- 새로운 기사 푸시 알림

이처럼 프로그레시브 웹 앱은 네이티브 앱에서만 구현할 수 있던 강력한 기능을 웹 기술로 구현할 수 있습니다. 하지만 브라우저에서 동작하기 때문에 네이티브 앱보다 구현 가능한 기능이 상대적으로 한정되어 있습니다. 그렇다면, "그냥 지금처럼 네이티브 앱으로 개발하는 것이 낫지 않을까?"라고 생각할 수 있습니다. 네이티브 앱은 분명 프로그레시브 웹 앱과 달리 더 나은 성능과 다양한 기능을 구현할 수 있다는 장점이 있지만, 단점도 가지고 있습니다.

오늘날 대부분 앱 시장을 장악하고 있는 네이티브 앱은 사용자가 앱을 직접 설치하는 과정을 거친 후 사용할 수 있으며, 새로운 앱을 설치하는 사용자는 점차 줄어들고 있는 상황입니다. 이러한 이유로 많은 기업들은 사용자가 앱을 설치할 수 있도록 많은 비용을 투자하여 앱 설치를 유도하고 있습니다. 또한, 정해진 플랫폼에서만 구동 가능하기 때문에 플랫폼에 따라 앱을 개발해야 한다는 단점도 존재합니다.

프로그레시브 웹 앱은 다양한 기능이 추가된 확장된 웹 환경이기 때문에 일반적인 웹 페이지와 같이 설치 과정 없이 즉시 사용할 수 있고, PC 및 모바일 기기 등 다양한 플랫폼과 환경에서 사용할 수 있습니다. 사용자가 원한다면 홈 화면에 웹 앱을 설치하여 바탕화면에 유지할 수 있으므로 접근성도 개선될 수 있으며, 이 모든 기능을 웹 기술만 활용하여 개발할 수 있다는 것이 큰 장점입니다.

이러한 이유로 기존에 웹 개발을 해본 경험이 있다면, 프로그레시브 웹 앱으로 비교적 쉽게 확장시킬 수 있을 것입니다. 분명 각각의 앱 유형마다 장단점이 있지만, 프로그레시브 웹 앱은 웹의 접근성과 네이티브 앱의 사용성이 적절히 조화를 이루는 좋은 대안이 될 수 있을 것으로 기대합니다.

1.2.1 프로그레시브 웹 앱의 특징

프로그레시브 웹 앱은 다음과 같은 주요 특징을 가지고 있습니다. 특징이라고 표현했지만, 이는 장점으로도 볼 수 있습니다.

1. 점진적인 향상
2. 반응형 디자인
3. 연결 독립적
4. 앱과 유사함
5. 최신 상태 유지
6. 보안 및 안전
7. 검색 가능
8. 재참여 가능
9. 설치 가능
10. 링크 연결 가능

- 특징 1 - 점진적인 향상: 프로그레시브 웹 앱은 브라우저에서 제공하는 다양한

기술을 조합하여 새로운 기능을 제공할 수 있기 때문에 구형 브라우저와 같이 지원하지 않는 환경이 존재할 수 있습니다. 이러한 경우 사용자의 환경에 맞게 기능을 제공하며, 컨텐츠를 제공하는 데에는 지장을 주지 않도록 점진적으로 향상될 수 있는 환경을 제공합니다. 또한, 프로그레시브 웹 앱은 스스로 업데이트를 수행하기 때문에 사용할수록 점점 개선할 수 있습니다.

- 특징 2 - 반응형 디자인: 오늘날의 웹 페이지는 반응형 웹 디자인을 적용한 사례를 많이 찾아볼 수 있습니다. 상당수의 사용자는 데스크탑 뿐만 아니라 모바일 환경에서도 동일한 웹 서비스에 접근하는 경우가 많으며, 이를 대비하기 위해서는 반응형 웹 디자인이 중요한 열쇠가 될 수 있습니다. 결국 프로그레시브 웹 앱도 웹 페이지이기 때문에 기존처럼 다양한 화면 크기에 대응할 수 있도록 얼마든지 구현할 수 있습니다.

- 특징 3 - 연결 독립적: 사용자 기기의 네트워크 상태에 의존하지 않고 필요한 리소스(HTML, CSS, 이미지 등)를 독립적으로 제공할 수 있습니다. 사용자가 오프라인 상태 또는 느린 네트워크 환경에서 웹 페이지에 접근할 경우, 미리 저장해 두었던 리소스에 대해 즉시 응답이 가능합니다. 이처럼 즉각적인 응답을 통해 웹의 단점이었던 사용성과 성능 문제를 어느 정도 개선할 수 있으며, 사용자 경험을 크게 향상시킬 수 있습니다.

- 특징 4 - 앱과 유사함: 프로그레시브 웹 앱은 앱 셸App Sell 아키텍처를 기준으로 설계하고 구현합니다. 앱 셸은 웹 페이지를 구성하기 위해 필요한 리소스를 의미합니다. 다시 말해, 페이지를 구성하는 기본적인 HTML, CSS, 자바스크립트, 로고 이미지 등이 앱 셸이 될 수 있으며, 사용자에게 앱 셸을 항상 제공함으로써 네트워크 상태와 같은 문제가 발생하더라도 기본적인 앱의 모습을 제공할 수 있습니다.

블로그로 예를 들어보겠습니다. 블로그 상단 메뉴, 측면의 블로그 소개 등의 정적인 항목이 앱 셸에 해당되고, 블로그 글 내용과 댓글, 댓글 목록과 같은 동적인 항목은 컨텐츠에 해당합니다. [그림 1-3]은 앱 셸과 컨텐츠를 구분하여 나타내고 있습니다. 상단 메뉴나 글 쓰기 팝업 등의 고정적인 항목이 앱 셸이며, 매번 새로운 내용이 표시되는 게시물 부분이 컨텐츠라고 볼 수 있습니다.

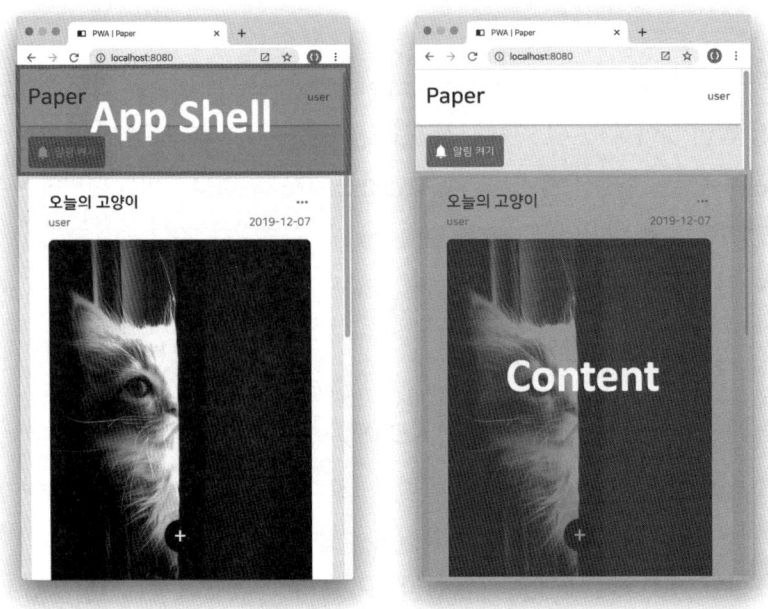

[그림 1-3] 앱 셸과 컨텐츠

- 특징 5 - 최신 상태 유지: 네이티브 앱의 경우 개발자가 앱을 수정하고 배포하면 사용자는 앱 스토어를 통해 업데이트를 진행하게 됩니다. 자동 업데이트 기능이 존재하지만, 업데이트는 어디까지나 사용자가 수동으로 진행하는 행위이며 업데이트 도중에는 앱을 사용할 수 없습니다. 프로그레시브 웹 앱은 사용자가 웹 앱에 접속했을 때 업데이트 기능이 존재한다면 백그라운드에서 업데이트를 진행하고 사용자는 그 동안 기능을 정상적으로 사용할 수 있습니다. 이후 사용자가 페이지에 다시 접속했을 때 업데이트된 사항이 자동으로 반영됩니다. 이에 대한 내용은 사용할수록 점점 개선된다는 특징인 점진적인 향상에 포함됩니다.

- 특징 6 - 보안 및 안전: 프로그레시브 웹 앱은 개발을 위한 로컬호스트^{localhost} 이외에는 모두 HTTPS 환경에서만 작동되도록 제한되어 있어서 안전한 웹 환경을 제공할 수 있습니다.

- 특징 7 - 검색 가능: 프로그레시브 웹 앱은 다양한 기능이 추가된 웹 앱이기 때문에 당연히 일반적인 웹 페이지와 같이 검색 엔진을 통해 검색할 수 있습니다. 즉, 기존의 웹 페이지처럼 SEO 검색 엔진 최적화 작업을 통해 검색 엔진이 여러분의 프로그레시브 웹 앱을 찾고, 검색 결과 상위에 노출되도록 할 수 있습니다.

- 특징 8 - 재참여 가능: 네이티브 앱으로 개발된 메신저를 보면, 사용자에게 메시지가 도착한 경우 사용자의 기기에 푸시 알림을 보내고 사용자는 알림을 눌러 해당 앱을 바로 실행하는 동작을 자주 수행합니다. 프로그레시브 웹 앱도 푸시 알림을 제공할 수 있으므로 사용자가 쉽고 빠르게 웹 앱을 다시 사용할 수 있도록 유도할 수 있습니다.

- 특징 9 - 설치 가능: 네이티브 앱처럼 앱 스토어에서 설치하는 과정 없이 브라우저를 통해 여러분의 프로그레시브 웹 앱을 홈 화면에 설치하여 유지할 수 있습니다. 브라우저를 열고 접속할 페이지의 URL을 입력하거나 즐겨찾기를 선택하는 등 불필요한 반복 작업 없이, 홈 화면에 설치된 웹 앱 아이콘을 눌러 여러분의 웹 서비스에 즉시 접근할 수 있습니다.

- 특징 10 - 링크 연결 가능: 프로그레시브 웹 앱은 일반적인 웹 페이지처럼 URL로 접속하여 즉시 사용할 수 있으며, 다른 사용자에게 URL을 공유함으로써 누구나 쉽게 웹 서비스에 접근할 수 있습니다.

지금까지 프로그레시브 웹 앱의 10가지 특징을 살펴보았습니다. 이제 프로그레시브 웹 앱에 대한 큰 그림이 어느 정도 그려졌을 것으로 보입니다. 앞으로 보다 다양한 내용을 알아보면서 프로그레시브 웹 앱에 대해 더 배워보도록 하겠습니다.

1.2.2 프로그레시브 웹 앱의 조건

앞서 프로그레시브 웹 앱의 여러 특징을 살펴보았습니다. 특징들은 어떻게 보면 여러분이 앞으로 구현해 나가야 할 숙제라고 볼 수 있습니다. 또한, 몇 가지 항목이 충족되어야 프로그레시브 웹 앱의 기본 구성이 이루어졌다고 할 수 있습니다. 다음에 설명하는 3가지 항목이 프로그레시브 웹 앱이 되기 위한 핵심 조건입니다.

1. HTTPS(보안)
2. 웹 앱 매니페스트(설치)
3. 서비스 워커(기능)

이러한 3가지 요건이 충족되어야 비로소 진정한 프로그레시브 웹 앱이 될 수 있습니다. 프로그레시브 웹 앱은 기존의 웹 페이지보다 더욱 강력한, 어떻게 보면 더 민감할 수 있는 새로운 기능을 사용자에게 제공하기 때문에 보안 측면의 문제를 최우선으로 해결해야 합니다. 이러한 이유로 프로그레시브 웹 앱은 개발을 위한 로컬호스트 환경과 HTTPS 환경에서만 작동하도록 제한되어 있습니다. 사용자가 홈 화면에 프로그레시브 웹 앱을 설치하기 위해서는 웹 앱 매니페스트Web App Manifest 파일이 요구됩니다. 웹 앱 매니페스트는 7. 웹 앱 매니페스트 장에서 자세히 알아보겠지만, 여기에서는 웹 앱을 설치하기 위한 기본적인 정보를 담고 있는 구성 파일이라고 이해하시면 됩니다. 오프라인 환경에서의 웹 페이지 접근과 백그라운드 동기화, 푸시 알림 등 다양한 기능은 서비스 워커Service Worker를 통해 제공됩니다. 서비스 워커가 없다면 일반적인 웹 페이지에 지나지 않기 때문에 프로그레시브 웹 앱의 다양한 기능을 구현하려면 서비스 워커가 필수로 요구됩니다. 서비스 워커는 4. PWA의 핵심, 서비스 워커 장에서 자세히 알아보도록 하겠습니다.

1.2.3 프로그레시브 웹 앱의 현주소

지금까지 프로그레시브 웹 앱에 대한 대략적인 내용을 살펴보았습니다. 그렇다면, 프로그레시브 웹 앱의 현재 상황은 어떨까요? 프로그레시브 웹 앱을 이해하기 위해서는 이 부분도 상당히 중요한 요소 중 하나일 것입니다. 앞으로 배워야 할 웹 기술 트렌드나 웹 기술의 향후 발전 가능성에 관련된 자료를 찾아보면 PWA, 즉 프로그레시브 웹 앱에 대한 내용이 자주 언급되는 것을 볼 수 있습니다. 사실 프로그레시브 웹 앱이라는 개념이 본격적으로 세상에 등장한 2015년과 지금은 어느 정도 시간이 지난 상태입니다. 그런데 왜 이제서야 점점 큰 파장을 보이고 있는 것일까요?

동일한 상황이라고 볼 수는 없지만, 과거에도 이와 비슷한 사례가 있었습니다. 웹 페이지에서 서버로 요청을 보내고 데이터를 받아올 수 있는 API인 'XMLHttpRequest'가 등장했지만 사람들은 이에 큰 관심을 가지지 않았습니다. 점차 시간이 지난 후 XMLHttpRequest를 기반으로 한 'Ajax'가 탄생했고, 그제서야 사람들은 XMLHttpRequest 기반으로 이루어진 Ajax에 많은 관심을 가지면서, 현재까지도 널리 사용되고 있습니다. 기반 기술은 전부터 존재했지만 가능성과 잠재력을 뒤늦게 깨우치게 된 것입니다.

이처럼 사람들의 관심 외에도 기술적인 한계가 존재했습니다. 구형 브라우저의 경우에는 프로그레시브 웹 앱의 새로운 기술을 지원하지 않으며, 최신 브라우저의 경우에도 관련 기능이 추가되고 안정될 때까지 꽤나 긴 시간이 소요되었습니다. 이제 어느 정도 자리를 잡아가고 있으며, 오늘날의 사용자들은 대부분 최신 브라우저를 사용하고 있으므로 프로그레시브 웹 앱에 대해 배우는 것은 충분한 가치가 있다고 생각합니다.

이에 대한 신뢰를 제공하기 위해 몇 가지 자료를 준비해보았으니 함께 살펴보도록 하겠습니다. 대부분의 사람은 새로운 기술과 정보에 대해 알아보기 위해서 첫 번째로 검색을 할 것입니다. [그림 1-4]는 프로그레시브 웹 앱의 개념이 본격적으로 떠오르게 된 2015년과 2019년 12월까지의 구글 검색어 통계 자료입니다. 자료와 같이 매년 프로그레시브 웹 앱에 대한 관심이 증가하고 있음을 확인할 수 있습니다.

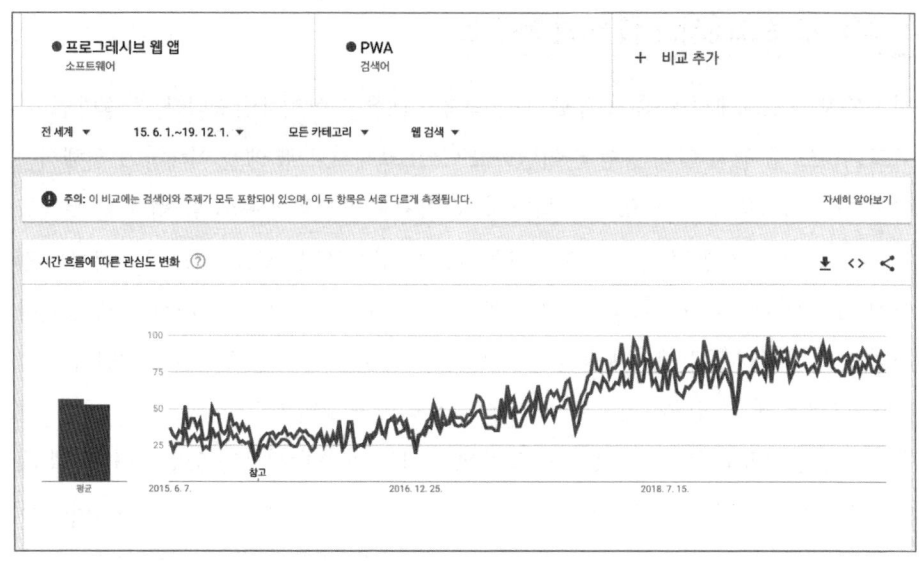

[그림 1-4] 프로그레시브 웹 앱 검색어 트렌드

사용자들에 대한 관심만이 아니라, 다양한 기업에서도 프로그레시브 웹 앱을 도입하고 있습니다. 대표적으로 트위터Twitter, 스타벅스Starbucks, 핀터레스트Pinterest, 우버Uber, 스포티파이Spotify 등 자사 웹 사이트를 프로그레시브 웹 앱으로 구성하여 사용자에게 서비스를 제공하고 있습니다. 구글의 대표 콘텐츠 서비스인 유튜브YouTube의 경우에도 프로그레시브 웹 앱의 핵심 요소 중 하나인 서비스 워커를 활용하여 사용자에게 푸시 알림을 제공하는 등 여러분이 알지 못한 사이에 기능을 제공하고 있습니다.

이처럼 여러 분야의 다양한 기업들이 프로그레시브 웹 앱을 도입하고 있습니다. [그림 1-5]에 해당하는 홈페이지인 https://www.pwastats.com 에 방문하여 프로그레시브 웹 앱의 도입으로 얻은 긍정적인 효과를 확인할 수 있습니다.

여러분의 서비스로 더 많은 사용자를 끌어들이고, 사용자들이 서비스를 사용하게 만드는 것은 매우 중요합니다. 여러분의 서비스를 프로그레시브 웹 앱으로 제공함으로써 접근성과 사용성을 모두 확보하여 좋은 기대효과를 불러올 수 있을 것입니다.

[그림 1-5] 프로그레시브 웹 앱 사례

1.3 네이티브 앱 vs 웹 앱 vs 하이브리드 앱 vs 프로그레시브 웹 앱

앞서 프로그레시브 웹 앱에 대한 대략적인 내용을 간략히 알아보았습니다. 주로 네이티브 앱과 프로그레시브 웹 앱을 비교하며 대표적인 특징을 확인해보았는데, 지금부터는 네이티브 앱만이 아니라, 일반적인 웹 앱 그리고 하이브리드 앱을 비교해보며 프로그레시브 웹 앱과의 차이점을 더 자세히 알아보도록 하겠습니다.

1.3.1 네이티브 앱 Native App

네이티브 앱은 특정 플랫폼 및 기기에서 실행되도록 개발된 애플리케이션입니다. 대표적인 운영체제로 구글의 안드로이드 Android와 애플의 iOS가 있으며, 안드로이드 네이티브 앱을 개발하는 경우 주로 자바 Java 또는 코틀린 Kotlin 언어를 사용하여 개발합니다.

iOS 네이티브 앱의 경우 오브젝티브 C$^{Objective-C}$ 또는 스위프트^{Swift}와 같은 언어를 사용하여 개발하며, 안드로이드와 iOS를 대상으로 개발된 네이티브 앱은 서로 호환되지 않는다는 단점이 있습니다. 아울러, 개발을 진행할 때에도 각각의 플랫폼에 맞는 SDK와 언어를 사용하여 개발하므로 플랫폼별 전문성이 요구되며 개발 비용이 많이 요구된다는 단점도 존재합니다.

하지만 해당 플랫폼의 API를 직접 사용할 수 있기 때문에 다양한 기능을 개발할 수 있으며, 무엇보다 다른 유형의 앱 보다 비교적 좋은 성능을 발휘한다는 장점이 있습니다. 여러분이 앱 스토어에서 다운로드 받아 설치해서 사용하는 대부분의 애플리케이션이 바로 이 네이티브 앱에 해당됩니다.

1.3.2 웹 앱$^{Web\ App}$

웹 앱은 단어의 뜻 그대로 웹 브라우저를 통해 사용하는 애플리케이션입니다. 구글의 지메일^{Gmail}과 같이 웹 페이지를 통해 서비스를 제공하는 것을 웹 앱이라고 할 수 있습니다. 오늘날의 웹 환경은 단순히 컨텐츠를 제공하는 데 그치지 않습니다. 사용자가 직접 제어하고 조작할 수 있는 다양한 기능이 포함되어 있으며, 이러한 유형을 웹 앱이라고 합니다.

웹 앱의 단점은 브라우저에서 제공하는 기능만 사용할 수 있다는 점과 네이티브 앱처럼 사용자 기기 바탕화면에 설치해두고 사용할 수 없다는 점입니다. 브라우저에서 제공하는 기능은 한정적이어서 네이티브 앱에서 구현할 수 있는 다양한 기능을 사용할 수 없습니다. 또한, [그림 1-6]과 같이 브라우저의 주소창과 메뉴바 등의 요소로 인해 사용자 경험^{UX}을 해칠 수 있습니다.

웹 앱은 네이티브 앱처럼 설치하는 번거로움 없이 브라우저를 통해 접속하여 바로 사용할 수 있고, 브라우저만 있다면 다양한 플랫폼에서 사용할 수 있다는 장점이 있습니다.

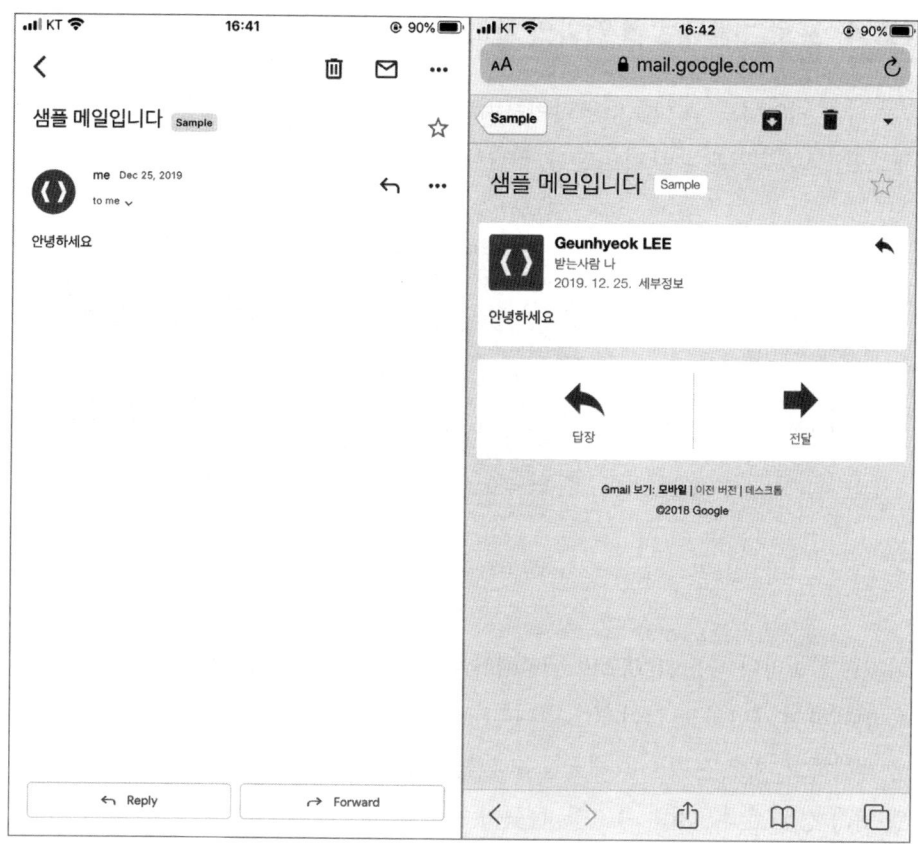

[그림 1-6] 네이티브 앱과 웹 앱

1.3.3 하이브리드 앱^{Hybrid App}

하이브리드 앱은 네이티브 앱과 웹 앱의 중간 정도의 성격을 가지고 있는 형태의 애플리케이션을 의미합니다. 기본적으로 네이티브 앱의 웹 뷰^{Web View}를 통해 웹 페이지를 표시하는 방식이며, 실제로는 웹 환경에서 작동하는 앱을 네이티브로 한 번 감싼 애플리케이션이라고 볼 수 있습니다. 웹 뷰의 성능에 따라 앱 자체의 성능이 결정되고 하이브리드 앱 개발 프레임워크를 학습해야 한다는 단점이 있지만, 웹의 기능과 네이티브 앱의 양쪽 기능을 어느 정도 활용할 수 있다는 장점이 있습니다.

1.3.4 프로그레시브 웹 앱과의 차이점

지금까지 네이티브 앱·웹 앱·하이브리드 앱에 대해 알아보았습니다. 내용을 정리해보면, [그림 1-7]과 같이 나타낼 수 있습니다.

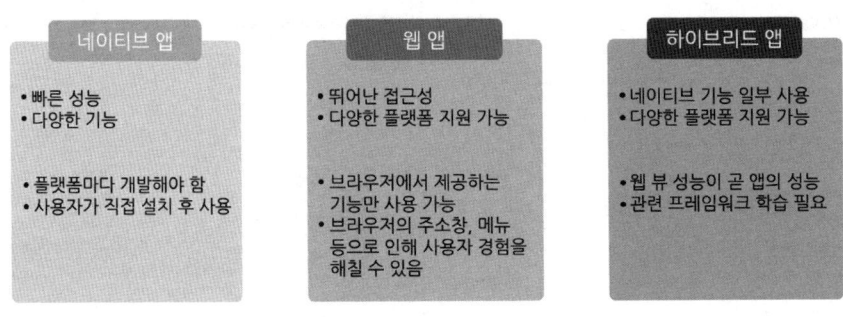

[그림 1-7] 각 유형별 비교

이처럼 항목마다 특징이 있으며 구현해야 할 기능의 범위와 조건에 따라 적절한 유형을 선택하여 개발하는 것이 중요합니다. 프로그레시브 웹 앱은 기존의 웹 앱의 단점을 개선하고, 새로운 기능을 제공할 수 있는 확장된 형태의 웹 앱으로 볼 수 있습니다. 웹 앱의 경우 브라우저의 주소창, 메뉴바 등으로 사용자 경험을 해칠 수 있지만 프로그레시브 웹 앱의 경우, 전체화면으로 실행하거나 브라우저의 주소창과 메뉴바 등을 숨길 수 있어서 실제 네이티브 앱을 사용하는 듯한 경험을 제공할 수 있습니다. 또한, 웹 앱과 마찬가지로 웹 기술로만 구현해서 개발적인 관점으로 봤을 때 비교적 쉽게 접근할 수 있습니다. 하지만 새로운 웹 기술을 활용하기 때문에 지원하지 않는 브라우저에서는 기능을 제공할 수 없다는 문제도 존재합니다.

그러나 새로운 웹 기능을 구현함으로써 구형 브라우저에서 웹 서비스를 정상적으로 사용할 수 없는 등의 상황이 발생하면 곤란하겠죠. 진정한 프로그레시브 웹 앱이 되기 위해선 점진적인 향상을 고려하여 사용자의 브라우저가 기능을 지원할 때 제공하도록 구현되어야 하며, 이에 대한 조건이 잘 갖춰진다면 프로그레시브 웹 앱을 구현함으로써 얻는 이점이 훨씬 더 많을 것입니다.

CHAPTER 02

실습을 위한 개발 환경 준비하기

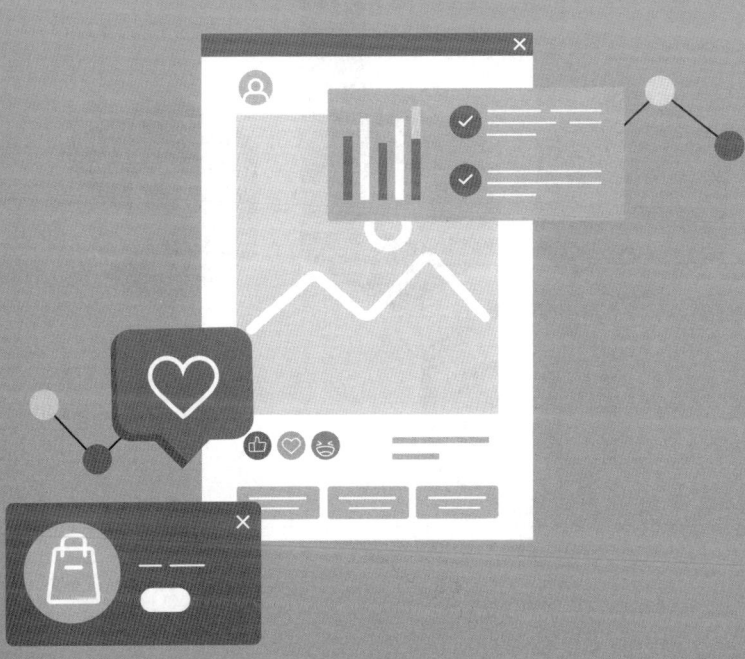

2장 실습을 위한 개발 환경 준비하기

이번 장에서는 실습을 위한 개발 환경을 구성하고, 앞으로 실습할 예제인 'Paper'에 대해 살펴보도록 하겠습니다.

2.1 Node.js 설치하기

실습 예제의 서버는 Node.js 환경에서 작동하도록 구성되어 있습니다. Node.js와 자바스크립트 패키지 매니저인 NPM$^{Node\ Package\ Manager}$에 대해 간략히 알아보고, 개발 환경을 구성해보겠습니다.

2.1.1 Node.js는 무엇인가?

[그림 2-1] Node.js

앞으로 진행할 실습 예제의 서버는 Node.js 환경에서 동작하도록 구성되어 있습니다. 앞서 1.1장에서 Node.js에 대해 잠깐 언급했던 내용을 떠올려보십시오. Node.js는 브라우저가 아닌 환경에서 자바스크립트를 실행할 수 있는 런타임 환경Runtime Environment[1]입니다.

Node.js가 탄생하게 된 배경에는 구글의 크롬Chrome 브라우저가 자리 잡고 있습니다. 구글은 크롬 브라우저에서 작동하는 자바스크립트의 성능을 최대화하기 위해 V8이라는 자바스크립트 엔진을 개발하여 오픈소스로 공개했습니다. 이후, 이 V8 자바스크립트 엔진을 사용하여 런타임 환경을 구성한 Node.js가 탄생하게 되었습니다.

Node.js는 브라우저가 아닌 곳에서 작동하며, 브라우저에서 할 수 없었던 것들을 가능하게 만들어주었습니다. 예를 들면, 파일을 직접 읽고 쓰거나 웹 서버를 구현할 수 있는 등 자바Java나 파이썬Python처럼 브라우저가 아닌 환경에서 자바스크립트를 사용하여 다양한 기능들을 구현할 수 있습니다.

2.1.2 Node.js 설치하기

Node.js는 공식 홈페이지에서 쉽게 설치할 수 있습니다. 설치 과정은 많이 사용하고 있는 윈도우 운영체제 기준으로 소개할 예정이지만, MacOS의 경우에도 동일한 방법으로 설치할 수 있습니다. 먼저 https://nodejs.org/ko에 접속하여 설치 프로그램을 다운로드합니다. 실습에 요구되는 Node.js 버전은 8.x 버전 이상이 필요하며, 집필 시점의 Node.js는 LTSLong Term Support[2] 버전 기준 12.x 버전이므로 최신 버전을 설치하면 됩니다.

---

1 자바스크립트를 실행하기 위한 환경을 의미합니다.
2 LTS 버전의 경우, 장기적인 업데이트 지원을 받을 수 있습니다.

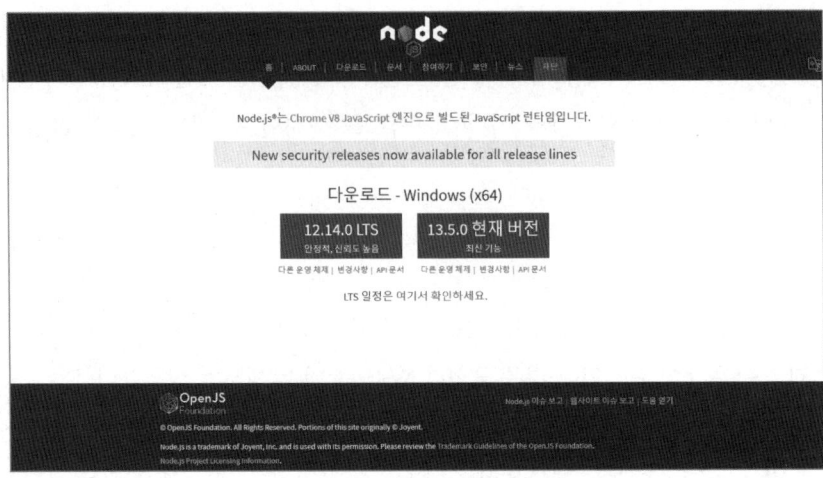

[그림 2-2] Node.js 공식 홈페이지

[그림 2-3]과 같이 설치 프로그램을 실행시켜 손쉽게 설치할 수 있습니다.

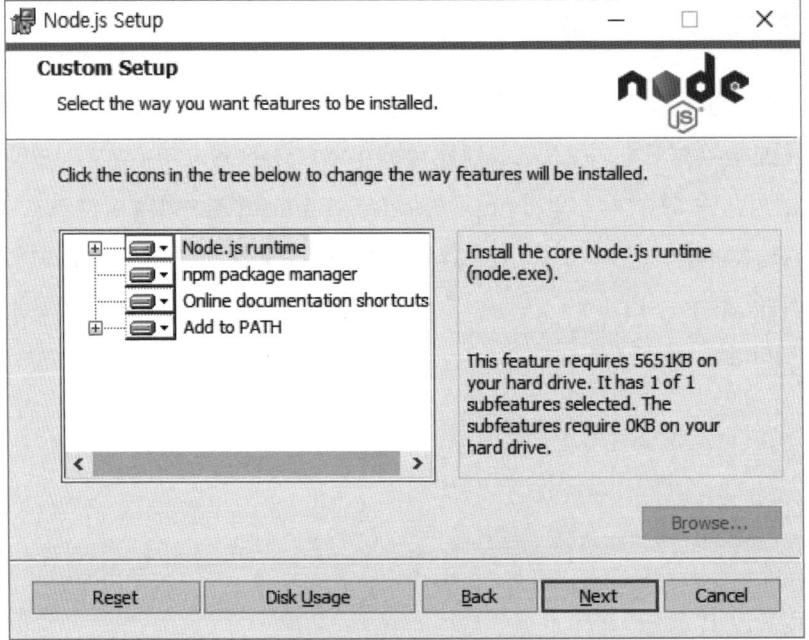

[그림 2-3] Node.js 설치 프로그램

설치 후 명령 프롬프트^{CMD} 또는 터미널 창을 열고 아래 명령어를 입력하여 설치 여부를 확인할 수 있으며, [그림 2-4]와 같이 Node.js 버전이 출력된다면 정상적으로 설치된 것입니다.

```
node --version
```

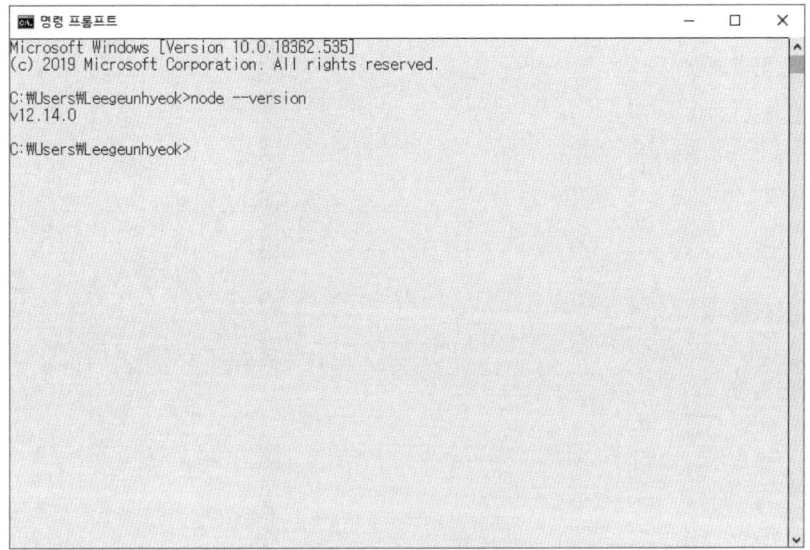

[그림 2-4] Node.js 버전 확인

이제 Node.js에서 자바스크립트를 실행해보겠습니다.

2.1.3 Hello, Node.js!

명령 프롬프트^{CMD} 또는 터미널 창에 아래 명령어를 입력하여 Node.js의 REPL^{Read Eval Print Loop}[3]를 실행시킬 수 있습니다.

---

3 사용자가 명령어를 입력하면 바로 실행하여 값을 반환하는 환경을 의미합니다.

```
node
```

REPL 환경에 진입하면 [그림 2-5]와 같이 > 아이콘이 나오며 입력을 대기하는 모습을 확인할 수 있습니다.

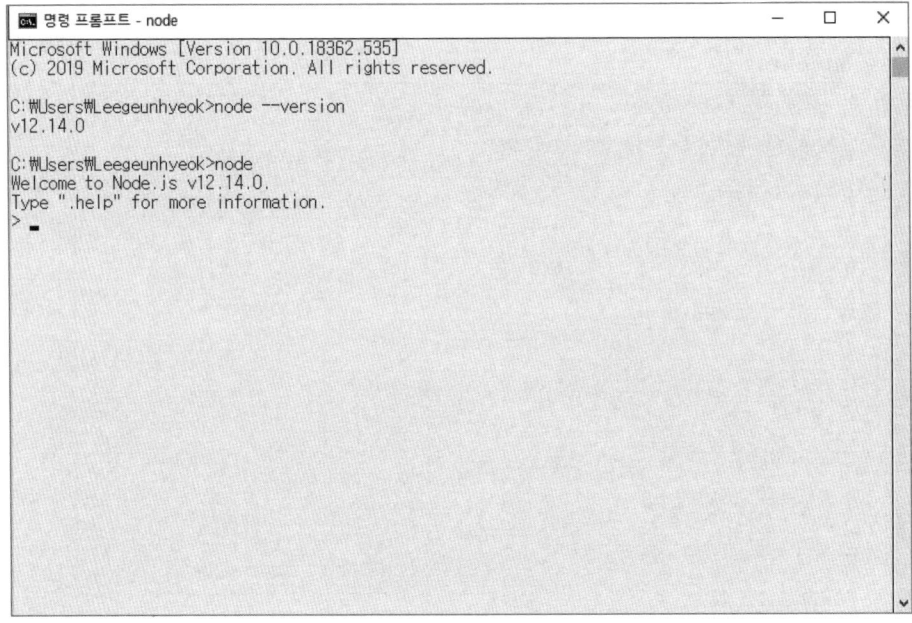

[그림 2-5] Node.js REPL

입력창에 자바스크립트 명령어를 입력하여 [그림 2-6]처럼 결과를 바로 확인해볼 수 있습니다.

```
console.log('Hello, Node.js!');
```

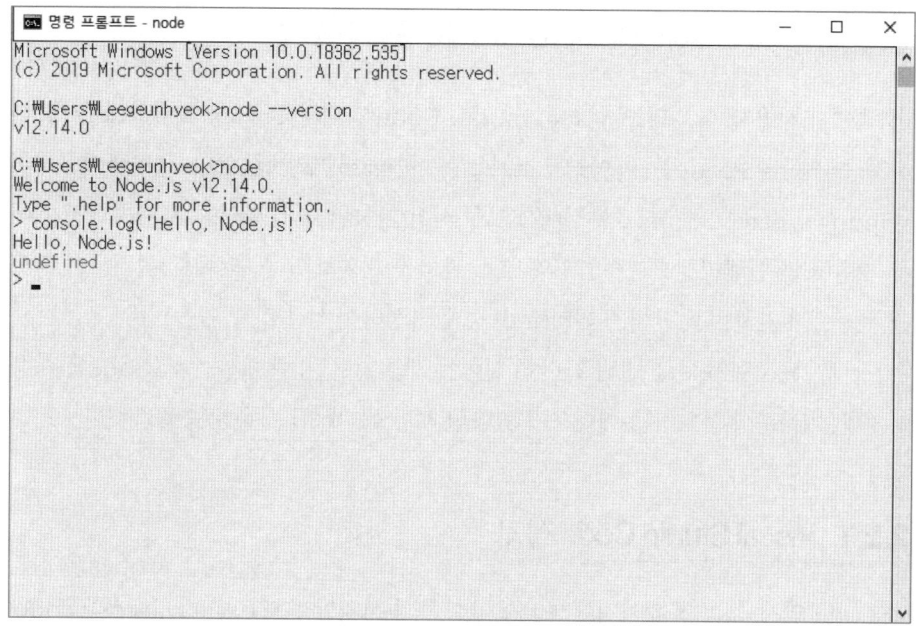

[그림 2-6] REPL 실행 결과

이처럼 입력한 명령어에 대한 결과가 출력되는 것을 확인할 수 있으며, 자바스크립트를 실행해보고 싶을 때 이 REPL 환경을 유용하게 활용할 수 있습니다. 환경을 종료하고 싶다면 .exit를 입력하여 종료할 수 있습니다.

위와 같은 REPL 환경 외에 자바스크립트 파일을 지정하여 실행할 수 있습니다. 다음의 명령어는 sample.js라는 스크립트 파일을 실행하는 명령어입니다.

```
node sample.js
```

지금까지 Node.js에 대해 간략하게 알아보았습니다. 마지막으로 이 책에서 사용하게 될 코드 에디터를 소개하고, 본격적으로 프로그레시브 웹 앱 실습을 진행하도록 하겠습니다.

2.2 Visual Studio Code 설치하기

이 책에서 사용할 에디터는 Visual Studio Code[4]입니다. 편의상 'VSCode'로 표현하겠습니다. VSCode는 마이크로소프트MicroSoft에서 개발한 소스코드 에디터이며 Windows, macOS, Linux 환경에서 모두 사용 가능합니다. 다양한 프로그래밍 언어를 지원하고, 인텔리센스IntelliSense[5]와 소스 관리를 지원하며, 이 외에도 여러분이 원하는 확장을 추가하여 나만의 에디터로 손 쉽게 구성하여 사용할 수 있습니다.

2.2장에서는 VSCode에 대해 간단히 알아보겠습니다. 이 책에서는 VSCode를 사용하지만, 여러분이 선호하는 에디터가 있다면 해당 에디터를 사용해도 좋습니다.

2.2.1 Visual Studio Code 설치

VSCode 역시 공식 홈페이지에서 다운로드하여 설치할 수 있습니다. https://code.visualstudio.com에 접속하여 여러분이 사용하고 있는 플랫폼에 맞는 버전을 내려받고 설치하면 됩니다.

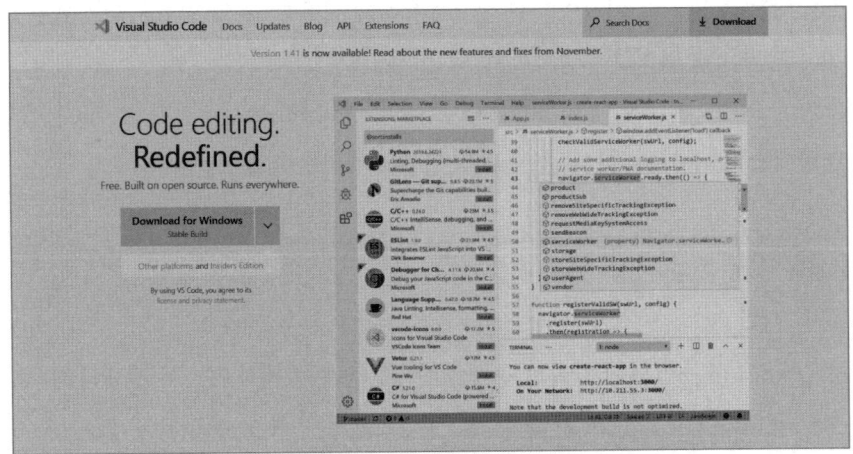

[그림 2-7] VSCode 공식 홈페이지

---

4 Visual Studio Code는 Electron 기반이며 웹 기술로 개발되었습니다.
5 대표적으로 코드 자동완성 기능을 의미합니다.

설치 과정은 Node.js와 동일하게 설치 프로그램을 통해 쉽게 설치할 수 있습니다.

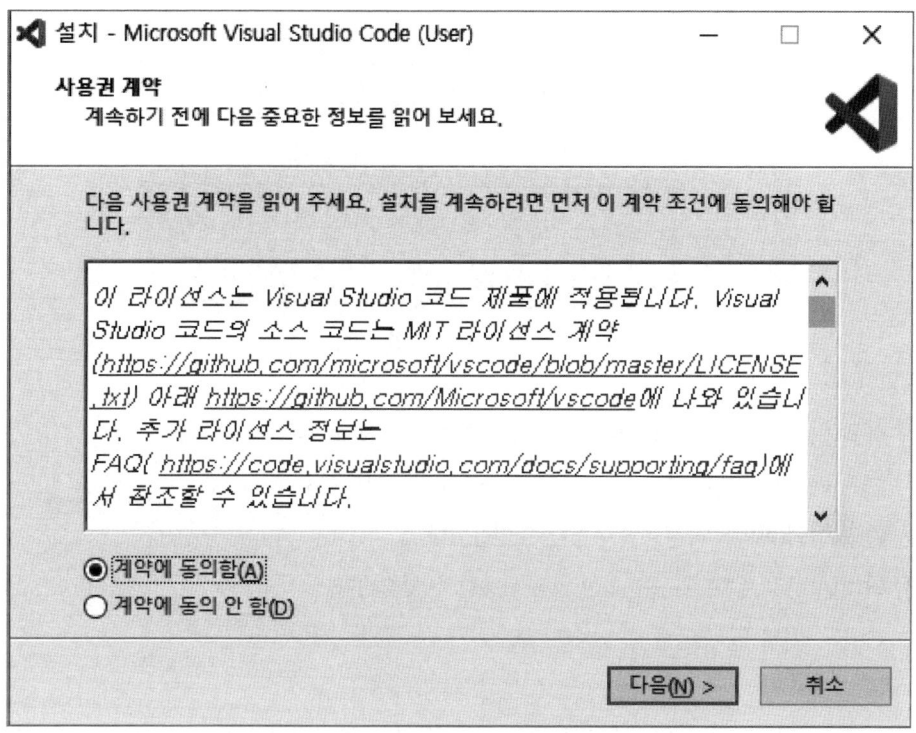

[그림 2-8] VSCode 설치 프로그램

모두 설치되었다면, 실행시킨 후 기본적인 메뉴를 살펴보겠습니다.

2.2.2 Visual Studio Code 기본 사용법

VSCode를 실행하면 [그림 2-9]와 같은 모습을 확인할 수 있습니다. 자주 사용하게 될 기능에 대한 사용법을 알아보겠습니다.

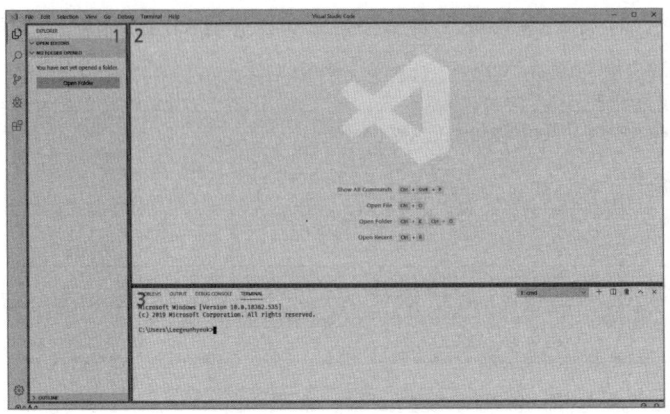

[그림 2-9] VSCode 기본 구성

1. 탐색기(열려있는 파일, 디렉토리의 파일을 확인할 수 있습니다)
   Ctrl + B키로 열고 닫을 수 있습니다.(macOS: CMD + B)
2. 편집 영역(파일을 작성하고 수정할 수 있습니다.)
3. 터미널(명령 프롬프트 또는 터미널을 사용할 수 있습니다.)
   Ctrl + `키로 열고 닫을 수 있습니다.

앞으로 실습을 진행하며 명령 프롬프트에 명령어를 입력해야 하는 경우, VSCode 하단에 있는 터미널을 사용하여 화면 전환 없이 빠르게 명령어를 입력할 수 있습니다. 자, 이렇게 환경 구성이 마무리되었습니다. 실습에 사용하게 될 'Paper'라는 예제 웹 앱 소스코드를 받아 진행해보도록 하겠습니다.

2.3 실습 소스코드 준비하기

앞으로 진행할 실습은 심플한 웹 앱인 Paper를 프로그레시브 웹 앱이 될 수 있도록 핵심 기능을 구현해 나가는 방향으로 진행됩니다. 기본적인 코드는 준비되어 있으며 핵심 기능에 대한 설명과 구현 그리고 활용 및 개선 방안까지 알아보는 흐름으로 진행됩니다. 이 책에서는 구글의 크롬 브라우저Chrome[6]를 기준으로 실습이 진행되기 때문에 크롬 브라우저 환경에서 진행할 것을 권장합니다. 자, 이제 예제 소스 코드를 내려 받아 실습 준비를 마저 진행해보겠습니다.

2.3.1 소스코드 다운로드

실습에 필요한 소스코드는 https://github.com/leegeunhyeok/paper에서 다운로드 받을 수 있습니다. [그림 2-10]과 같이 'Clone or download'를 클릭하고, 'Download ZIP' 버튼을 눌러 소스코드 압축 파일을 다운로드 받거나, git이 설치된 환경이라면 다음의 명령어를 입력하여 다운로드 받을 수 있습니다.

```
git clone https://github.com/leegeunhyeok/paper.git
```

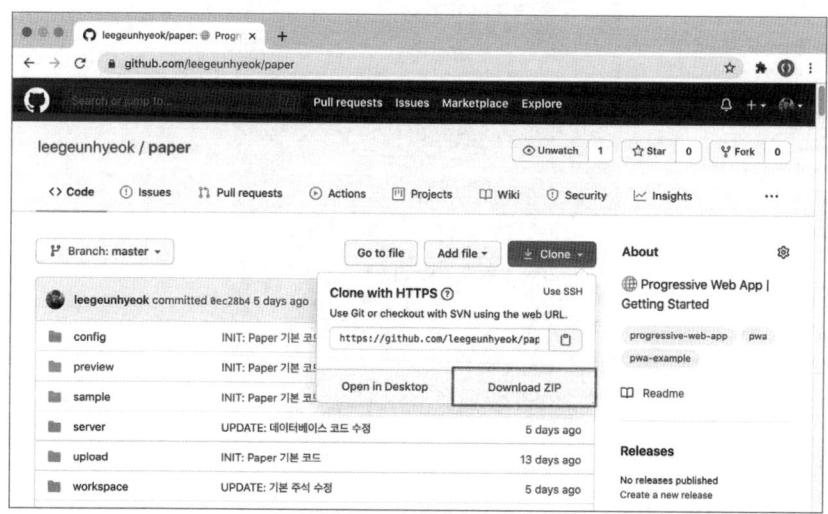

[그림 2-10] 소스코드 다운로드

---

6   크롬 브라우저 다운로드: https://www.google.com/intl/ko/chrome

다운로드 받은 소스코드 압축 파일은 적절한 위치에 압축을 해제합니다. 압축 해제한 폴더는 앞으로 실습을 위한 프로젝트 폴더라고 부르도록 하겠습니다. VSCode에서 다운로드 받은 소스코드 폴더를 열고 좌측 탐색기에서 통해 [그림 2-11]과 같이 소스코드 구성을 확인할 수 있습니다.

[그림 2-11] 예제 소스코드 구성

웹 페이지 코드는 'workspace' 폴더 내에 위치하고 있습니다. 앞으로 프로그레시브 웹 앱의 주요 기능은 이 workspace 폴더 내의 코드를 작성하여 구현하게 됩니다. 서버측 기능의 경우 프로젝트 폴더의 app.js와 push.js에 소스코드를 작성하여 구현하게 됩니다.

2.3.2 의존성 모듈 설치

먼저, 서버 코드를 실행시키기 위해서 모듈 설치가 필요합니다. Paper 서버는 express라는 서버 프레임워크를 사용하여 개발되었기 때문에 필요한 모듈을 설치해야 합니다. 모듈은 NPM^{Node Package Manager}를 통해 쉽게 설치할 수 있습니다. NPM은 2.1. Node.js 설치하기 장에서 Node.js와 함께 설치되었기 때문에 추가적인 설치나 준비 과정은 필요하지 않습니다.

> NPM^{Node Package Manager}는 자바스크립트로 구성된 패키지들을 관리하는 매니저입니다.
>
> 다양한 개발자들이 자바스크립트로 개발한 모듈을 업로드할 수 있고 반대로 공유된 모듈을 내려받아 손쉽게 사용할 수 있으며, 실습을 위한 사전 구성 코드도 다양한 모듈을 활용했기 때문에, NPM을 통해 모듈을 설치한 후 정상적으로 실행할 수 있습니다.

실습 소스코드 파일을 확인해보면 package.json 파일이 존재하는 것을 볼 수 있습니다. 해당 파일의 dependencies에는 서버 구동에 필요한 여러 의존성 모듈 목록이 기록되어 있으며, NPM을 통해 쉽게 설치할 수 있습니다. 해당 프로젝트의 경로로 이동한 뒤에 다음의 명령어를 입력하여 필요한 모듈을 모두 설치할 수 있습니다.

```
# package.json의 dependencies를 참고하여 알아서 설치해줍니다.
npm install
```

설치된 모듈들은 프로젝트 폴더 내의 node_modules에 존재하며 모듈을 불러올 때 이곳을 참조하여 불러오게 됩니다.

2.3.3 간단한 SNS 예제, Paper 살펴보기

드디어 실습 예제를 실행할 준비가 마무리되었습니다. 이 책에서 다룰 실습 예제의 이름은 Paper이며, 글과 사진을 업로드하여 게시할 수 있고, '좋아요'를 누를 수 있는 기능을 갖춘 간단한 웹 앱입니다. 다음의 명령어를 입력하여 Paper 서버를 실행시키고 접속할 수 있습니다.

```
node app.js
```

서버는 기본적으로 8080 포트로 시작되며, 브라우저에 http://localhost:8080 주소를 입력하여 Paper에 접속할 수 있습니다.

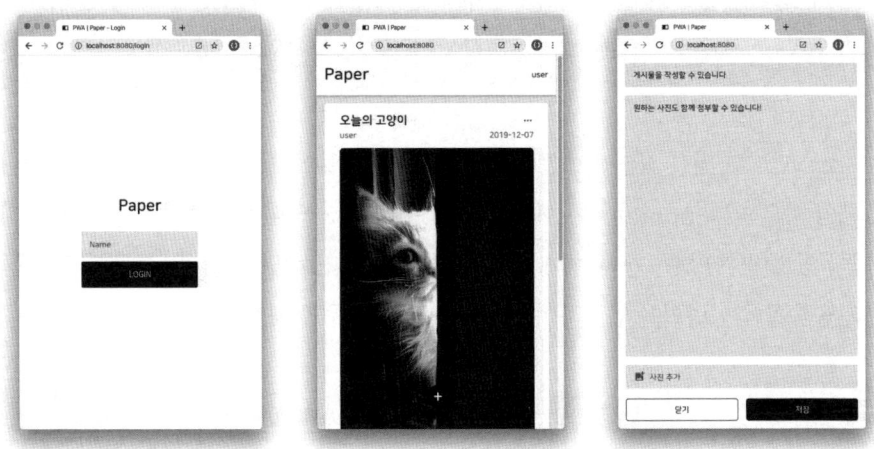

[그림 2-12] Paper 살펴보기

Paper에 처음 접속하게 되면 로그인 페이지로 이동하게 됩니다. 원하는 이름을 입력하여 간단하게 로그인할 수 있습니다. 로그인 후 Paper의 메인으로 이동하게 되고, 우측 상단에서 현재 로그인한 유저의 이름을 확인할 수 있으며 유저 이름을 눌러 로그아웃할 수 있습니다.

또한, 다른 유저가 작성한 게시물을 조회하거나 '좋아요'를 누를 수 있습니다. 하단의 +
버튼을 눌러 게시물을 직접 작성할 수도 있으며 본인이 작성한 게시물은 메뉴에서 삭
제할 수 있습니다.

현재 Paper의 기능을 정리해보자면 다음과 같습니다.

- 게시물 조회
- 게시물 작성
- 게시물 삭제
- 좋아요 표시

현재 위와 같은 기능을 제공하고 있으며 아직까지는 평범한 웹 앱에 불과합니다. [그림 2-13]처럼 개발자 도구[7]를 열어 Network 탭의 Online으로 표시된 드롭다운 메뉴를 선택하여 Offline으로 변경합니다. 개발자 도구를 통해 실제 네트워크 환경을 끊지 않고도 브라우저 자체에서 오프라인 상태를 시뮬레이션할 수 있습니다.

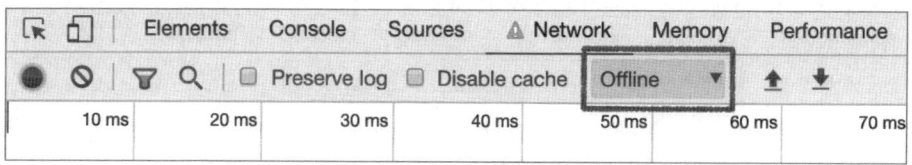

[그림 2-13] 개발자 도구 오프라인 설정

오프라인 상태로 웹 페이지를 새로고침하면 [그림 2-14]과 같이 일반적인 웹 페이지와 같이 접속할 수 없다는 오류 메시지가 표시됩니다. 웹 환경은 온라인 상태에서만 작동하는 것이 당연하다고 생각할 수도 있고, 오프라인 환경에서 사용해본 경험이 없을 정도로 네트워크 상태에 크게 의존하는 모습을 보였습니다.

---

7   크롬 브라우저 기준으로 단축키는 F12입니다.

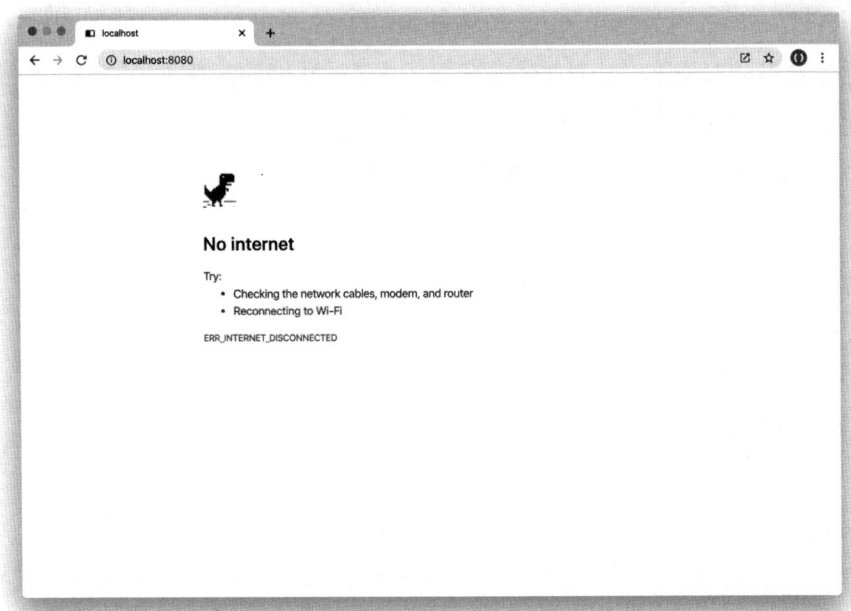

[그림 2-14] 오프라인 환경에서의 Paper

앞으로 실습을 진행하며 기존에 경험하고 사용하던 웹 환경의 틀을 깰 수 있는 다양한 기능을 구현해보겠습니다.

CHAPTER
03

프로그레시브 웹 앱이 되기 위한 준비

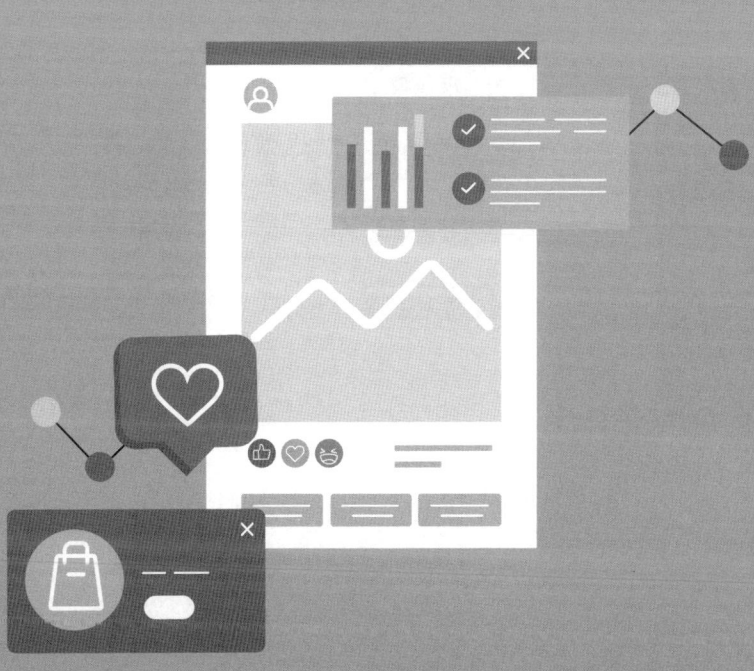

3장 프로그레시브 웹 앱이 되기 위한 준비

이번 장에서는 Paper를 프로그레시브 웹 앱으로 개선하기 위해 준비하는 과정을 소개하겠습니다. Paper의 기능 파악부터 시작하여, 어떠한 방향으로 기능을 개선해 나갈지 전체적으로 살펴보겠습니다.

3.1 Paper 파악하기

Paper 예제를 받아 실행시켜보았습니다. 간단한 기능으로 이루어져 있지만 앞으로 지금의 Paper를 여러분의 손으로 개선해 나가야 하므로 구조에 대해 간략히 파악하고 실습을 진행해보겠습니다. Paper는 서버에 구현된 REST API[Representational State Transfer API][1]를 통해 게시물 조회, 추가, 삭제 등의 기능을 사용자에게 제공합니다.

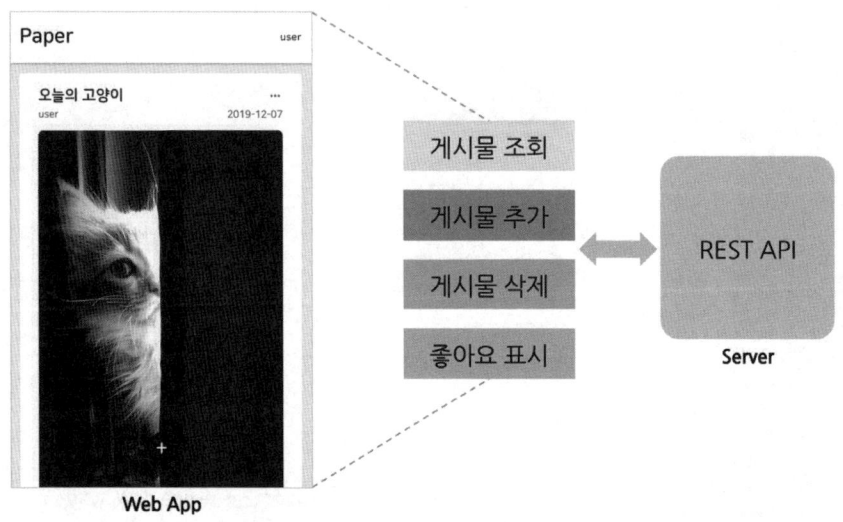

[그림 3-1] 클라이언트와 서버

---

1 REST는 HTTP URI를 통해 자원을 명시하고 HTTP Method를 통해 데이터 조작의 행위를 적용하는 방식입니다.

Paper 웹 앱의 주요 기능은 workspace/js/app.js에 구현되어 있으며 여러분은 여기에 있는 메소드를 활용하게 됩니다. app.js에는 [그림 3-2]과 같은 메소드들이 존재하며 app.init() 같이 전역에 있는 app 변수를 통해 메소드를 사용할 수 있습니다.

init	Paper 초기화
showPaper	글 작성 팝업 보이기/숨기기
showLoading	로딩 뷰 보이기/숨기기
clearPost	게시물 목록 지우기
renderPost	게시물 표시하기
removePost	게시물 삭제하기
renderJobList	작업 대기 중인 게시물 표시하기

app.js

[그림 3-2] Paper 주요 메소드

실습은 ECMAScript 2015(이하 ES6) 문법을 적극적으로 활용하여 진행합니다. 실습을 진행하며 ES6에 대해 궁금한 부분이 생기면 부록의 ES6 자바스크립트 맛보기를 참고하시길 바랍니다. 지금부터 Paper의 주요 기능들이 어떻게 구현되어 있는지 살펴보고 앞으로 어떤 기능을 개선하고 추가해 나갈지도 미리 정리해보는 시간을 가져보겠습니다.

3.1.1 데이터베이스

Paper의 데이터베이스는 추가적인 설치와 준비 과정을 최소화하기 위해 널리 사용하는 SQLite, MySQL, MongoDB 등을 사용하지 않고 Node.js 환경만 준비되어 있다면 바로 데이터를 관리할 수 있도록 구성되어 있습니다. 데이터는 'server/database/data' 폴더 내에 JSON 파일로 저장되고 관리되며, 데이터 조작을 위한 소스 코드는 'server/database/db.js'에 구현되어 있습니다.

실습을 진행하며 여러분이 데이터 조작 기능을 구현해야 하는 경우 준비된 모듈을 활용하게 됩니다. 프로젝트 폴더에 있는 app.js를 확인해보면 다음과 같이 데이터 조작을 위한 모듈을 불러오는 코드를 확인할 수 있습니다.

```
const { SimpleDatabase } = require('./server/database/db');
const simpleQuery = require('./server/database/simpleQuery');
```

SimpleDatabase에는 데이터를 관리하기 위한 기능들이 구현되어 있으며 CRUD Create, Read, Update, Delete[2] 기능을 제공합니다. simpleQuery는 SimpleDatabase에서 제공하는 기능만으로, 복잡한 데이터 조작 기능을 구현해야 하는 경우를 대비해 간단히 대체할 수 있도록 준비한 모듈입니다. 프로그레시브 웹 앱이라는 주제에 더 집중할 수 있도록 서버측 코드는 최대한 간단히 구현할 수 있도록 준비되어 있습니다.

위의 모듈을 통해 [그림 3-3]과 같이 게시물Post과 사용자User 모델에 해당하는 데이터를 조작합니다. 데이터 모델은 간단히 말해, 데이터의 형태를 의미합니다.

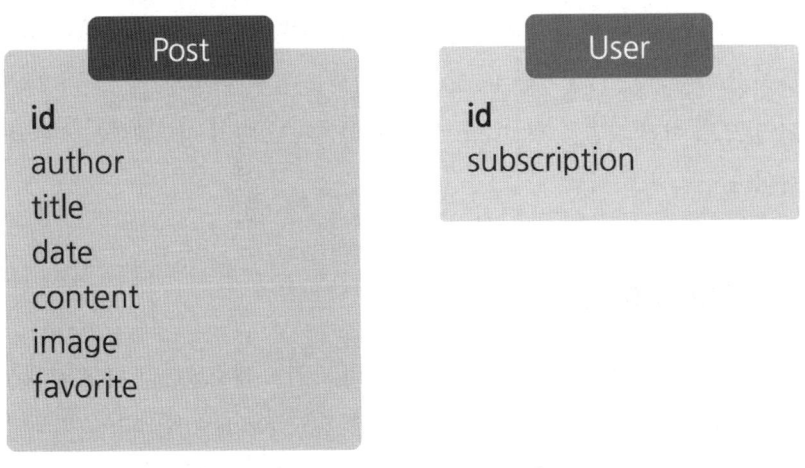

[그림 3-3] Paper의 데이터 모델

---

2 데이터 처리를 위한 기본적인 기능을 의미합니다.

게시물 데이터는 실제로 다음과 같이 구성되어 있으며 게시물Post 모델과 동일한 형태로 이루어져 있음을 확인할 수 있습니다. 사용자 모델은 추후 기능을 구현할 때 설명하도록 하겠습니다.

```
{
    "id": 1,
    "author": "user",
    "title": "오늘의 고양이",
    "date": "2019-12-06",
    "content": "오늘은 귀여운 고양이를 만났다.",
    "image": "/upload/cat_1.jpg",
    "favorite": [
        "user"
    ]
}
```

데이터 모델에 대해 알아보았으니, SimpleDatabase 모듈에 구현된 기능을 사용하여 데이터 조회, 추가, 수정, 삭제에 대한 기본적인 사용법을 예제 코드를 통해 살펴보도록 하겠습니다.

데이터 조회는 다음과 같이 select 메소드를 사용하여 저장소의 데이터를 조회할 수 있습니다. select의 첫 번째 인자로 post 값을 전달했는데, 이 값은 post 저장소의 데이터를 조회하기 위한 값입니다. 프로젝트 폴더의 server/database/data에 저장되어 있는 JSON 파일명이 곧 저장소의 이름이며, post 저장소는 post.json 데이터를 의미합니다. post 저장소의 데이터는 앞서 설명한 게시물 모델Post의 데이터 형태와 동일하게 구성되어 있습니다.

다음 예제는 post.json에서 title 값이 '안녕하세요'이고, content 값이 내용인 데이터를 조회하는 코드입니다.

```
// select(), 데이터 조회
const selectedPost = SimpleDatabase.select('post', {
  where: {
    title: '안녕하세요',
    content: '내용'
  }
);
```

데이터 추가는 insert 메소드를 사용하여 수행할 수 있습니다. 사용법은 이전의 select와 동일하게 저장소 이름을 첫 번째 인자로 전달하고, 추가할 데이터를 data 속성에 추가하여 전달합니다. 아래의 예제는 post.json 파일에 새로운 데이터를 저장하는 코드입니다.

```
// insert(), 데이터 추가
const insertedPost = SimpleDatabase.insert('post', {
  data: {
    id: 1,
    author: 'user',
    title: '안녕하세요',
    date: '2020-01-01',
    content: '처음 쓰는 글 입니다!',
    image: null,
    favorite: []
  }
);
```

```
{
    id: 1,
    author: 'user',
    title: '안녕하세요',
    date: '2020-01-01',
```

```
    content: '처음 쓰는 글 입니다!',
    image: null,
    favorite: []
}
```

데이터 수정은 update를 사용하여 수행할 수 있습니다. 다음 예제는 post.json의 데이터 중 id가 1인 데이터의 content 값을 '처음 쓰는 글이 아니었네요..'로 변경하여 새로 저장하는 코드입니다.

```
// update(), 데이터 수정
const updatedPost = SimpleDatabase.update('post', {
  where: {
    id: 1
  },
  data: {
    content: '처음 쓰는 글이 아니었네요..'
  }
);
```

마지막으로, 데이터 삭제입니다. 데이터 삭제는 delete 메소드를 통해 수행할 수 있습니다. 앞서 설명한 기능들과 동일하게 저장소 이름을 전달하고, where 속성에 삭제할 데이터의 조건을 추가하여 해당하는 데이터를 삭제할 수 있습니다. 해당 코드는 author의 값이 user인 데이터를 모두 삭제하는 코드입니다.

```
// delete(), 데이터 삭제
const insertedPost = SimpleDatabase.delete('post', {
  where: {
    author: 'user'
  }
);
```

지금까지 주요 데이터 조작 기능 4가지를 예제를 통해 알아보았습니다. 관련 기능을 구현할 때 다시 설명하겠지만, 기본적인 사용법을 미리 확인해두면 이후 실습을 진행하며 코드를 구현할 때 더욱 쉽게 이해할 수 있을 것입니다.

3.1.2 사용자 인증

Paper에는 매우 간단한 사용자 인증 방식이 구현되어 있습니다. 사용자의 로그인 정보가 브라우저의 로컬 스토리지Local Storage[3]에 존재하지 않으면 로그인 화면으로 이동하고, 로그인 정보가 존재하면 메인 화면으로 이동합니다. 여기서 로그인 정보는 Paper의 로그인 페이지에서 입력하는 사용자 ID(이름)을 의미합니다.

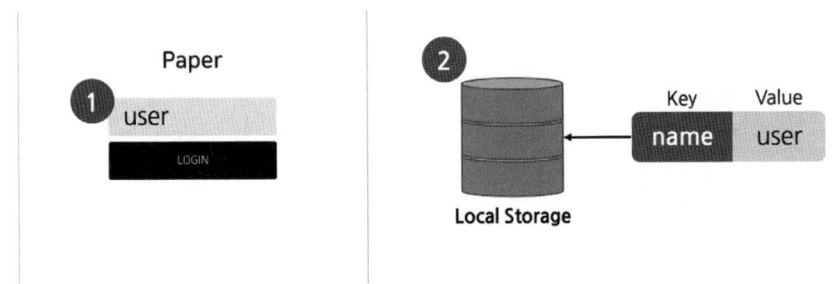

[그림 3-4] Paper 사용자 인증

사용자가 로그인할 경우 입력한 유저 이름을 로컬 스토리지에 name이라는 키의 값으로 저장합니다. 반대로, 로컬 스토리지에서 name이라는 키의 값 존재 여부를 확인하여 로그인 상태를 확인합니다. [그림 3-5]와 같이 개발자 도구의 'Application 〉 Storage 〉 Local Storage' 메뉴로 이동하여 저장되어 있는 유저 정보를 확인할 수 있습니다.

---

3 로컬 스토리지는 브라우저 내에 존재하는 데이터 저장소 중 하나입니다.

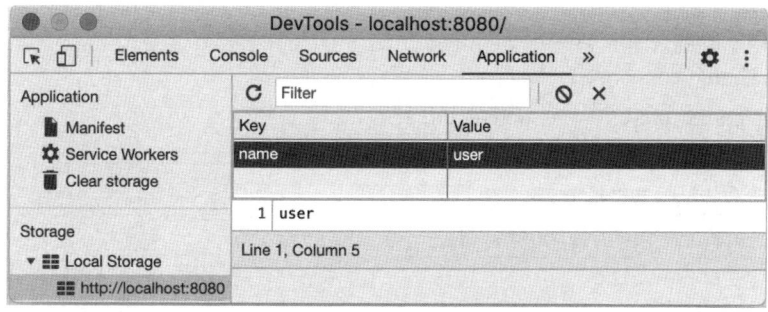

[그림 3-5] 로컬 스토리지 유저 정보

저장되어 있는 유저 정보(이름)는 API 요청을 수행할 때 X-Paper-User라는 헤더^{header}에 포함되어 서버로 함께 전달되며, 서버에서는 헤더에 있는 유저 정보를 가져와 인증 여부를 확인하게 됩니다. 이와 같이 Paper는 사용자의 이름만 존재하면 인증된 상태로 판단합니다.

3.1.3 게시물 조회

Paper는 서버와 웹 앱간 REST API를 통해 데이터를 주고받도록 구성되어 있습니다. 게시물 조회의 경우 [그림 3-6]과 같은 API 요청을 통해 게시물 데이터를 받아오게 됩니다.

기능	HTTP Method	End-Point	Data	Content-Type
게시물 목록 조회	GET	/api/posts	-	-

[그림 3-6] 게시물 조회 API

HTTP 요청을 위해 axios 라이브러리를 활용하며 axios는 브라우저 환경과 Node.js 환경 모두에서 사용할 수 있는 HTTP 클라이언트 라이브러리이자 ES6의 프로미스 기반이어서, 먼저 프로미스에 대한 이해가 필요합니다. Paper의 게시물 조회 코드는 workspace/js/index.js에서 확인할 수 있습니다.

```
axios.get('/api/posts')
  .then((response) => {
    const posts = response.data;

    // 게시물 화면에 렌더링
    app.renderPost(posts, {
      onFavorite,
      onDelete
    });

}).catch(...);
```

서버로부터 받아온 게시물 데이터는 app.renderPost() 메소드를 통해 화면에 표시하게 됩니다. 함께 전달하는 onFavorite, onDelete 함수는 '좋아요' 또는 삭제 버튼을 눌렀을 때 호출될 함수이며, 3.1.5장 게시물 삭제와 3.1.6장 게시물에 '좋아요' 표시하기에서 살펴보도록 하겠습니다.

3.1.4 게시물 작성

게시물 추가는 [그림 3-7]에 해당하는 API 요청을 통해 게시물을 새로 추가할 수 있습니다. 게시물 데이터에 이미지가 포함되기 때문에 multipart/form-data 형식으로 데이터를 전달하게 됩니다. 정상적으로 게시물이 작성되었다면 작성된 게시물 정보를 웹 브라우저로 다시 전달합니다.

기능	HTTP Method	End-Point	Data	Content-Type
게시물 추가	POST	/api/posts	title=제목 content=본문 image=@이미지	multipart/form-data

[그림 3-7] 게시물 추가 API

Paper의 게시물 작성 코드는 workspace/js/index.js에서 확인할 수 있습니다.

```
const formData = new FormData();
formData.append('title', title);
formData.append('content', content);
formData.append('image', image);

return axios.post('/api/posts', formData)
  .then((response) => response.data);
```

게시물의 제목과 본문 그리고 첨부된 이미지 파일을 함께 서버로 전달합니다. 위 코드에서 보이지는 않지만, 새로운 게시물이 정상적으로 작성된 경우 app.renderPost() 메소드를 통해 새로 작성된 게시물을 화면에 추가합니다.

3.1.5 게시물 삭제

게시물 삭제는 [그림 3-8]에 해당하는 API 요청을 통해 지정한 ID의 게시물을 삭제할 수 있습니다. End-Point 뒤에 :id라고 되어 있는 부분을 확인할 수 있는데, 이는 /api/posts/1와 같이 사용하며 id가 1인 게시물을 의미합니다. 즉, DELETE /api/posts/1를 통해 게시물의 아이디가 1인 게시물을 삭제할 수 있습니다.

기능	HTTP Method	End-Point	Data	Content-Type
게시물 삭제	DELETE	/api/posts/:id	-	-

[그림 3-8] 게시물 추가 API

Paper의 게시물 삭제 API 요청 코드는 workspace/js/index.js에서 확인할 수 있습니다.

```
function onDelete (id) {
  app.showLoading(true);
  deletePost(id) // DELETE /api/posts/:id
    .then((post) => {
      app.removePost(post.id);
    })
    .catch(...)
    .finally(() => {
      app.showLoading(false);
    });
}
```

3.1.3장 게시물 조회에서 잠깐 언급했던 onDelete 함수입니다. [그림 3-7]의 게시물 삭제 버튼을 누르게 되면 해당 게시물의 ID를 매개변수로 받는 onDelete 함수가 호출됩니다. onDelete는 게시물의 ID를 받아 삭제 API를 호출하도록 구현되어 있습니다.

[그림 3-9] 게시물 삭제 버튼

3.1.6 게시물에 '좋아요' 표시하기

게시물 '좋아요' 표시에 해당하는 API는 [그림 3-10]에 해당합니다. API 요청 시마다 사용자 인증 정보가 헤더header에 포함되기 때문에 API를 요청한 사용자를 '좋아요' 목록에 추가할 수 있습니다.

기능	HTTP Method	End-Point	Data	Content-Type
게시물 수정 (좋아요)	PUT	/api/posts/:id	state=좋아요 여부	application/json

[그림 3-10] 게시물 수정 API

게시물 '좋아요'를 누르거나 취소하는 코드도 workspace/js/index.js에서 확인할 수 있습니다.

```
function onFavorite (id, state) {
  updatePost(id, state) // PUT /api/posts/:id
    .then(() => {
      ...
    })
    .catch(() => {
      ...
    });
}
```

onDelete 함수와 함께 3.1.3장 게시물 조회에서 잠깐 언급되었던 onFavorite 함수입니다. [그림 3-11]의 '좋아요' 버튼을 누르면, 해당 게시물의 ID와 '좋아요' 상태 값(true 또는 false)을 인자로 받는 onFavorite 함수가 호출됩니다. 서버 API 요청 시 '좋아요' 상태 데이터를 함께 전달하여 '좋아요' 상태를 변경할 수 있습니다.

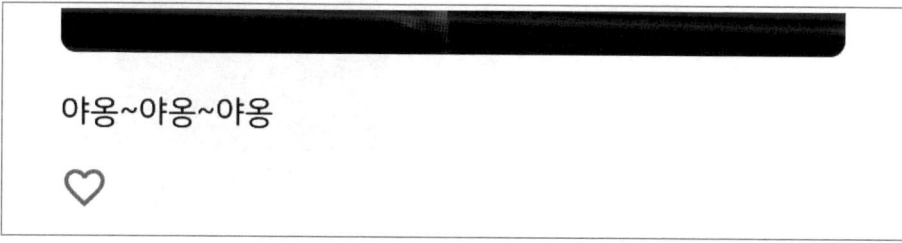

[그림 3-11] '좋아요' 버튼

3.2 Paper에 PWA 불어넣기

지금까지 Paper가 어떻게 구성되어 있는지 알아보았습니다. 이번에는 여러분이 앞으로 어떠한 기능을 개선하고 추가해 나갈지 밑그림을 그려보고자 합니다. 밑그림을 그리기 전에 이상적인 프로그레시브 웹 앱을 구현하기 위해 알아야 할 내용을 함께 살펴보겠습니다.

3.2.1 오프라인 우선

지금의 Paper를 포함한 대부분의 웹 사이트는 네트워크 상태가 좋지 않을 경우 컨텐츠를 사용자에게 정상적으로 제공할 수 없습니다. 심한 경우, 웹 페이지 자체를 사용자에게 보여줄 수 없는 치명적인 단점이 존재합니다. 이와 같은 웹의 한계점이 그대로

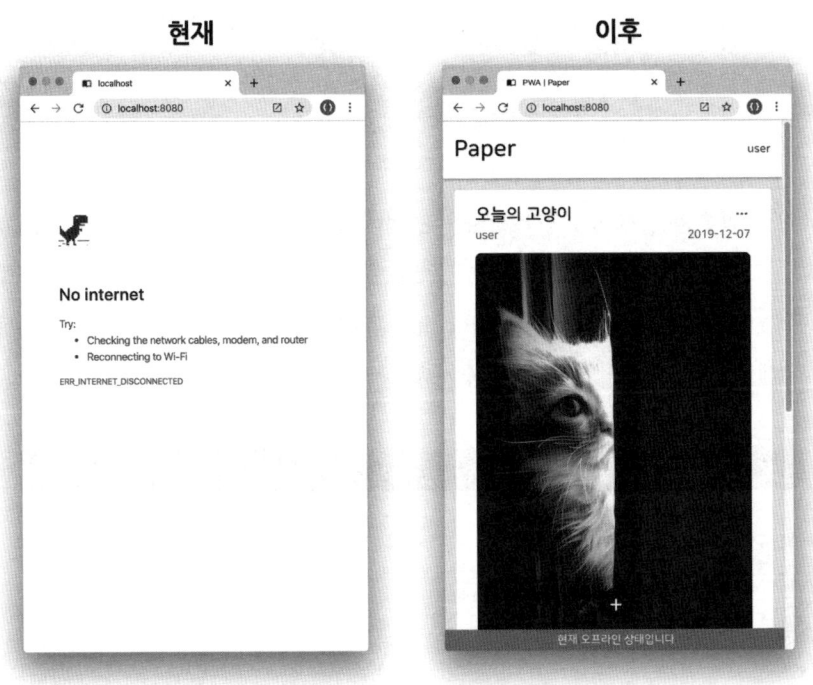

[그림 3-12] Paper 오프라인 기능 개선 1

드러난 상황을 종종 겪어 보셨을 거라 생각합니다.

반대로, 네이티브 앱은 네트워크 상태가 좋지 못해 필요한 컨텐츠를 제공하지 못할지라도 사용자에게 '네트워크 상태를 확인해주세요'와 같은 메시지를 보여주거나 온라인 상태에서 미리 저장해둔 내용을 제공하는 등 최소한의 사용성을 어느 정도 유지하고 있습니다.

이 책을 통해 웹 환경에서 기능을 제공하는 Paper를 오프라인에서 사용할 수 있도록 [그림 3-12]과 같이 개선해보고자 합니다. 현재의 Paper는 오프라인 상태에서 접속할 경우 좌측의 모습처럼 처참한 결과를 보여주고 있지만, 기능을 구현하고 개선해나가며 온라인 상태일 때 미리 저장한 게시물을 오프라인 상태일 때 제공하려고 합니다.

또한, [그림 3-13]처럼 사용자가 오프라인 상태에서 게시물을 작성할 경우 업로드 작업 대기열에 등록해 두었다가 사용자의 네트워크 환경이 온라인으로 변경되면 백그라운드에서 업로드 작업을 수행하도록 기능을 추가할 예정입니다. 오프라인 상태에서의 게시물 삭제나 '좋아요' 기능도 함께 구현해보겠습니다.

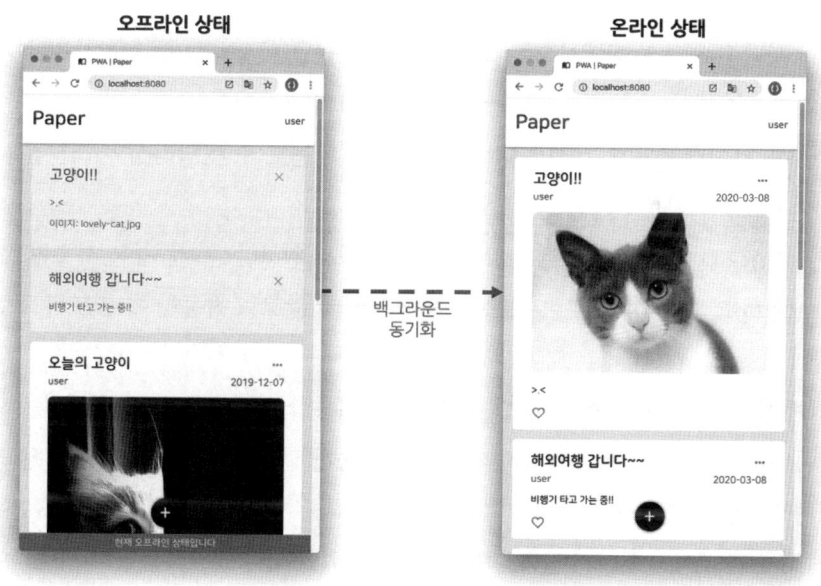

[그림 3-13] Paper 오프라인 기능 개선 2

오프라인에서 동작하는 Paper를 통해, 네이티브 앱이 웹 환경에서 구현된 모습을 미리 확인해볼 수 있습니다. 실습을 모두 마치면 지금까지 경험해왔던 웹과 다른 Paper를 만나볼 수 있을 것입니다.

3.2.2 점진적인 향상

오프라인 기능 제공과 같이 다양한 기능을 제공하는 것도 중요하지만, 무엇보다도 사용자의 호환성을 잘 고려해야 합니다. 지금까지 점진적이라는 표현을 많이 볼 수 있었습니다. 프로그레시브 웹 앱을 이상적으로 구현하기 위해선 점진적 향상을 최우선으로 고려해야 합니다. 점진적인 향상이란 표현은 다양한 상황으로 설명할 수 있는데, 대체로 다음과 같은 상황을 이야기할 수 있습니다.

- 사용자의 브라우저가 지원하는 범위 내의 기능 제공
- 웹 앱을 사용하면 할수록 점점 개선

각각의 상황을 하나씩 살펴보도록 하겠습니다. 오늘날 사용자의 웹 브라우징 환경은 심하게 파편화되어 있습니다. 조금씩 나아지고 있지만 여전히 브라우저의 종류는 물론 버전도 가지각색이며, 브라우저마다 지원하는 기능도 모두 달라서 여러분은 다양한 상황을 고려해가며 기능을 구현해야 합니다.

[그림 3-14]과 같이 사용자의 브라우저가 기능 1을 지원한다면 기능 1을 사용할 수 있도록 제공하고, 지원하지 않는다면 기능을 제공하지 않고도 작동할 수 있도록 구현해야 합니다.

두 번째 상황으로는 사용자가 웹 앱을 사용하면 사용할 수록 성장해 나가는 것을 의미합니다. 웹 페이지가 스스로 성장하다니, 정말 가능한 일일까요? 프로그레시브 웹 앱의 핵심이라고 할 수 있는 서비스 워커가 변경되면 브라우저가 스스로 업데이트를 진행합니다. 이후 웹 페이지에 다시 접속하면 업데이트되었던 서비스 워커를 통해 사용자에게 개선된 기능을 제공할 수 있습니다. 이에 대한 내용은 4장에서 자세히 다루겠습니다.

프로그레시브 웹 앱이 어떻게 개발되는가에 따라 위와 같이 이상적인 상황이 되느냐 또는 반대의 상황이 되느냐 결정될 것입니다. 이 책의 실습에서는 최대한 이상적인 모습이 될 수 있도록 다양한 문제를 고려하여 진행하겠습니다.

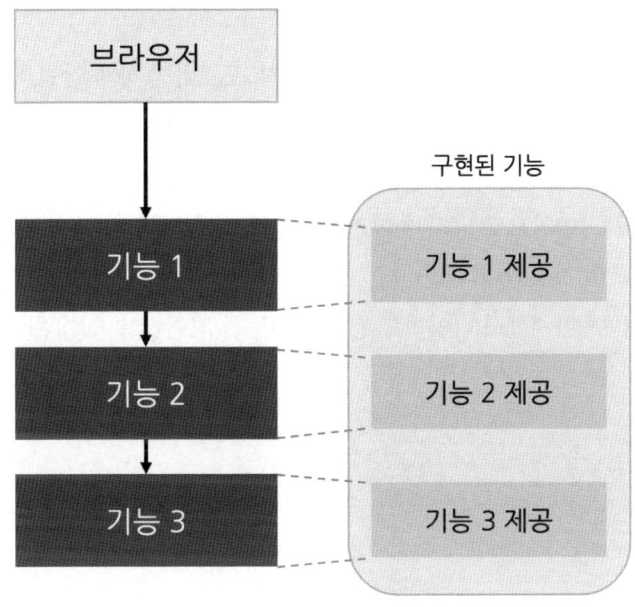

[그림 3-14] 점진적인 향상의 예

3.2.3 개선해나갈 Paper의 기능

앞서 오프라인에서 사용할 수 있게 하는 여러 기능을 살펴보았습니다. 뿐만 아니라, 여러분이 업로드한 게시물에 누군가가 '좋아요'를 표시한다면 푸시 알림을 받아볼 수 있는 알림 기능도 구현하려고 합니다.

웹 환경에서 접해보지 못했던 다양한 기능을 구현하며 Paper의 기능을 개선하되, 지원하지 않는 브라우저에서도 문제없이 Paper를 사용할 수 있도록 점진적인 향상을 고려하여 구현해보겠습니다. 최종적인 Paper의 모습은 크게 다음과 같이 개선될 것입니다.

- 오프라인 지원
- 푸시 알림

위의 큰 범주 내에는 웹 앱 업데이트 알림 메시지, 오프라인 상태 알림, 업로드 대기 취소 등 다양한 기능이 포함되어 있으며 실제 네이티브 앱에 버금갈 수 있도록 발전시켜 나갈 것입니다.

그런데 정말 웹 기술만으로 앞서 이야기한 기능을 모두 구현할 수 있을까요? 이에 대한 대답은 "충분히 가능합니다"입니다. 프로그레시브 웹 앱은 불가능했던 것을 가능하게 만들어주며, 웹 환경에서 다양하고 강력한 기능을 경험할 수 있게 할 것입니다.

CHAPTER
04

PWA의 핵심, 서비스 워커

4장 PWA의 핵심, 서비스 워커

이번 장에서는 프로그레시브 웹 앱의 주요 기능을 구현하기 위해 핵심적으로 필요한 서비스 워커에 대해 알아보고, 서비스 워커를 직접 구현하는 실습을 진행해보도록 하겠습니다.

4.1 서비스 워커란?

드디어 서비스 워커Service Worker에 대해 알아볼 차례입니다. 서비스 워커는 프로그레시브 웹 앱의 핵심 구성 요소이며, 다양한 기능을 제공하는 심장 같은 존재라고 할 수 있습니다. 앞선 장에서 알아본 다양한 기능은 대부분 서비스 워커를 통해 구현됩니다. 서비스 워커는 웹 워커 중 하나입니다. 웹 워커는 자바스크립트로 구현하며, 메인 스레드Thread[1]에서 작동하지 않고 분리된 워커 스레드에서 동작합니다. 덕분에 메인 스레드에 영향을 주지 않으면서, 다양한 작업을 처리할 수 있습니다.

기본적으로 자바스크립트는 싱글 스레드 기반으로 동작하기 때문에 오랜 시간이 소요되는 복잡한 작업을 메인 스레드에서 수행할 경우 웹 페이지가 멈추거나 버벅이는[2] 등 끔찍한 상황을 초래할 수 있습니다. 이러한 상황을 사용자에게 고스란히 넘겨버리면, 여러분의 웹 서비스에 좋은 인상을 남길 수 없겠죠. 이러한 경우, 웹 워커를 통해 메인 스레드가 아닌 별도의 워커 스레드에서 연산을 수행하도록 구현하여 메인 스레드의 부담을 줄이고 성능 하락을 방지할 수 있습니다.

웹 워커에는 다양한 종류가 있으며, 그 중 하나가 이번에 알아볼 서비스 워커입니다. 서비스 워커는 일반적인 워커와 마찬가지로 별도의 스레드에서 작동하며, 브라우저가 닫혀 있더라도 백그라운드에서 작동할 수 있어서 다양한 기능을 구현하고 제공할 수

---

1 일반적인 스크립트가 동작하는 스레드입니다.
2 브라우저의 화면은 메인 스레드에서 렌더링하기 때문에 복잡한 작업을 수행하면 웹 성능에 좋지 않은 영향을 미칠 수 있습니다.

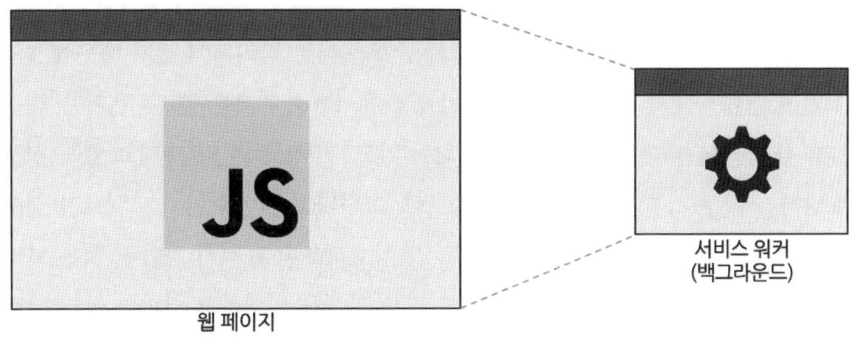

[그림 4-1] 서비스 워커

있습니다.

메인 스레드의 실행 컨텍스트Execute Context에서는 버튼 요소과 같은 DOM^{Document Object Model}[3]에 직접적으로 접근할 수 있지만, 서비스 워커를 포함한 웹 워커는 DOM에 직접적으로 접근할 수 없습니다. 왜냐하면, 웹 워커는 메인 스레드에서 작동하지 않고 별도의 실행 컨텍스트를 가진 워커 스레드에서 동작하기 때문입니다.

실행 컨텍스트는 코드가 실행되는 환경을 의미하며, 전역 객체나 기타 필요한 값 등을 가지고 있습니다. 메인 스레드의 실행 컨텍스트에는 DOM 조작을 위한 API가 존재하고, 워커 스레드에는 이러한 API가 존재하지 않습니다. [그림 4-2]를 보며 실행 컨텍스트에 대해 간략히 알아보도록 하겠습니다.

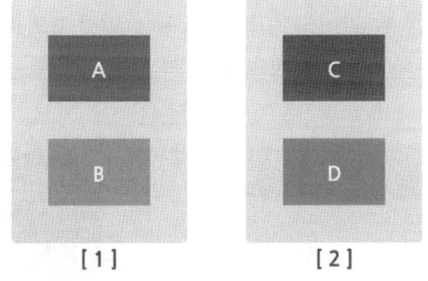

[그림 4-2] 실행 컨텍스트

---

3 HTML 문서로 구성된 요소들을 프로그래밍적으로 접근할 수 있도록 하는 인터페이스입니다.

[1]번 공간은 일반적인 스크립트가 실행되는 컨텍스트, [2]번 공간을 웹 워커가 동작하는 컨텍스트라고 가정해보겠습니다. 2개의 공간은 서로 격리되어 있기 때문에 A와 B는 [1]번 공간에서만 볼 수 있습니다. [2]번 공간에서는 A와 B를 볼 수 없으며, 대신 C와 D를 볼 수 있습니다. 이와 같이 분리되어 있고, 컨텍스트마다 가지고 있는 정보가 조금 달라서 일부 기능을 사용할 수 없습니다. 그렇다고 일반적인 스크립트가 실행되는 컨텍스트와 워커가 동작하는 컨텍스트 간 상호작용이 완전히 차단된 것은 아닙니다. 예를 들어, [1]번 공간에서 [2]번 공간으로 D 기능을 실행하고 결과만 돌려 달라고 요청할 수 있습니다.

이처럼, 일반적인 스크립트와 웹 워커는 서로 다른 공간에서 동작하기 때문에 메시지 방식의 통신을 구현하여 데이터를 주고받거나 필요한 기능을 간접적으로 수행할 수 있습니다. 관련된 내용은 9. 서비스 워커와 클라이언트 간 메시지 주고받기 장에서 자세히 다뤄보겠습니다.

지금까지 웹 워커와 서비스 워커 그리고 실행 컨텍스트에 대해 간단히 알아보았습니다. 함께 알아본 서비스 워커의 특징을 정리해보면 다음과 같습니다.

- 직접적인 DOM 접근/조작 불가
- 별도의 워커 스레드에서 동작
- 백그라운드 환경에서 동작

서비스 워커는 일반적인 웹 워커와는 다르게 웹 브라우저의 네트워크 요청을 가로채어 조작할 수 있습니다. 브라우저는 기본적으로 [그림 4-3]과 같이 서버와 클라이언트,

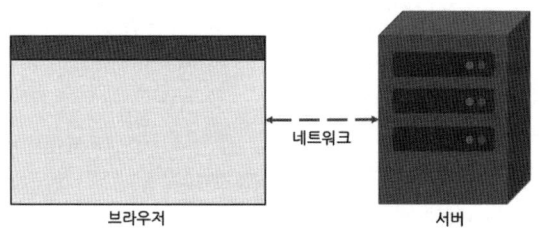

[그림 4-3] 일반적인 웹 페이지와 서버

즉 서버와 웹 브라우저 간의 직접적인 데이터 통신을 수행합니다. 프로그레시브 웹 앱의 서비스 워커는 아래의 [그림 4-4]와 같이 브라우저와 서버 사이에 위치하기 때문에 이들 사이에서 네트워크 요청을 가로채거나 다양한 제어를 수행할 수 있습니다. 브라우저의 네트워크 요청을 제어할 수 있어서 어떻게 보면 브라우저 내에서 프록시Proxy[4] 역할을 수행한다고 볼 수도 있습니다.

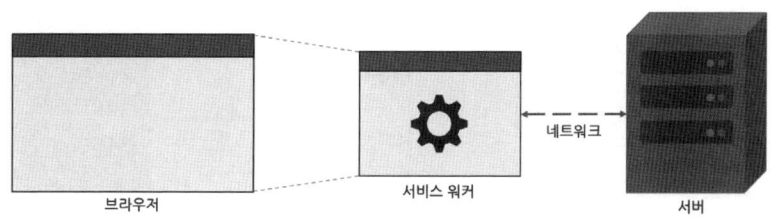

[그림 4-4] 서비스 워커가 추가된 구조

서비스 워커는 [그림 4-5]와 같이 사용자의 네트워크 환경이 오프라인 상태이거나, 네트워크 상태가 좋지 않아 서버에 원활히 접속할 수 없을 때 활약합니다. 현재 대부분의 웹 페이지는 오프라인 상태에서 접속을 시도할 경우 브라우저에서 접속할 수 없다는 오류 메시지를 표시합니다. 하지만 서비스 워커가 동작하고 있다면 미리 저장해둔 데이터를 중간에서 대신 응답할 수 있습니다. 이는 브라우저의 네트워크 요청이 서버

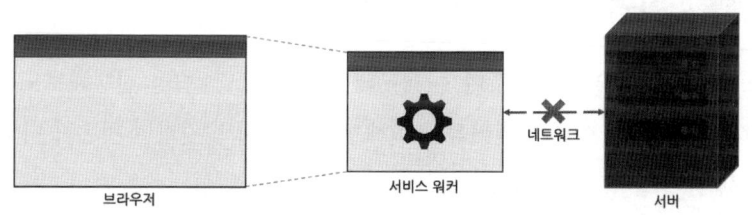

[그림 4-5] 오프라인 상태에서 동작하는 서비스 워커

---

4 네트워크의 프록시는 중간에서 대신 응답하는 개념을 의미합니다.

에 도달하기 전에 서비스 워커가 제어할 수 있기 때문에 가능한 일입니다. 이러한 기능을 구현하여 네트워크 상태에 의존하지 않는 웹 페이지를 구현할 수 있습니다.

또한, [그림 4-6]처럼 사용자가 웹 페이지를 닫거나 브라우저를 종료한 경우에도 서비스 워커는 브라우저의 백그라운드 환경에서 작동하기 때문에 백그라운드 동기화나 푸시 알림과 같은 이벤트를 수신하여 다양한 작업을 수행할 수도 있습니다.

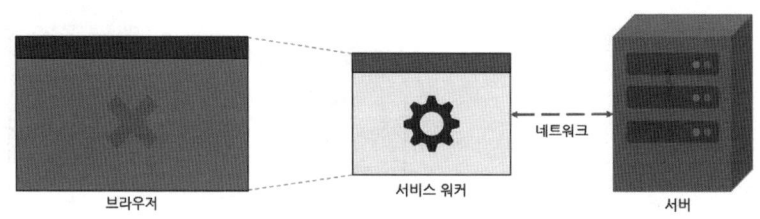

[그림 4-6] 백그라운드 상태에서 동작하는 서비스 워커

이처럼 서비스 워커는 프로그레시브 웹 앱의 주요 기능을 구현하기 위해 필요한 핵심 요소이며, 다양한 기능을 구현할 수 있는 기반을 제공합니다. 서비스 워커만 잘 구현해도 여러분의 웹 페이지의 사용성을 크게 개선하여 좋은 기대효과를 불러올 수 있을 것입니다.

4.2 서비스 워커 등록하기

서비스 워커에 대해 알아보았으니, 이제부터 본격적으로 실습을 진행해보도록 하겠습니다. 직접 여러분의 서비스 워커를 구현해보면서 서비스 워커의 기본과 다양한 활용법에 대해 함께 알아보겠습니다.

서비스 워커를 사용하기 위해 해야 하는 첫 번째 작업은, 서비스 워커 등록입니다. 서비스 워커 스크립트 파일을 불러오기만 하면 쉽게 등록할 수 있습니다. 서비스 워커를 등록하기에 앞서, 서비스 워커 스크립트 파일이 있어야 합니다.

앞 장에서 미리 받아 둔 소스코드의 workspace/service-worker.js 파일을 열어 여러분의 첫 번째 서비스 워커를 구현해보겠습니다. 현재의 service-worker.js 파일은 깔끔하게 비워져 있는 빈 자바스크립트 파일일 뿐입니다. 비어 있는 서비스 워커 파일에 다음 코드를 추가해보겠습니다.

```
self.addEventListener('install', (event) => {
  console.log('Service Worker - install');
});

self.addEventListener('activate', (event) => {
  console.log('Service Worker - activate');
});

self.addEventListener('fetch', (event) => {
  console.log('Service Worker - fetch', event.request.url);
});
```

여기서 self는 서비스 워커의 전역 객체인 ServiceWorkerGlobalScope를 뜻합니다. 일반적인 스크립트 파일에서의 self는 window를 가리키며, 앞서 설명한 일반 스크립트와 웹 워커의 실행 컨텍스트 차이로 인해 self는 서로 다른 객체를 의미합니다.

서비스 워커는 설치 후 활성화되기까지의 절차를 거치면서 다양한 작업을 수행할 수 있습니다. 방금 작성한 소스코드의 경우 서비스 워커를 설치할 때, 설치 중일 때, 설치 완료 후 브라우저의 요청 이벤트가 발생했을 때 총 3가지의 이벤트를 제어할 수 있습니다. 간단한 서비스 워커가 구현되었으니, 이제 서비스 워커를 등록해보겠습니다. workspace/js/common.js 파일을 열고 다음 코드를 추가하여 서비스 워커를 등록하는 코드를 작성해보겠습니다.

```
// @ch4. 서비스 워커 등록
if ('serviceWorker' in navigator) {
```

```
navigator.serviceWorker.register('/service-worker.js').
then((registration) => {
    // 등록 완료
});
```

해당 코드는 navigator 객체에 서비스 워커가 존재하는지 확인한 후 서비스 워커 등록을 진행합니다. 이는 서비스 워커를 지원하는 브라우저인 경우에만 서비스 워커를 등록하기 위한 조건입니다. 조건에 충족한 브라우저라면, register 메소드의 첫 번째 인자 값으로 서비스 워커 스크립트 경로 문자열 값을 전달하여 해당 서비스 워커를 등록할 수 있습니다. register는 프로미스를 반환하며, 성공적으로 등록했을 때 서비스 워커 등록 객체를 resolve 하고, 실패했을 경우 에러를 reject합니다.

서비스 워커 등록 객체는 서비스 워커의 상태 정보를 비롯한 다양한 정보를 가지고 있습니다. 여러분의 서비스 워커는 /service-worker.js 위치에 존재하므로 해당 경로를 지정하여 서비스 워커를 등록할 수 있습니다.

 TIP 서비스 워커의 제어 범위

서비스 워커는 지금까지 살펴본 것과 같이 register 메소드를 통해 등록할 수 있으며, 서비스 워커의 스크립트 경로 외에도 두 번째 인자로 옵션을 추가할 수 있습니다. 옵션에는 서비스 워커의 제어 범위를 제한할 수 있는 scope 옵션을 추가할 수 있으며, 다음과 같이 register() 메소드의 두 번째 인자로 지정합니다.

```
navigator.serviceWorker.register('/service-worker.js', {
scope: '/login' }).then((registration) => {
  console.log(registration.scope); // 등록된 서비스 워커의 범위
});
```

> 범위 옵션을 생략하면 서비스 워커가 위치한 경로(본문의 코드에서는 /)의 하위 페이지 모두를 제어하며, 페이지 범위를 직접 지정하여 특정 페이지의 하위 경로만 제어하도록 지정할 수 있습니다. 예를 들어, 체인점 지점별 홈페이지를 하나의 도메인으로 제공하기 위해 다음과 같이 구성했다고 가정해보겠습니다.
>
> - 서울점: https://domain/seoul
> - 부산점: https://domain/busan
>
> 서비스 워커의 범위를 /로 지정하면 하위 페이지인 /seoul과 /busan에 대한 제어를 모두 수행할 수 있습니다. 만약, 범위를 /seoul로 지정했다면 /seoul, /seoul/about, /seoul/product와 같이 /seoul의 하위 페이지만 제어할 수 있습니다. 또한, 범위가 /seoul로 지정되어 있다면 /busan/about과 같이 범위를 벗어난 페이지를 제어할 수 없으므로, 필요에 따라 scope 옵션을 추가하여 페이지 간 제어권을 분리할 수 있습니다.

서비스 워커가 정상적으로 등록된 이후 등록 객체에 접근하여 다양한 기능과 이벤트를 처리할 수 있습니다.

페이지를 새로고침하여 여러분의 첫 서비스 워커를 등록해보겠습니다. 개발자 도구를 열어 콘솔창을 확인해보십시오. [그림 4-7]과 같이 install, activate 이벤트가 발생되어 로그가 남아 있는 모습을 확인할 수 있습니다.

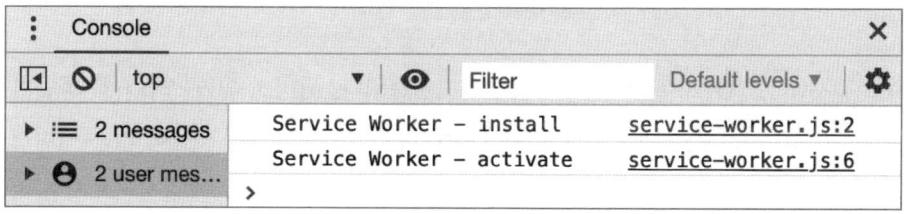

[그림 4-7] 서비스 워커 설치와 활성화

그런데 왜 fetch 이벤트 로그는 보이지 않는 걸까요? 그 이유는 서비스 워커의 생명주기에 있습니다. 이제 막 서비스 워커가 등록되어 활성화되었기 때문에 아직 웹 페이지에 대한 제어권이 없는 상태입니다. 자세한 내용은 4.5. 서비스 워커의 생명주기 장에서 설명하겠습니다. 이제, 페이지를 다시 로드하면 fetch 이벤트까지 잘 작동할 것입니다.

이러한 특징은 앞서 여러 번 이야기했던 점진적인 향상 중 하나에 해당합니다. 사용자는 서비스 워커가 등록되었는지 알 수 없지만, 이후 Paper에 다시 접속한다면 이전에 등록되었던 서비스 워커에 의해 무언가 개선된 웹 페이지를 이용할 수 있게 됩니다. 서비스 워커의 설치 여부는 브라우저의 개발자 도구를 열어 Application 〉 Service Workers 메뉴로 이동하여 등록 여부와 상태 등을 확인할 수 있습니다.

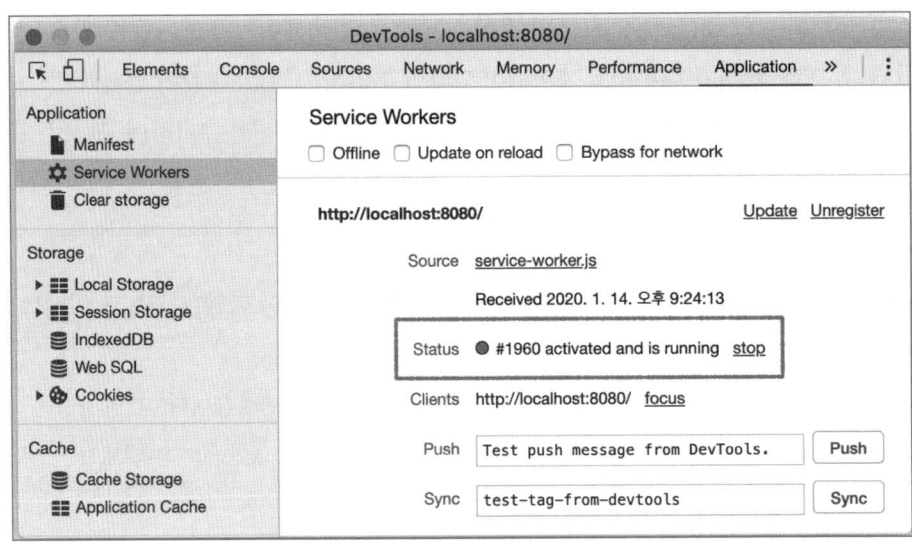

[그림 4-8] 서비스 워커 확인하기

이렇게 서비스 워커의 등록 작업이 마무리되었습니다. 서비스 워커 스크립트 파일만 존재하면 코드 몇 줄로 쉽게 등록할 수 있습니다. 당장은 아무런 기능이 없는 서비스 워커지만, 앞으로 다양한 기능을 구현하며 강력한 서비스 워커로 발전시켜보시길 바랍니다.

4.3 서비스 워커의 기능 이벤트

서비스 워커가 정상적으로 등록되고 활성화되었다면 앞선 장들에서 다루었던 다양한 기능들을 구현하고 제공할 수 있습니다. 이러한 기능들은 특정 이벤트가 발생했을 때 서비스 워커를 통해 제공됩니다.

서비스 워커를 통해 처리할 수 있는 대표적인 기능 이벤트를 선정해보면, 다음 3가지를 선택할 수 있습니다.

- Fetch(브라우저 요청)
- Sync(백그라운드 동기화)
- Push(푸시 알림 수신)

일반적인 버튼 클릭과 같은 이벤트는 사용자의 특정 행위에 의해 발생하지만, 서비스 워커의 이벤트는 브라우저에 의해 발생합니다. 서비스 워커를 통해 제어할 수 있는 대표적인 3가지 이벤트를 간단히 알아보겠습니다.

4.3.1 Fetch

'fetch' 이벤트는 웹 페이지에서 네트워크 요청을 수행할 때 발생하며, 해당 이벤트를 통해 웹 페이지와 서버 사이에서의 요청을 제어할 수 있습니다. 이 fetch 이벤트를 통해 강력한 기능을 구현할 수 있으며 브라우저에서의 프록시^{Proxy} 역할을 수행할 수 있다고 앞에서 언급했습니다. 브라우저가 리소스(HTML, CSS, 이미지 등)를 서버로 요청할 경우 fetch 이벤트가 발생하고, 서비스 워커에서 이를 제어할 수 있습니다. [그림 4-9]는 fetch 이벤트를 통해 리소스 요청을 가로채고, 제어하는 흐름을 나타낸 그림입니다.

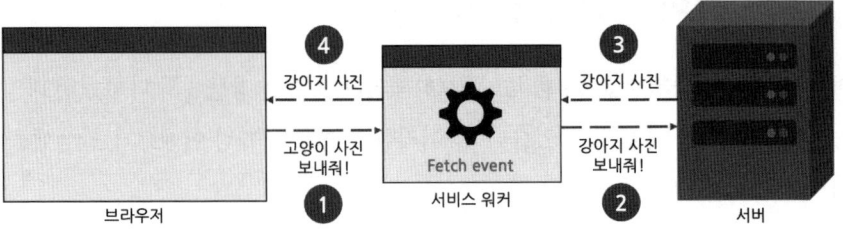

[그림 4-9] fetch 이벤트

브라우저의 고양이 사진 요청①을 서비스 워커에서 강아지 사진으로 조작하여 서버로 요청②할 수 있습니다. 서버로부터 받은 강아지 응답③을 브라우저에게 전달④하여 강아지 사진이 제공되도록 구현할 수 있습니다. 브라우저 입장에서는 ②번 과정에서 어떤 일이 일어났는지 알 수 없으며, 전달받은 리소스를 사용하기만 할 뿐입니다.

이처럼 fetch 이벤트를 활용하여 미리 저장해둔 리소스를 대신 응답함으로써 오프라인 환경을 지원하는 웹 페이지를 구현할 수 있습니다.

4.3.2 Sync

'sync' 이벤트를 통해 백그라운드 동기화 작업을 수행할 수 있습니다. 여러분이 오프라인 상태에서 글을 작성한 후 브라우저를 닫아도, 네트워크 상태가 온라인으로 변경되면 sync 이벤트가 발생하여 백그라운드 상태에서 작업을 수행할 수 있습니다. 이처럼 sync 이벤트는 네트워크 환경이 온라인 상태로 변경되었을 때 발생합니다. [그림 4-10]은 sync 이벤트를 통해 백그라운드 동기화 작업을 수행하는 과정을 나타낸 그림입니다.

오프라인 상태에서 게시물을 작성하고, 서비스 워커에 백그라운드 동기화 작업을 우선 요청①합니다. 이후 네트워크 상태가 온라인으로 변경되었을 때 등록했던 동기화 작업이 sync 이벤트로 전달②되어, 백그라운드에서 게시물이 업로드③될 수 있도록 구현할 수 있습니다.

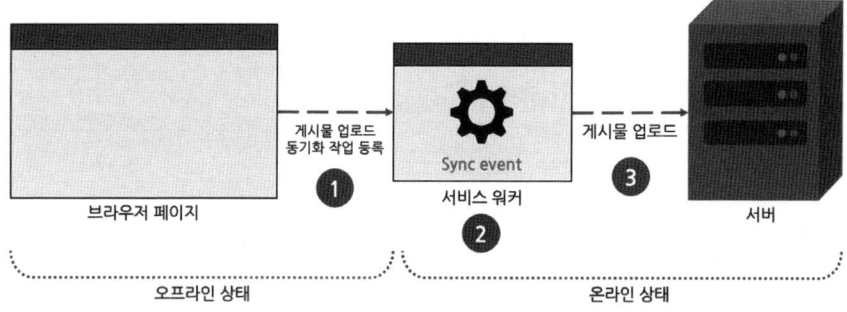

[그림 4-10] Sync 이벤트

4.3.3 Push

'push' 이벤트는 서버로부터 푸시 메시지를 수신했을 때 발생되는 이벤트입니다. 여러분의 스마트폰에서 사용하고 있는 메신저 서비스도 이와 같이 푸시 알림을 통해 메시지가 도착했다는 것을 알리고 있습니다.

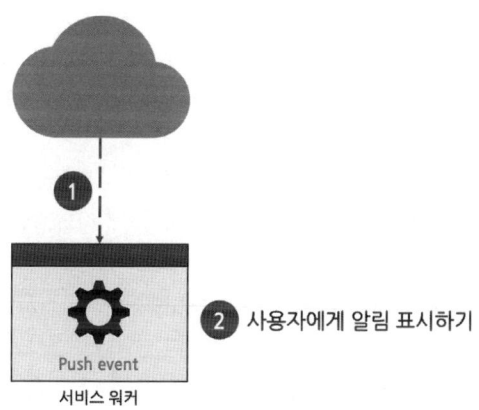

[그림 4-11] Push 이벤트

[그림 4-11]과 같이 푸시 서버가 사용자에게 푸시 메시지를 보내면 서비스 워커의 push 이벤트를 통해 푸시 메시지를 받을 수 있습니다. ① push 이벤트에서 전달받은

푸시 메시지 내용을 통해 ② 사용자에게 알림을 표시하여 특정 정보를 제공할 수 있습니다. 서비스 워커는 사용자가 웹 페이지를 닫아도, 백그라운드에서 계속 작동하기 때문에 푸시 이벤트를 수신할 수 있습니다.

4.4 서비스 워커에서 브라우저 요청 가로채기

지금까지 서비스 워커를 통해 제어할 수 있는 대표적인 기능 이벤트 3가지를 알아보았습니다. 먼저 'fetch' 이벤트에 대해 더 자세히 알아보기 위해 웹 페이지에서 요청한 고양이 사진을 강아지 사진으로 바꾸어 응답하는 예제를 직접 구현해보려고 합니다. 특정 리소스 요청을 서비스 워커에서 가로채고, 다른 데이터로 바꿔 응답하는 기능을 직접 구현해보면서 fetch 이벤트에 대해 조금 더 자세히 알아봅시다.

먼저, /workspace/ervice-worker.js에서 구현했던 서비스 워커를 수정하여 고양이 사진을 강아지 사진으로 바꿀 수 있도록 코드에 살을 붙여보겠습니다.

```
self.addEventListener('fetch', (event) => {
  console.log('Service Worker -', event.request.url);

  // .jpg 확장자 파일을 요청할 경우 모두 강아지 사진으로 바꿔 응답하기
  if (event.request.url.endsWith('.jpg')) {
    console.log('멍멍!');
    event.respondWith(fetch('/upload/puppy.jpg'));
  }
});
```

기존의 fetch 이벤트 핸들러에 코드를 조금 더 추가했습니다. 조건문을 확인해보면 요청 URL의 끝 문자열이 .jpg인 경우 fetch[5] 메소드를 활용하여 /upload/puppy.jpg

---

5 Fetch API - XMLHttpRequest와 유사한 API이며 더 개선되고 유연한 프로미스 기반의 fetch()를 제공합니다.

경로에 해당하는 이미지 파일을 요청하도록 구현되어 있습니다.

간단히 정리해보면, 모든 .jpg 요청을 /upload/puppy.jpg 파일로 바꿔 대신 응답하고, "멍멍!" 로그를 콘솔에 출력합니다. 브라우저의 요청으로 인해 fetch 이벤트가 발생되면, 여러분이 서비스 워커에 구현한 fetch 이벤트 핸들러의 매개변수로 FetchEvent 객체가 전달됩니다. 해당 이벤트 객체의 respondWith 메소드를 호출하여 브라우저의 기본 요청을 막고, 서비스 워커에서 대신 응답할 수 있는 제어권을 얻을 수 있습니다. respondWith 메소드는 프로미스를 인자로 받기 때문에 프로미스 기반인 fetch를 적극적으로 사용할 수 있습니다. 브라우저에서 고양이.jpg파일을 요청하더라도 여러분이 구현한 서비스 워커가 웹 페이지를 제어하고있다면 puppy.jpg가 대신 응답되어 사용자는 고양이가 아닌 강아지 사진을 보게 될 것입니다.

한 번 새로고침하여 수정된 서비스 워커를 활성화시켜 보겠습니다. 그런데 한 가지 문제가 발생했습니다. 새로고침을 해도 강아지 사진은커녕, 고양이 사진이 그대로 보이는 상태인 것입니다. 개발자 도구를 열어 서비스 워커 상태를 확인해보면 [그림 4-12]와 같이 waiting to activate라는 문구와 함께 대기 중인 서비스 워커를 확인할 수 있습니다.

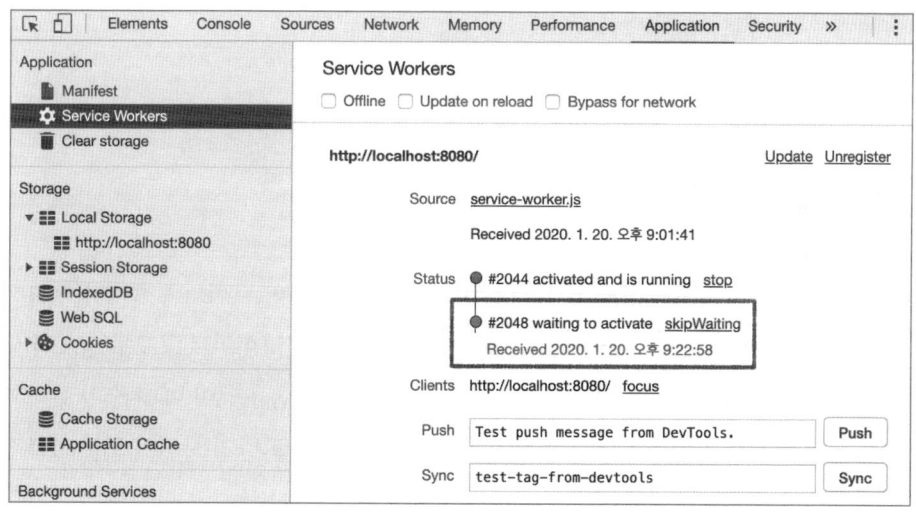

[그림 4-12] 대기 중인 서비스 워커

이미 활성화되어 있는 서비스 워커가 존재하면 기존의 서비스 워커가 제어하고 있는 클라이언트가 존재하지 않을 때까지 대기 상태로 유지합니다. 여기서 클라이언트란, 서비스 워커가 제어하는 범위 내에 있는 웹 페이지를 의미합니다.

현재 상태의 클라이언트는 이미 열려 있는 Paper 웹 페이지를 의미합니다. 사용자가 Paper 페이지 탭을 여러 개 열어 둔 상태라면, 클라이언트는 여러 개가 될 수 있으며 활성화되어 있는 서비스 워커가 여러 클라이언트들을 제어합니다.

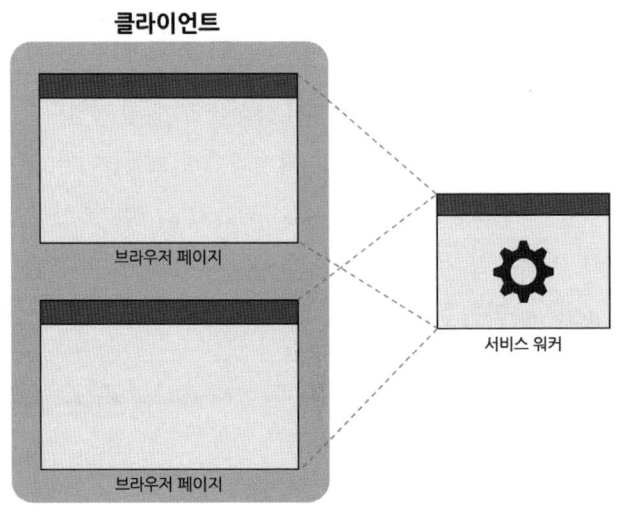

[그림 4-13] 클라이언트

개발자 도구에서 skipWating을 눌러 대기 상태에 있는 서비스 워커를 즉시 활성화시킬 수 있으며, 이 외도 기존 서비스 워커가 제어하고 있는 클라이언트를 모두 닫으면 새로운 서비스 워커가 활성화됩니다. Paper 페이지가 열린 탭을 닫아 제어 중인 클라이언트를 모두 종료한 다음 다시 접속해보면 [그림 4-14]처럼 고양이 사진이 모두 강아지 사진으로 바뀌어 있을 것입니다.

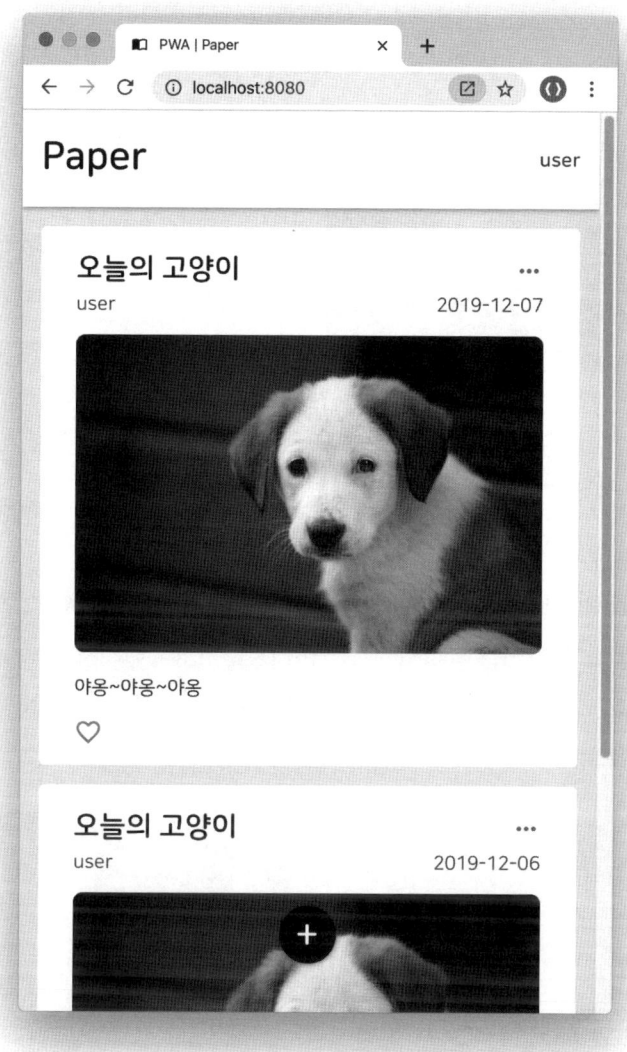

[그림 4-14] 서비스 워커를 통해 요청 가로채기

HTML 소스코드에 존재하는 이미지 태그의 src 값이 바뀐 걸까요?

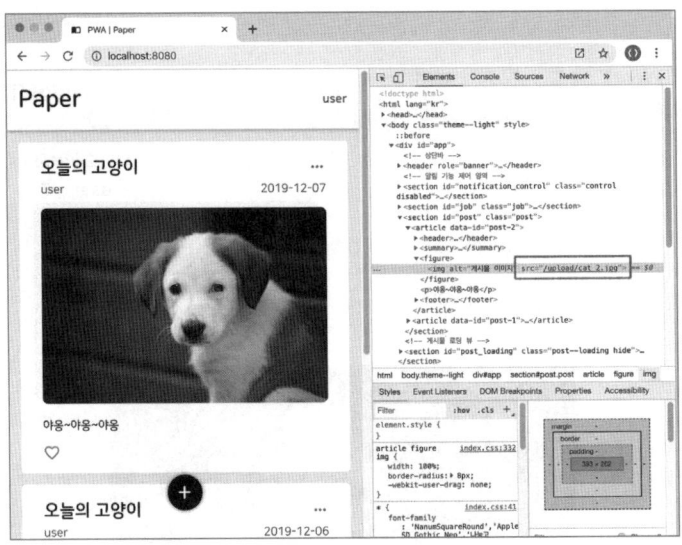

[그림 4-15] 고양이였던 강아지

개발자 도구를 확인해보면 cat_1.jpg, cat_2.jpg로 기존과 동일한 상태입니다. 브라우저에서는 고양이 사진을 요청했지만, 여러분의 서비스 워커가 이를 가로채 강아지 사진으로 대신 응답했을 뿐입니다. [그림 4-16]처럼 개발자 도구의 Network 탭에서 어떠한 일이 일어났는지 확인할 수 있습니다.

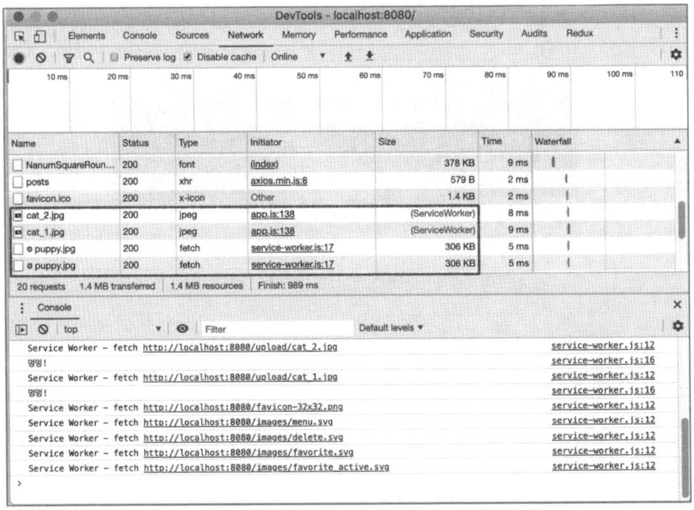

[그림 4-16] 서비스 워커 응답 확인

cat_1.jpg, cat_2.jpg 요청의 size엔 리소스의 크기가 나타나 있지 않고, Service Worker라는 문구만 존재합니다. 그 아래의 요청을 보면 서비스 워커가 요청한 puppy.jpg를 확인할 수 있습니다. 서비스 워커가 대신 응답한 경우 리소스 이름 좌측에 아이콘이 존재하기 때문에 서비스 워커를 통해 응답된 리소스임을 알 수 있습니다. 콘솔을 확인해보면 멍멍! 로그도 함께 기록되어 있는 모습도 볼 수 있습니다. 이처럼 서비스 워커를 통해 브라우저의 기본 요청을 막고 여러분이 직접 제어할 수 있습니다.

이 가로채기 예제는 실제 서비스에 적용하기에는 의미가 없을지 몰라도, 이를 활용하여 미리 저장해 두었던 리소스를 대신 응답하는 등 다양한 활용을 하기 위한 발판이 될 것입니다.

4.5 서비스 워커의 생명주기

서비스 워커에 여러분이 원하는 기능을 의도한대로 구현하기 위해선 서비스 워커의 생명주기Life Cycle에 대해서도 숙지하고 있어야 합니다. 앞에서 진행한 가로채기 예제를 구현해보면서도 서비스 워커를 수정하고 페이지를 새로고침했으나, 이전 서비스 워커로 인해 새로운 서비스 워커가 대기 중에 머무르기만 할 뿐 활성화되지 않는 문제가 발생한 바 있습니다.

프로그레시브 웹 앱의 특징 중 '항상 최신 상태 유지'는 사용자가 웹 앱에 접속했을 때마다 서비스 워커의 업데이트가 존재하는지 확인하고, 스스로 업데이트를 진행하는 것입니다. 서비스 워커가 업데이트될 때 기존에 활성화 되어있던 서비스 워커와 새로운 서비스 워커가 동시에 존재하게 되며, 이러한 상황에서 여러분이 확실히 제어하기 위해서는 생명주기에 대해 알고있어야 합니다.

생명주기는 다음과 같이 정리할 수 있으며 그림으로 정리하면 [그림 4-17]과 같습니다.

- 설치 중(installing)
- 설치됨 / 대기 중(installed / waiting)

- 활성화 중(activating)
- 활성화됨(activated)
- 중복(redundant)

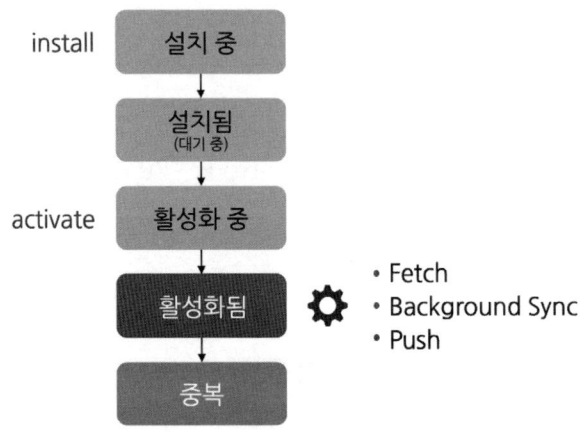

[그림 4-17] 서비스 워커 생명주기

서비스 워커는 register를 통해 등록된 후 설치부터 활성화 그리고 중복 상태까지의 생명주기를 거치게 됩니다. 서비스 워커가 설치 중인 경우 서비스 워커의 install 이벤트가 발생하고, 설치가 마무리된 후 활성화되는 시점에는 activate 이벤트가 발생하게 됩니다.

서비스 워커가 활성화된 이후부터 fetch, sync, push 등의 기능 이벤트를 제어할 수 있습니다. install과 activate 이벤트는 설치 또는 활성화 중인 상태일 때 최초 1회만 발생해서, 주로 웹 페이지 구성에 필요한 리소스를 미리 준비하거나 이전의 서비스 워커가 구성해둔 데이터를 지우는 등의 작업을 수행하는 것이 일반적입니다.

서비스 워커 생명주기의 마지막 단계인 중복 상태는 설치와 활성화 작업 도중 문제가 발생하거나 새로운 서비스 워커로 대체되었을 때의 상태를 의미하며 곧 소멸(대체)될 서비스 워커의 상태를 나타냅니다. 서비스 워커의 설치 및 활성화 단계 중 문제가 발생할 경우 중간 단계를 건너뛰고 중복 상태로 이동하게 되며, 이 경우 서비스 워커의 기능을 사용할 수 없습니다.

서비스 워커의 업데이트가 발견되어 새로 대체되는 경우에는 기존의 서비스 워커가 중복 상태로 변경됩니다. 서비스 워커의 업데이트 여부는 서버의 서비스 워커 코드가 변경되었을 때 브라우저에서 새로운 업데이트가 발견된 것으로 간주하여 새로운 서비스 워커로 업데이트를 진행합니다.

지금까지 서비스 워커의 생명주기에 대해 알아보았습니다. 앞서 서비스 워커를 구현해보며 의아했던 부분이 있었는데 서비스 워커를 처음 등록했을 때 install, activate 이벤트 핸들러만 작동하고 fetch 이벤트 핸들러는 새로고침 후 작동했던 점 그리고 서비스 워커를 수정하고 새로고침했을 때 바로 반영되지 않고 대기 중 상태였던 서비스 워커의 모습, 이렇게 2가지 상황을 살펴보았습니다. 이는 서비스 워커의 생명주기를 통해 다음과 같이 정리해볼 수 있습니다.

첫 번째 상황은 서비스 워커의 제어권과 연관되어 있습니다. 웹 페이지에 처음 접속하면 웹 페이지가 로드되는 동안 서비스 워커가 새로 설치되고 활성화됩니다. 서비스 워커가 없던 상태로 로드된 클라이언트는 새로 설치된 서비스 워커에서 즉시 제어할 수 없습니다. 이는 페이지를 새로고침하거나, 서비스 워커 내에서 명시적으로 clients.claim()을 호출하여 제어권을 즉시 가져올 수 있습니다.

> 서비스 워커의 'clients'는 서비스 워커의 범위에서 제어되고 있는 클라이언트에게 접근할 수 있는 인터페이스와 다양한 기능을 제공합니다.

두 번째 상황은 서비스 워커의 생명주기와 관련 있습니다. 새로운 서비스 워커가 활성화될 때 클라이언트를 제어하고 있던 기존의 서비스 워커가 존재한다면, 해당 서비스 워커가 제어하는 클라이언트가 존재하지 않을 때까지 대기 상태로 머무르게 됩니다. 제어되고 있는 클라이언트를 모두 닫거나 서비스 워커에서 명시적으로 skipWating()을 호출하여 대기하지 않고 즉시 활성화할 수 있습니다. 이 2가지 상황을 명시적으로 제어하는 방법을 정리하면, [그림 4-18]과 같습니다.

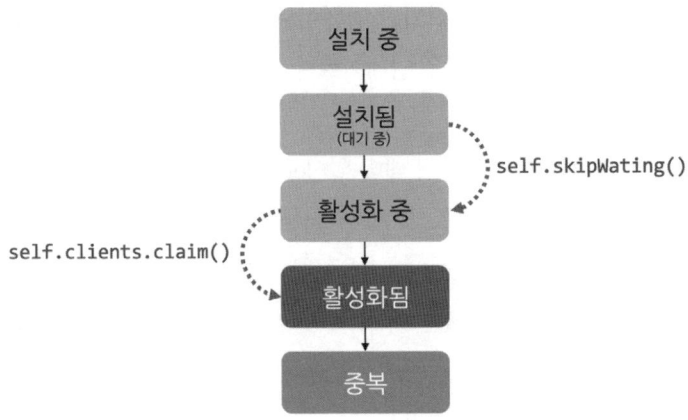

[그림 4-18] 서비스 워커의 생명주기 제어

서비스 워커 코드를 수정하여 정말 의도한 대로 동작하는지 확인해보겠습니다.

```
const VERSION = 'v1'; // 추가

self.addEventListener('install', (event) => {
  // 버전도 함께 출력
  console.log('Service Worker - install', VERSION);

  // 제어 중인 서비스 워커가 존재해도 대기 상태를 건너뛴다.
  self.skipWaiting();
});

self.addEventListener('activate', (event) => {
  // 버전도 함께 출력
  console.log('Service Worker - activate', VERSION);

  // 활성화 즉시 클라이언트를 제어한다.
```

```
    self.clients.claim();
});

...
```

먼저, 새로 추가한 VERSION 변수는 서비스 워커의 버전을 관리하기 위한 변수입니다. 브라우저는 서비스 워커의 스크립트가 조금이라도 변경되면, 새로운 서비스 워커로 간주하여 업데이트를 수행하기 때문에 앞으로 버전 값을 변경하며 브라우저가 서비스 워커를 업데이트 할 수 있도록 활용하려고 합니다. 다시 본론으로 넘어오면, 수정한 서비스 워커는 대기 상태를 건너뛰고 활성화 즉시 열려 있는 클라이언트에 대한 제어권을 가져올 수 있도록 구현되어 있습니다. 페이지를 다시 로드하여 기록된 로그를 확인해보겠습니다.

```
Service Worker - install v1
Service Worker - activate v1
```

위와 같이 대기 상태를 건너뛰고 즉시 활성화된 서비스 워커의 모습을 확인할 수 있습니다. 또한 클라이언트에 대한 제어권도 바로 가져오기 때문에 서비스 워커가 활성화된 직후 fetch 이벤트 등과 같은 기능 이벤트에 대한 제어를 수행할 수 있습니다.
이처럼 명시적으로 서비스 워커의 생명주기를 제어할 수 있지만 실제 운영 환경이라면 조심스럽게 사용해야 합니다. 왜냐하면, 서비스 워커가 클라이언트를 즉시 제어하게 될 경우 이미 활성화 되어 있던 서비스 워커를 통해 제공하고 있던 기능에 의도하지 않은 문제가 발생할 수 있기 때문입니다.
지금까지 서비스 워커의 생명주기와 제어 방법을 직접 살펴보았습니다. 이후 실습 내용에서는 생명주기를 직접 제어하지 않을 것이므로 새로 추가한 VERSION 변수 부분만 유지하고 skipWaiting, clients.claim 부분을 지워서 원래의 코드로 되돌려줍니다.

4.6 서비스 워커의 상태

서비스 워커의 상태를 사용자에게 보여주고 싶다면, 어떻게 해야 할까요? 새로운 서비스 워커 업데이트가 존재한다면 "새로운 업데이트가 존재합니다"와 같은 알림을 보여주고, 업데이트가 완료되면 "업데이트가 완료되었습니다"와 같이 실제 앱을 업데이트하는 것과 유사하게 사용자에게 정보를 제공하도록 구현할 수도 있습니다.

앞서 살펴보았던 register 메소드를 통해 서비스 워커가 정상적으로 등록되었을 때 resolve되는 등록 객체를 통해 서비스 워커의 업데이트 존재 유무를 확인할 수 있습니다. workspace/js/common.js 파일의 서비스 워커 등록 코드에서 다음과 같은 부분을 찾아 기능을 추가로 구현해보겠습니다.

```
// 업데이트 발견
registration.addEventListener('updatefound', () => {
    // 설치 중인 새로운 서비스 워커
    const newServiceWorker = registration.installing;
    console.log('PAPER: New update found!');
});
```

새로운 서비스 워커가 발견된 경우 서비스 워커 등록 객체의 updatefound 이벤트가 발생합니다. 해당 이벤트 핸들러를 구현하여 업데이트가 발견되었을 때 원하는 동작을 수행하도록 구현할 수 있습니다.

서비스 워커 등록 객체는 서비스 워커의 상태와 다양한 정보를 가지고 있다고 이전에 설명했습니다. 다양한 정보 가운데 새로 설치되고 있는 서비스 워커, 대기 중인 서비스 워커, 활성화 상태의 서비스 워커 총 3가지 상태에 해당하는 서비스 워커에 접근할 수 있습니다. 등록 객체에서 아래의 속성을 통해 쉽게 접근할 수 있습니다.

- installing
- waiting

- activate

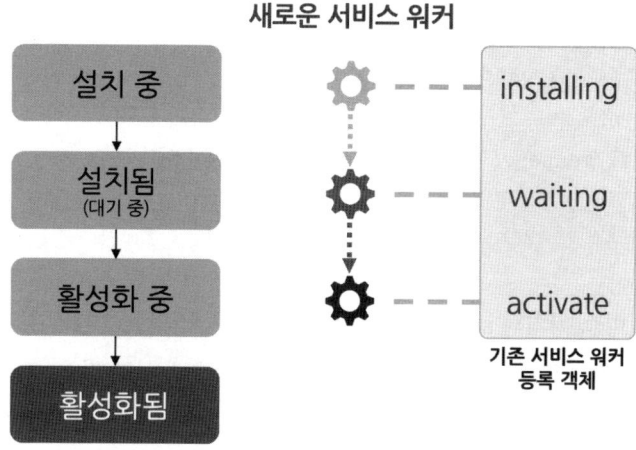

[그림 4-19] 특정 상태의 서비스 워커 참조

여러분은 이처럼 생명주기에 따라 상태가 변경되어가는 서비스 워커에 쉽게 접근할 수 있습니다. 접근하고자 하는 상태에 해당하는 서비스 워커가 존재하는 경우 해당하는 서비스 워커를 반환하며, 존재하지 않는 경우 null 값을 반환합니다. 만약 여러분이 대기 중인 서비스 워커에 접근하기 위해 registration.waiting 코드를 구현했는데, 대기 상태의 서비스 워커가 존재하지 않는다면 null 값을 받게 됩니다.

위 코드의 registration.installing은 업데이트를 발견한 이후 설치되고 있는 새로운 서비스 워커를 참조하기 위한 코드입니다. 새로 설치되고 있는 서비스 워커는 생명주기에 따라 상태가 변화할 것입니다. 직접 확인하기 위해 다음과 같이 서비스 워커 상태 변경을 감지하도록 추가 기능을 구현해보겠습니다.

```
...
const newServiceWorker = registration.installing;
```

```
console.log('PAPER: New update found!');

newServiceWorker.addEventListener('statechange', (event) => {
    const state = event.target.state;
    console.log('PAPER: ' + state);
    if (state === 'installed') {
        util.message('앱을 재시작하면 업데이트가 적용됩니다!');
    }
});
```

설치 중인 서비스 워커의 statechange 이벤트를 통해 해당 서비스 워커의 상태 변경을 감지할 수 있습니다. 이벤트 대상의 state 속성을 통해 상태 값을 확인할 수 있으며, 서비스 워커 상태state 값은 총 5가지 유형의 문자열 값으로 구성되어 있습니다.

- installing - 설치 중
- installed - 설치됨
- activating - 활성화 중
- activated - 활성화됨
- redundant - 중복

상태가 변경될 때마다 이벤트를 통해 상태값이 전달되므로, 변화하는 상태에 따라 특정 기능을 수행하도록 구현할 수 있습니다. 위의 코드는 새로운 서비스 워커가 설치되고 활성화된 경우 미리 구현해둔 util.message()를 통해 화면에 메시지를 표시합니다.

구현한 기능이 정상적으로 동작하는지 확인하기 위해 서비스 워커의 버전을 v2로 변경하여 브라우저가 새로운 서비스 워커로 인지하도록 수정합니다. 웹 페이지를 새로 고침하고 개발자 도구의 "skipWaiting"을 눌러 대기 중인 여러분의 새 서비스 워커가 즉시 활성화될 수 있도록 합니다. [그림 4-20]과 같이 서비스 워커 업데이트 메시지가 표시되는 모습을 확인할 수 있습니다.

[그림 4-20] 상태 변경 메시지

서비스 워커를 수정하고 새로운 서비스 워커로 갱신하기 위해 서비스 워커에서 skip-Waiting() 메소드를 직접 호출하거나 페이지를 다시 여는 등 매번 수동으로 조작하는 것에 대해 불편함을 느끼실 겁니다. [그림 4-21]과 같이 개발자 도구의 Application 〉 Service Workers 〉 Update on reload 체크박스를 활성화하여 새로고침할 때 서비스 워커가 자동으로 갱신되도록 설정할 수 있습니다.

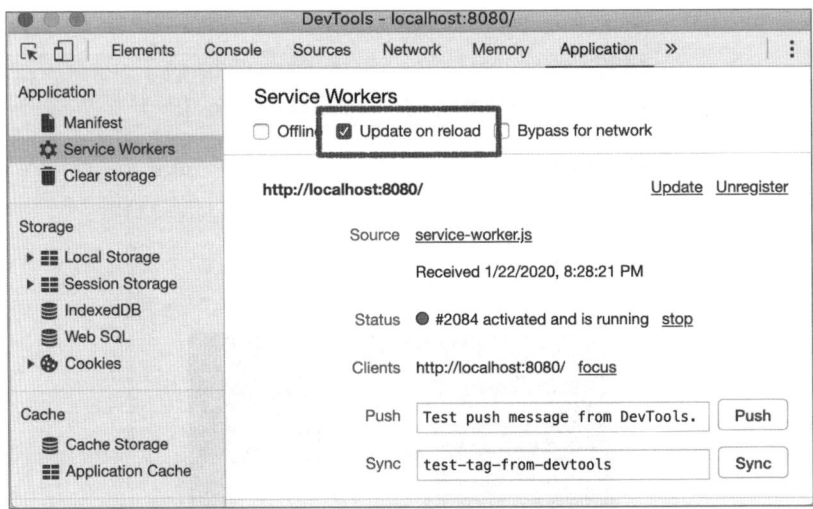

[그림 4-21] 서비스 워커 자동 업데이트

이제 서비스 워커를 수정하고 페이지만 새로 로드하면 변경된 서비스 워커로 즉시 업데이트할 수 있습니다. 여러분이 직접 서비스 워커의 생명주기를 제어하고 디버깅하길 원한다면 개발자 도구에서 언제든지 자동 업데이트 기능을 비활성화 할 수 있습니다.

지금까지 서비스 워커의 생명주기와 상태 변경 이벤트에 대해 알아보았습니다. 다음 장으로 넘어가기 전에 지금까지 구현한 코드를 확인해보도록 하겠습니다. 여러분의 service-worker.js와 common.js 코드는 다음과 같은 모습일 것입니다.

```
const VERSION = 'v2';

self.addEventListener('install', (event) => {
  console.log('Service Worker - install', VERSION);
});

self.addEventListener('activate', (event) => {
  console.log('Service Worker - activate', VERSION);
});
```

```
self.addEventListener('fetch', (event) => {
  console.log('Service Worker - fetch', event.request.url);

  // .jpg 확장자를 요청할 경우 모두 강아지 사진으로 바꿔 응답
  if (event.request.url.endsWith('.jpg')) {
    console.log('멍멍!');
    event.respondWith(fetch('/upload/puppy.jpg'));
  }
});
```

```
if ('serviceWorker' in navigator) {
  navigator.serviceWorker.register('/service-worker.js').
then((registration) => {
    // 업데이트 발견
    registration.addEventListener('updatefound', () => {
      // 설치 중인 새로운 서비스 워커
      const newServiceWorker = registration.installing;
      console.log('PAPER: New update found!');

      // 새로운 서비스 워커
      newServiceWorker.addEventListener('statechange', (event) => {
        const state = event.target.state;
        console.log('PAPER: ' + state);
        if (state === 'installed') {
          util.message('앱을 재시작하면 업데이트가 적용됩니다!');
        }
      });
    });
  });
}
```

현재 여러분의 Paper는 모든 .jpg 요청을 강아지 사진으로 바꾸고, 서비스 워커의 업

데이트 발견, 활성화 메시지만 표시하고 있을 뿐 아직까지는 크게 의미 있는 기능은 존재하지 않는 상태입니다. 다음 장에서는 오프라인 상태에서 웹 페이지를 사용할 수 있도록 새로운 기능을 구현해보도록 하겠습니다.[6]

---

6 4장의 소스코드: https://github.com/leegeunhyeok/paper/tree/ch4

CHAPTER

05

오프라인을 위한
캐시 스토리지

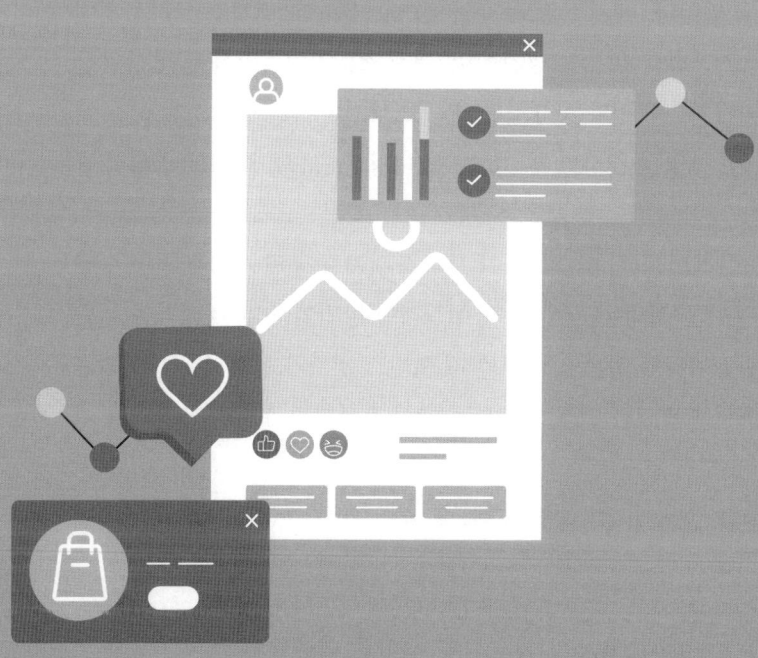

5장 오프라인을 위한 캐시 스토리지

이번 장에서는 오프라인 환경에서 Paper를 사용할 수 있도록 캐시 스토리지 API에 대해 알아보고 다양한 활용 패턴에 대해 살펴봅니다.

5.1 캐시 스토리지란?

오프라인에서 웹 페이지를 작동시키기 위해 필요한 작업은 웹 페이지의 구성 요소를 어딘가 미리 저장해두는 것입니다. 웹 페이지의 주요 구성 요소는 뼈대를 이루는 'HTML', 스타일을 담당하는 'CSS', 생명을 불어넣는 'Javascript' 등의 리소스를 말합니다. 이 외에도 서비스를 대표하는 로고 이미지와 같이 웹 페이지에 따라 다양한 구성 요소가 존재할 수 있습니다.

오프라인에서 웹 페이지를 사용하려면 구성 요소를 어딘가에 미리 저장해두고 웹 페이지를 로드할 때 불러올 수 있어야 합니다. 여기서 '어딘가'에 해당하는 것이 바로 '캐시 스토리지Cache Storage'입니다. 캐시 스토리지는 HTTP 캐시[1]와 별개로 브라우저에 리소스를 직접 저장하고 관리할 수 있는 공간이며, 캐시 스토리지 API를 통해 다양한 기능을 제공합니다. 페이지를 구성하는 요소를 캐시 스토리지 공간에 캐싱해두고, 이후 필요할 때 꺼내오거나 새로운 캐시로 갱신하는 등 다양한 기능을 여러분이 직접 구현할 수 있습니다.

캐시 스토리지는 주로 아래의 [그림 5-1]과 같이 서비스 워커를 통해 캐시 관리를 수행하며, 서비스 워커를 통해 조작하는 것이 가장 이상적인 방법입니다. 대표적인 예는 사용자가 여러분의 웹 페이지에 처음 접속했을 때 서비스 워커가 등록되고 설치되는 과정에서 웹 페이지 구성에 필요한 리소스를 모두 캐시 스토리지에 미리 캐싱하고 이

---

[1] HTTP 캐시는 서버의 응답 헤더에 존재하는 만료 시간을 기준으로, 브라우저가 자체적으로 캐시하며 웹 페이지에서 직접적인 제어를 할 수 없습니다.

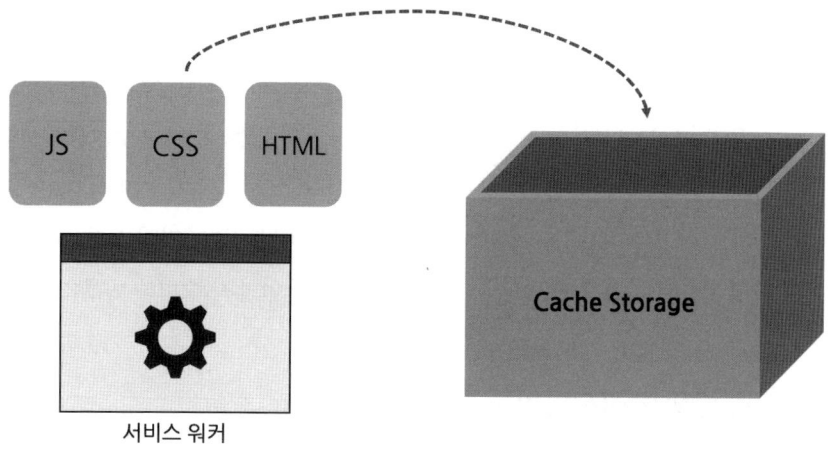

[그림 5-1] 리소스 캐싱

후 필요한 경우 불러올 수 있도록 구현하는 방법이 있습니다.

캐시 스토리지에 캐싱된 리소스는 필요할 때 언제든지 불러올 수 있습니다. 사용자의 네트워크 환경이 오프라인 상태일지라도, 서비스 워커에서 캐시 스토리지에 캐싱되어 있던 리소스를 꺼내 응답할 수 있습니다.

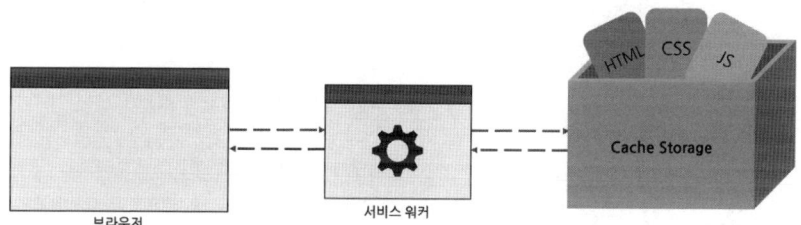

[그림 5-2] 캐싱된 리소스 응답

캐시 스토리지는 오프라인 환경에서의 활용만이 아니라, 느린 네트워크 환경이나 컨텐츠를 최대한 빠르게 제공해야 하는 등 다양한 경우에서도 활약합니다. 캐시 스토리지는 네트워크 환경에 의존하지 않으며 미리 캐시해둔 리소스를 빠르게 불러올 수 있기 때문입니다.

5.2 웹 페이지 리소스 캐싱하기

Paper를 오프라인 환경에서 작동하게 구현하기 위해선 페이지를 구성하는 리소스를 캐시 스토리지에 캐싱하는 작업이 필요합니다. Paper를 구성하는 HTML, CSS, JS 등의 리소스를 모두 캐싱하는 방법도 있지만 캐시된 리소스는 사용자 기기의 저장 공간을 차지하기 때문에 캐시 관리 방법에 대해서도 고려해야 합니다. 먼저, Paper의 어떤 리소스를 캐싱할지 목록을 정리하고 어떠한 방식으로 구현할지 준비해보겠습니다.

5.2.1 리소스 목록 선정하기

현재 Paper는 기본적인 HTML, CSS, JS 파일 외에 폰트 파일 및 아이콘 이미지도 존재합니다. 오프라인에서 UI를 구성하는 아이콘 이미지가 보이지 않는다면, 위화감이 들며 이상하게 보일 수 있습니다.

여기서 Paper를 구성하는 리소스가 1.2장에서 잠깐 언급했던 앱 셸^{App Shell}에 해당합니다. 앱 셸은 웹 페이지를 구성하기 위한 가장 기본적인 구성 요소를 의미하며, 오프

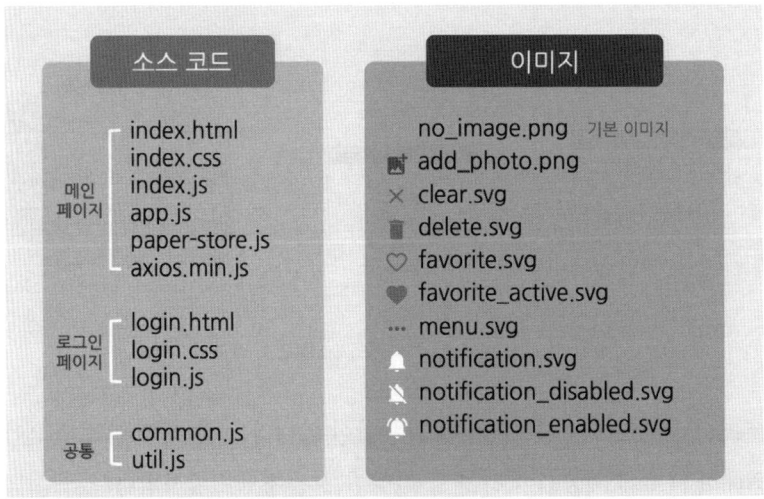

[그림 5-3] Paper를 구성하는 앱 셸

라인에서 Paper를 정상적으로 사용하기 위해서는 앱 셸이 우선 캐시되어 있어야 합니다. 현재의 Paper를 구성하는 앱 셸 목록은 [그림 5-3]과 같이 정리할 수 있습니다. 이 외의 게시물 내용과 게시물 이미지는 동적으로 로드하는 컨텐츠이므로 앱 셸의 범주에 포함되지 않으므로, 이번 캐시 대상에서 제외했습니다. 이렇게 정리하고 나니 어떠한 리소스를 캐시 스토리지에 넣어야 할지 어느 정도 구분이 될 듯합니다.

그러나 모든 리소스를 캐시해두기만 하면 정말 편리하겠지만, 캐시를 관리하는 방법에 대해서도 고려해야 합니다. 캐싱할 리소스는 크게 2가지 분류로 나누어 볼 수 있는데 자주 수정되지 않는 로고 이미지, 페이지 구성에 사용되는 아이콘 이미지 등 정적인 리소스와 기능이 추가되면 매번 새로운 소스코드로 변경되는 JS, 웹 페이지 디자인 변경으로 인한 HTML 및 CSS 코드 변경 등 빈번하게 수정되는 리소스로 나눌 수 있습니다.

이처럼 리소스의 성격에 따라 캐시 스토리지를 관리할 수 있도록 구현해야 합니다. 관련된 내용은 기본적인 캐시 스토리지 사용법을 익힌 후 다양한 캐싱 전략에 대해 알아보며 구현해볼 예정입니다.

5.2.2 캐싱 시점 선택하기

앞에서 Paper의 앱 셸과 이에 해당하는 리소스 목록에 대해 정리해보았습니다. 그렇다면 리소스 캐싱은 언제 어디서 진행하는 것이 가장 좋을까요? 바로 [그림 5-4]처럼 서비스 워커가 등록되고 설치될 때 필요한 리소스를 캐싱하는것이 가장 적합합니다. 서비스 워커가 등록되고 활성화되어 작동할 때까지의 생명주기를 살펴보면 다음과 같습니다. 서비스 워커의 install 이벤트는 서비스 워커가 등록되고 설치될 때 단 1회만 발생하며, 서비스 워커가 활성화되기 전에 사용하게 될 리소스를 미리 불러오기에 가장 적합합니다.

install 이벤트는 이처럼 리소스를 캐싱하거나 기타 초기 작업을 수행하기 위해 의도된 생명주기 이벤트라고 볼 수 있습니다. 또한, 필요한 리소스 캐싱에 실패하거나 다른 문제가 발생한 경우 서비스 워커 설치를 중단할 수 있기 때문에 불완전한 상태에서

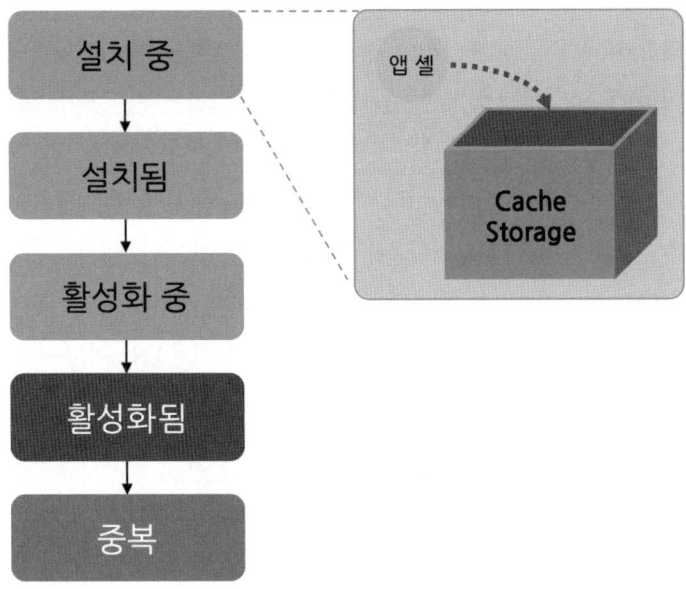

[그림 5-4] 서비스 워커 설치와 캐싱

의 동작을 사전에 미리 방지할 수 있습니다. 설치가 중단된 경우, 이후 웹 페이지에 재방문할 때 설치 작업을 다시 시도합니다.

5.2.3 리소스 캐싱하기

캐싱하기 위한 리소스 목록과 어느 시점에 캐싱하도록 할지에 대한 내용이 정리되었습니다. 이제 여러분의 서비스 워커에 기능을 구현하는 일만 남았습니다. 캐시 스토리지는 브라우저에 구현된 API를 통해 기능을 사용할 수 있습니다. 캐시 스토리지는 window와 서비스 워커를 포함한 웹 워커에서 모두 접근할 수 있습니다. 접근 방법은 다음과 같이 나타낼 수 있습니다.

```
// CacheStorage
self.caches;
```

self는 앞서 서비스 워커를 구현할 때 확인했던 것과 동일하게 실행 컨텍스트에 따라 window 또는 서비스 워커의 ServiceWorkerGlobalScope가 될 수 있습니다. 이제, 본격적으로 서비스 워커의 install 이벤트 핸들러에서 Paper에 필요한 리소스를 캐싱할 수 있도록 기능을 구현해보겠습니다. 서비스 워커 코드 상단에 다음과 같이 캐싱하기 위한 리소스 목록을 미리 추가합니다.

```
...

// 자주 변경되지 않는 리소스
const IMMUTABLE_APPSHELL = [
  '/favicon.ico',
  '/favicon-16x16.png',
  '/favicon-32x32.png',
  '/manifest.json',
  '/images/no_image.png',
  '/images/add_photo.svg',
  '/images/clear.svg',
  '/images/delete.svg',
  '/images/favorite_active.svg',
  '/images/favorite.svg',
  '/images/menu.svg',
  '/images/notification.svg',
  '/images/notification_disabled.svg',
  '/images/notification_enabled.svg'
];

const MUTABLE_APPSHELL = [
  '/',
  '/login',
  '/js/app.js',
  '/js/util.js',
  '/js/common.js',
  '/js/axios.min.js',
```

```
    '/js/index.js',
    '/js/login.js',
    '/js/paper-store.js',
    '/css/index.css',
    '/css/login.css'
];

// 캐시 목록 하나로 합치기
const CACHE_LIST = IMMUTABLE_APPSHELL.concat(MUTABLE_APPSHELL);
```

앞에서 캐싱 목록을 선정할 때 잘 변경되지 않는 리소스와 자주 변경될 수 있는 리소스, 총 2가지 유형으로 구분 지었습니다. 리소스 유형에 따라 어떠한 전략으로 캐시를 관리할지 구분하기 위해 2개의 배열로 나누었으며, 이는 5.5. 다양한 캐싱 전략 장에서 활용하겠습니다.

코드 하단에 CACHE_LIST라는 변수가 보이는데, 이는 위에서 언급한 2가지 유형의 리소스 목록을 하나의 배열로 합친 변수입니다. 캐싱할 리소스의 목록이 준비되었으니 서비스 워커의 install 이벤트에서 해당 리소스를 캐시 스토리지에 캐싱하도록 구현하면 됩니다. 서비스 워커의 install 이벤트 핸들러에 다음과 같이 코드를 구현합니다.

```
self.addEventListener('install', (event) => {
  console.log('Service Worker - install', VERSION);

  event.waitUntil(
    caches.open('MY_CACHE').then((cache) => {
      return cache.addAll(CACHE_LIST);
    })
  );
});
```

event.waitUntil()은 우선 없는 코드라고 생각하고, 그 이후의 caches.open()부터 살펴보도록 하겠습니다. caches.open()은 캐시 스토리지의 캐시를 열기 위한 메소드입니다. 위의 코드처럼 첫 번째 인자로 'MY_NAME'과 같이 문자열로 된 캐시 이름을 전달하여 해당되는 캐시를 열거나 존재하지 않는 경우 새로운 캐시를 생성합니다. caches.open()은 캐시 이름에 해당하는 캐시를 열고 캐시 객체를 resolve하는 프로미스를 반환하며, 전달받은 캐시 객체를 통해 필요한 리소스를 캐싱하거나 삭제 및 수정 등의 작업을 수행할 수 있습니다. 캐시 이름을 지정하여 기존 캐시를 열거나 새로 생성할 수 있기 때문에 [그림 5-5]와 같이 용도에 따라 다양한 이름의 캐시 저장 공간을 생성하여 관리할 수 있습니다.

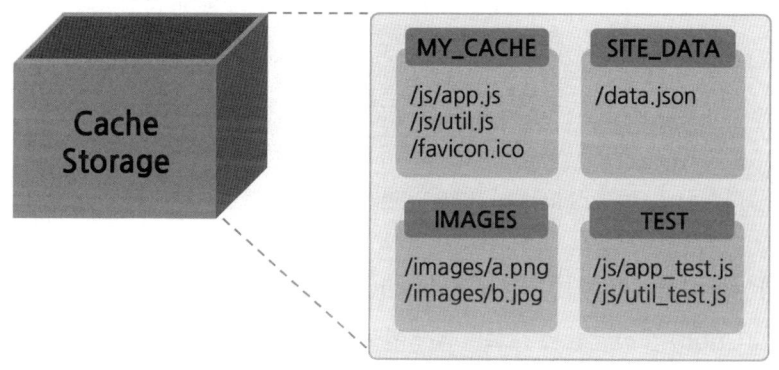

[그림 5-5] 여러 캐시와 리소스

전달된 캐시 객체의 addAll()은 리소스 요청 URL 문자열 값으로 구성된 배열을 인자로 받아 모든 리소스를 캐시 스토리지에 캐싱하는 작업을 수행합니다. addAll()은 캐시 목록을 한 번에 캐싱할 수 있지만, 한 가지 주의할 점이 있습니다. 캐싱 도중 하나라도 문제가 발생하여 캐싱하지 못한 경우 프로미스가 reject되어 모든 작업이 취소됩니다. 캐시 객체의 add()를 사용하여 리소스를 개별로 캐싱하도록 구현하는 방법도 있기 때문에 적절한 방법을 선택하여 구현하면 됩니다. 위의 코드를 다시 살펴보면, CACHE_LIST의 모든 리소스를 MY_CACHE라는 이름의 캐시에 모두 캐싱하는 코드인 것을 알 수 있습니다.

마지막으로 살펴볼 내용은 event.waitUntil()입니다. 기본적으로 서비스 워커의 생명주기 이벤트는 동기적인 작업을 처리합니다. 하지만 지금까지 설명했던 캐시 스토리지 API는 모두 비동기 방식으로 동작합니다. waitUntil()은 생명주기 이벤트를 연장하기 위한 메소드이며, 비동기 작업을 수행하는 프로미스를 받아 해당 프로미스가 완료될 때까지 이벤트를 연장합니다. waitUntil()을 통해 이벤트를 연장하지 않을 경우 비동기 작업이 완료되지 않은 상태에서 종료되는 문제가 발생할 수 있습니다.

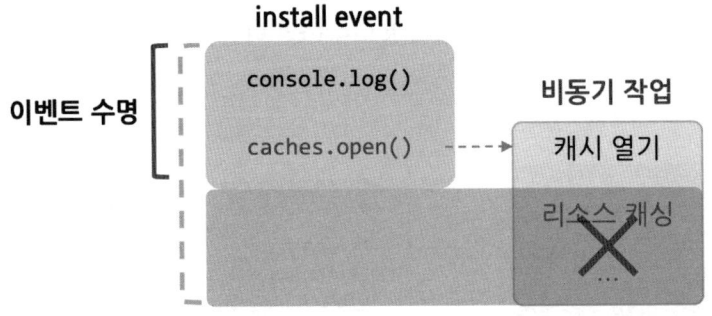

[그림 5-6] 생명주기 이벤트와 비동기 작업

비동기 작업을 수행해야 하는 경우 waitUntil()을 통해 이벤트 수명을 연장할 수 있습니다. waitUntil()은 전달받은 프로미스가 완료될 때 까지 이벤트의 수명을 연장하기 때문에 프로미스를 반환하는 caches.open() 작업과 cache.addAll() 작업을 정상적으로 수행할 수 있습니다.

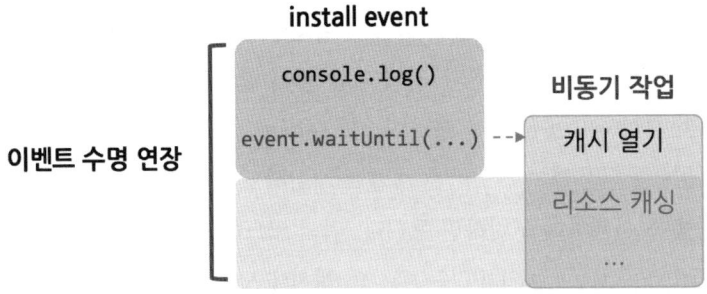

[그림 5-7] waitUntil과 비동기 작업

코드를 저장하고 Paper를 새로 고침하면 [그림 5-7]과 같이 개발자 도구의 Application 〉 Cache 〉 CacheStorage 메뉴에서 캐시된 리소스를 확인할 수 있습니다.

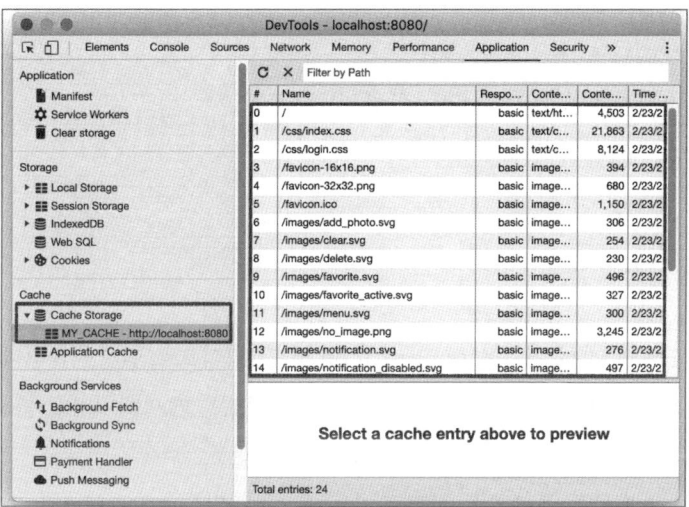

[그림 5-7] 캐시된 리소스 확인하기

비교적 쉽게 오프라인을 위한 리소스 캐싱 작업을 마무리했습니다. 이후 캐시를 효과적으로 관리하기 위해 기존 코드를 약간 수정해보겠습니다. 앞선 장에서 추가한 VERSION 변수를 기억하시나요? 해당 변수를 활용하여 캐시 이름을 만들어보겠습니다. 서비스 워커의 코드 최상단에 다음과 같은 코드를 추가하고, cache.open()의 캐시 이름을 변경합니다.

```
// 기존 버전 v2에서 v3으로 변경
const VERSION = 'v3';
const CACHE_NAME = 'paper-cache_' + VERSION;

...
```

5장 오프라인을 위한 캐시 스토리지   **91**

```
self.addEventListener('install', (event) => {
  console.log('Service Worker - install', VERSION);

  event.waitUntil(
    // 캐시 이름 변경!
    caches.open(CACHE_NAME).then((cache) => {
      return cache.addAll(CACHE_LIST);
    })
  );
});
```

MY_CACHE였던 캐시 이름을 paper-cache_버전 형식으로 변경했습니다. 이후 서비스 워커의 VERSION 변수 값을 변경할 때마다 새로운 캐시에 리소스를 캐싱할 수 있게 되었습니다.

그런데 한 가지 문제가 발생했습니다. 서비스 워커 버전이 변경될 때마다 새로운 이름의 캐시가 생성되지만 과거의 캐시 또한 그대로 유지되어, [그림 5-8]과 같이 불필요한 저장 공간을 차지하고 있습니다.

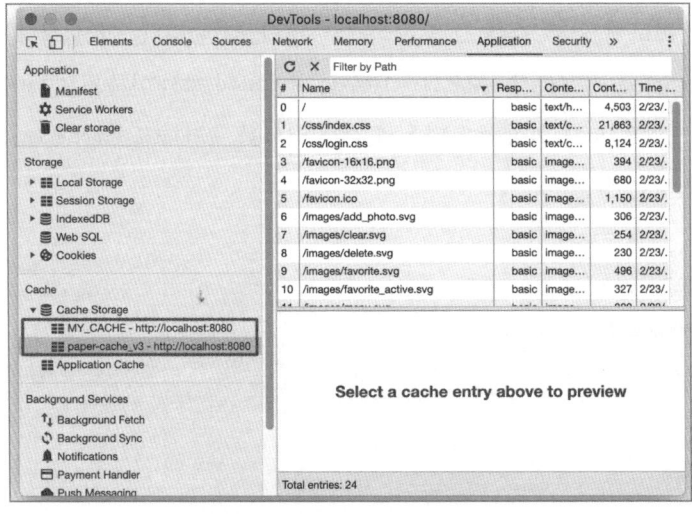

[그림 5-8] 불필요한 과거 캐시 데이터

이러한 문제를 방지하기 위해선 캐시 관리는 필수적으로 진행해야 합니다. 이후 5.4. 캐시 관리하기 장에서 불필요한 캐시를 제거하는 방법에 대해서 알아보도록 하겠습니다.

5.3 캐시에서 응답하기

오프라인 환경에서 리소스를 응답하기 위해 앱 셸을 모두 캐시 스토리지에 저장해두었습니다. 이제 캐시된 리소스를 활용하는 방법에 대해 알아보려고 합니다. 필요한 리소스를 캐시 스토리지에서 찾아서 응답하면 되기 때문에 간단히 구현할 수 있습니다. 물론, 원하는 리소스가 캐시 스토리지에 존재하지 않는 경우 어떻게 대처할지 고려하는 것도 필요합니다.

5.3.1 캐시된 리소스 찾기

캐시 스토리지에 캐시되어 있는 리소스는 다음과 같이 2가지 방법으로 불러올 수 있습니다.

```
// 1. 전체 캐시에서 찾기
caches.match(찾고자 하는 리소스).then((response) => {
  // ...
});

// 2. 특정 캐시에서 찾기
caches.open(캐시 이름).then((cache) => {
  cache.match(찾고자 하는 리소스).then((response) => {
    // ...
  });
});
```

전체 캐시에서 리소스를 찾거나 특정 캐시 이름을 지정하여 리소스를 찾을 수 있습니다. match()는 캐시된 리소스를 찾기 위한 메소드이며, 이전의 open(), addAll()과 동일하게 프로미스를 반환합니다. 찾고자 하는 리소스가 존재하는 경우라면 리소스에 대한 응답Response 객체를, 존재하지 않는 경우라면 undefined를 resolve하는 프로미스를 반환합니다.

찾고자 하는 리소스는 단순한 요청 URL 문자열이거나 요청Request 객체가 될 수 있습니다. 다음 예시 코드는 캐시 스토리지에 캐싱되어 있는 /js/app.js 리소스를 찾는 코드입니다.

```
caches.match('/js/app.js').then((response) => {
  // ...
});
```

필요한 리소스에 대한 요청 정보만 가지고 있다면 캐시 스토리지에서 간단히 리소스를 꺼내올 수 있습니다.

5.3.2 캐시된 리소스 응답하기

캐시 스토리지에서 원하는 리소스를 찾는 방법에 대해 살펴보았습니다. 이제 찾은 캐시 리소스를 어떻게 응답하는지 서비스 워커에 코드를 구현하며 알아보겠습니다. 서비스 워커의 fetch 이벤트 핸들러에 다음과 같이 코드를 추가해줍니다.

```
self.addEventListener('fetch', (event) => {
  console.log('Service Worker - fetch', event.request.url);

  event.respondWith(
    caches.match(event.request).then((response) => {
      return response || fetch(event.request);
    })
```

```
    );
});
```

모두 한 번씩 확인했던 코드들로 구성되어 있습니다. 다시 짚어보자면, respond-With()는 브라우저의 기본 요청을 막고 서비스 워커에서 리소스를 대신 응답하기 위해 사용하는 메소드입니다. 위의 코드에서는 캐시 스토리지에서 찾은 리소스를 대신 응답하기 위해 사용합니다.

FetchEvent의 request는 브라우저에서 요청한 정보를 나타내는 객체이며, 캐시 스토리지에서 리소스를 찾기 위한 값으로써 활용할 수 있습니다. 코드 안쪽에는 response || fetch(event.request)와 같은 코드가 존재하는데, 이는 response가 존재할 경우 response를, 존재하지 않는 경우 fetch(event.request)의 결과를 반환합니다. 즉, 캐시 스토리지에 브라우저가 요청한 리소스가 존재하지 않는 경우 네트워크 요청을 새로 수행하여 리소스를 응답하는 코드입니다.

위의 코드를 작성한 후 Paper를 새로고침해줍니다. 이후 개발자 도구에서 Offline 상태로 설정한 후 웹 페이지를 다시 로드하겠습니다.

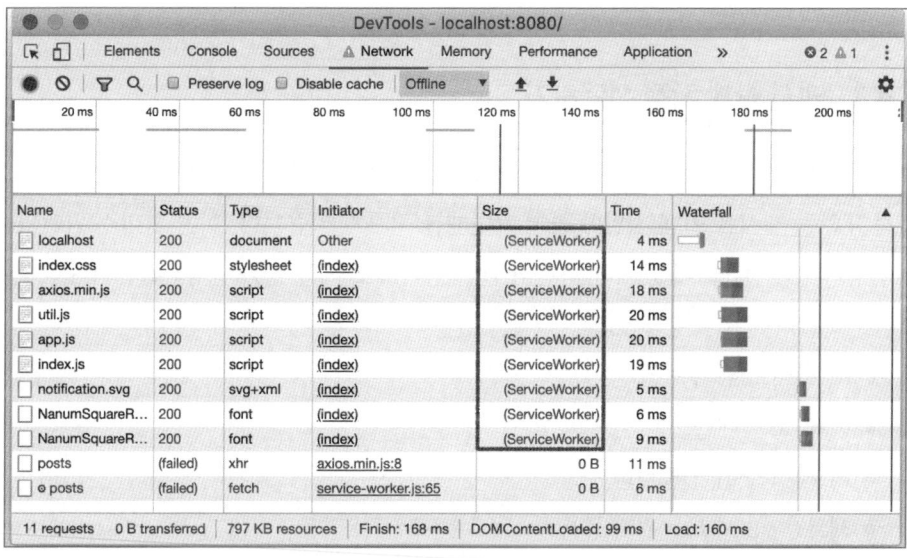

[그림 5-9] 오프라인 상태에서의 응답

개발자 도구를 살펴보면 리소스의 size 값이 (ServiceWorker)라는 문구로 표시되어 있습니다. 이는 브라우저가 직접 불러온 것이 아닌 서비스 워커의 respondWith()을 통해 대신 응답받은 리소스임을 알 수 있습니다.

이제 오프라인 상태에서도 페이지를 로드할 수 있게 되었습니다. 하지만 앱 셸에 해당하는 리소스만 로드했을 뿐 게시물 데이터는 받아올 수 없는 상태이므로 로딩 화면만 계속 보일 것입니다. 바로 다음 장에서 게시물 데이터를 저장해두고 오프라인 상태에서 로드할 수 있는 기능을 구현해보겠습니다.

5.4 캐시 관리하기

이제 여러분의 Paper는 서비스 워커와 캐시 스토리지 덕분에 오프라인 상태에서도 페이지를 로드할 수 있게 되었습니다. 하지만 아직 미흡한 부분이 많이 남아있습니다. 대표적으로, 이전에 이야기했던 캐시 관리 기능이 존재하지 않아 리소스를 캐싱하기만 할 뿐 아무런 조치를 취하지 않고 있습니다. 불필요한 캐시를 지워 브라우저 저장 공간을 절약하고 관리하는 방법에 대해 알아보겠습니다.

5.4.1 캐시 삭제 시점 선택하기

안정적인 웹 앱을 구현하기 위해서는 리소스를 언제 캐싱할지 결정했던 것과 같이 사용하지 않는 캐시를 언제 지워야 할지 고민해볼 필요가 있습니다. 이는 서비스 워커의 생명주기와도 연관되어 있으며, 다음과 같은 상황으로 예를 들어 설명하겠습니다.

- v1 서비스 워커 등록
- v1 리소스 캐싱
- v1 서비스 워커 활성화
- 새로운 v2 서비스 워커 등록

- v2 리소스 캐싱
- v1 캐시 삭제 - (주의)

앞에서 알아보았던 서비스 워커의 생명주기를 떠올려보면, 새로운 서비스 워커가 설치된다고 해도 이미 활성화되어 작동하고 있던 서비스 워커가 제어를 마칠 때까지 활성화되지 않고 대기 상태에 머무르게 됩니다. v1 서비스 워커가 동작하고 있는 상황에서 v1 캐시를 제거하면, 사용자에게 필요한 리소스를 제공하지 못하는 등 예기치 못한 문제가 발생할 수 있습니다.

이러한 문제를 방지하기 위해 불필요한 캐시를 제거하는 작업은 새로운 서비스 워커가 활성화되었을 때 수행하는것이 안전합니다. 이전의 서비스 워커가 제어를 중단하고 새로운 서비스 워커가 활성화되었을 때 activate 이벤트가 발생하므로, 해당 이벤트 핸들러에 불필요한 캐시를 제거할 수 있도록 구현하면 됩니다.

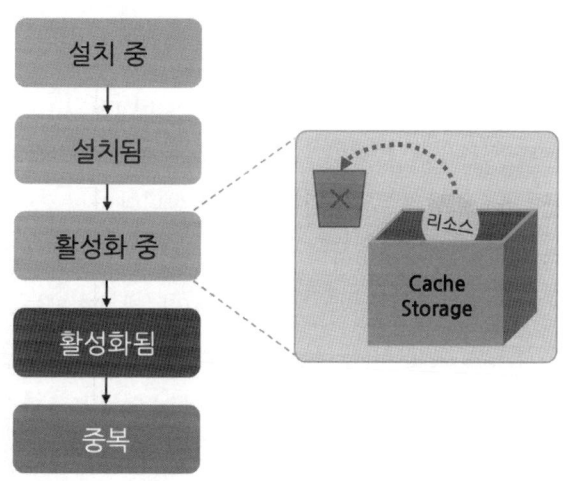

[그림 5-10] 서비스 워커의 활성화와 캐시 정리

5.4.2 불필요한 캐시 삭제하기

캐시를 삭제하는 기능도 간단하게 구현할 수 있습니다. 서비스 워커의 activate 이벤트 핸들러의 코드를 다음과 같이 수정해줍니다.

```
self.addEventListener('activate', (event) => {
  console.log('Service Worker - activate', VERSION);

  event.waitUntil(
    caches.keys().then((keyList) => {
      return Promise.all(keyList.map((key) => {
        // 캐시 이름이 CACHE_NAME이 아닌 경우 삭제
        if (key !== CACHE_NAME) {
          return caches.delete(key);
        }
      }));
    })
  );
});
```

캐시 삭제 작업도 비동기 작업이기 때문에 event.waitUntil()를 통해 이벤트 생명을 연장합니다. 처음보는 caches.keys()가 보이는데, 이 메소드는 캐시 스토리지의 모든 캐시 목록을 배열로 resolve 하는 프로미스를 반환합니다.

캐시 목록은 이전에 생성했던 캐시의 이름을 의미하며 현재 MY_CACHE, paper-cache_v3이 캐시 목록에 포함되어 있을 것입니다. 캐시 삭제는 caches.open() 메소드와 비슷하게 caches.delete()를 통해 수행할 수 있습니다. 메소드의 첫 인자로 캐시 이름을 전달하여 지정한 캐시를 제거할 수 있으며 이 역시 프로미스를 반환합니다.

캐시 목록을 가져왔다면, map 메소드를 활용하여 캐시 이름이 CACHE_NAME과 일치하지 않는 경우 해당 캐시를 제거하는 프로미스를 하나의 배열로 매핑합니다. 매핑된 프로미스 배열은 Promise.all()을 통해 일괄 처리되며, 해당 코드가 정확히 이해되지 않는다면 부록 1.6.2. 프로미스 매핑하기를 참고하십시오. 지금의 서비스 워커는 이름이 CACHE_NAME인 캐시만 사용하기 때문에 이외의 캐시는 모두 불필요한 캐시로 간주할 수 있습니다.

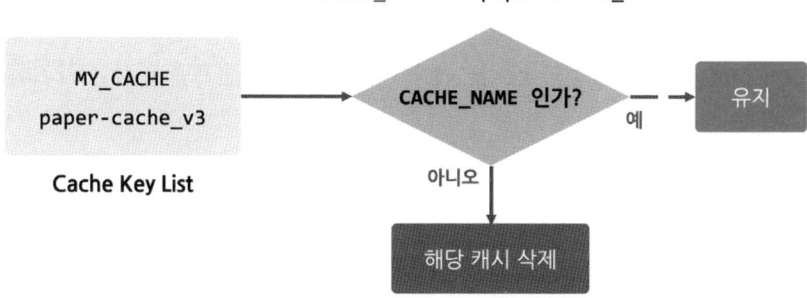

[그림 5-11] 불필요한 캐시 삭제 과정

구현한 코드는 CACHE_NAME과 기존의 캐시 이름이 일치하지 않을 경우 제거하며, 일치하는 캐시인 경우 그대로 유지하고 아무런 작업을 수행하지 않도록 구현되어 있습니다. 한 번 코드를 저장하고 Paper를 새로 로드해보겠습니다. 개발자 도구를 확인해보면 처음 생성했던 캐시인 MY_CACHE가 삭제된 모습을 확인할 수 있습니다. 테스트를 진행하기 위해 서비스 워커의 버전을 v4로 변경하고 다시 확인해보겠습니다.

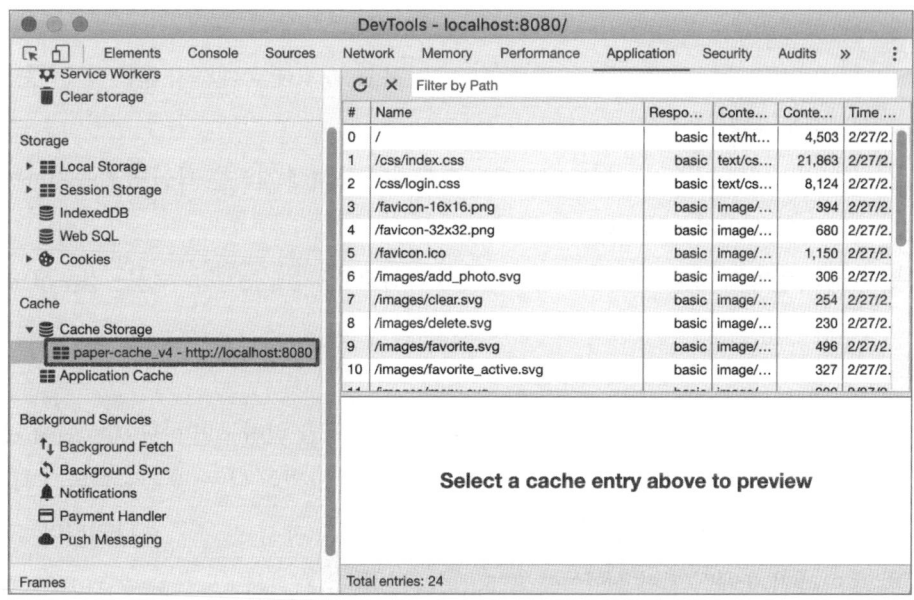

[그림 5-12] 삭제된 불필요한 캐시 데이터

paper-cache_v3라는 이름을 가진 캐시가 존재했지만 서비스 워커의 버전을 v4로 변경하니, 기존의 캐시는 삭제되고 paper-cache_v4만 남아 있는 모습을 확인할 수 있습니다. 이처럼 사용하지 않는 캐시는 말끔히 제거하여 불필요한 공간을 차지하지 않도록 구현할 수 있습니다.

5.5 다양한 캐싱 전략

리소스를 캐싱하고 사용하지 않는 캐시는 제거하는 기능이 구현되었습니다. 어느 정도 뼈대가 잡혀가고 있지만, 여전히 아쉬운 부분이 있습니다. 지금의 서비스 워커는 fetch 이벤트가 발생했을 때 캐시 스토리지에서 리소스를 찾아보고 존재하면 캐시된 리소스를, 없으면 네트워크를 통해 새로 응답하는 방식으로 구현되어 있습니다.

지금 상태로도 큰 문제없이 오프라인에서 동작하는 웹 앱을 제공할 수 있지만 더 효율적인 성능을 위해 다양한 캐싱 전략을 활용할 수 있습니다. 캐싱 전략을 알아보고 Paper에 아래의 기능을 수행할 수 있도록 구현하려고 합니다.

1. 자주 변경되지 않는 리소스는 캐시에서 응답하고, 캐시에 존재하지 않는 경우 네트워크에서 응답
2. 자주 변경되는 리소스는 네트워크에서 응답함과 동시에 캐시를 최신으로 유지하며 문제가 발생할 경우 캐시에서 응답
3. 폰트 파일과 게시물 이미지는 캐시에서 응답하고, 캐시에 존재하지 않는 경우 최초 1회만 캐싱

이 3가지 항목을 잘 기억해두시길 바랍니다. 캐싱 전략을 알아보며 하나씩 구현해 나갈 예정이기 때문입니다. 글로 읽어보아도 꽤 발전된 느낌이 나는 것 같습니다. 지금 여러분의 fetch 이벤트 핸들러에 구현되어 있는 코드도 캐싱 전략 중 하나입니다. 그 밖의 여러 가지 캐싱 전략을 알아보고, Paper의 기능을 개선해보도록 하겠습니다.

5.5.1 네트워크만

첫 번째 캐싱 전략은 네트워크만Network Only입니다. 이는 캐시 스토리지를 사용하지 않고 오직 네트워크 요청만을 수행하는 전략입니다. 브라우저의 기본 동작과 동일해서 서비스 워커에 기능을 구현하지 않아도 동일한 결과를 얻을 수 있습니다.

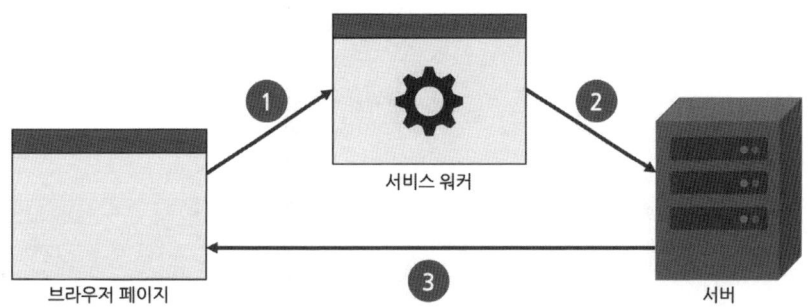

[그림 5-13] 네트워크만

```
self.addEventListener('fetch', (event) => {
  event.respondWith(fetch(event.request));
});
```

오프라인 상태에서는 작동하지 않는 전략입니다. 무조건 네트워크를 통해 새로운 요청을 보내고 최신 리소스를 필수로 제공해야 하는 경우 활용할 수 있지만, 단독으로 사용하는 경우는 매우 드문 전략입니다.

5.5.2 캐시만

두 번째 캐싱 전략은 캐시만Cache Only입니다. 네트워크만 사용하는 전략과 비슷하게 캐시된 리소스만 응답하는 전략입니다.

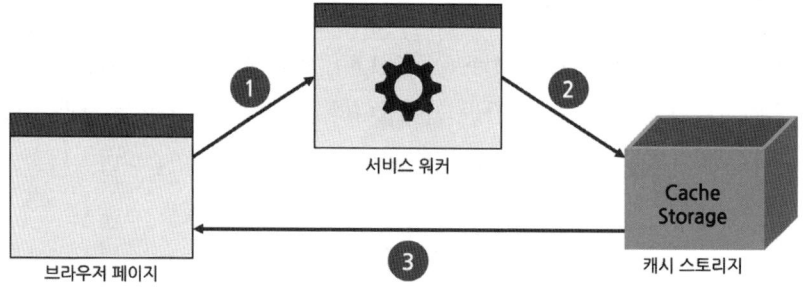

[그림 5-14] 캐시만

```
self.addEventListener('fetch', (event) => {
  event.respondWith(caches.match(event.request));
});
```

이 전략 역시 네트워크만 전략과 동일하게 단독으로 잘 사용되지 않는 전략입니다. 캐시 스토리지에 해당되는 리소스가 있으면 응답하고, 존재하지 않으면 응답 오류가 발생하는 것처럼 보입니다. 캐시 응답만으로 한정 짓는 것보다, 캐시를 탐색하고 존재하지 않으면 네트워크 요청을 수행하는 개선된 전략을 사용합니다.

5.5.3 네트워크 우선, 후 캐시

세 번째 전략은 네트워크 우선, 후 캐시Network, falling back to cache 전략입니다. 먼저 네트워크를 통해 전달받은 리소스를 응답하고 네트워크 문제가 발생한 경우 캐시 스토리지에 캐싱되어 있는 리소스를 응답하는 방식의 전략입니다.

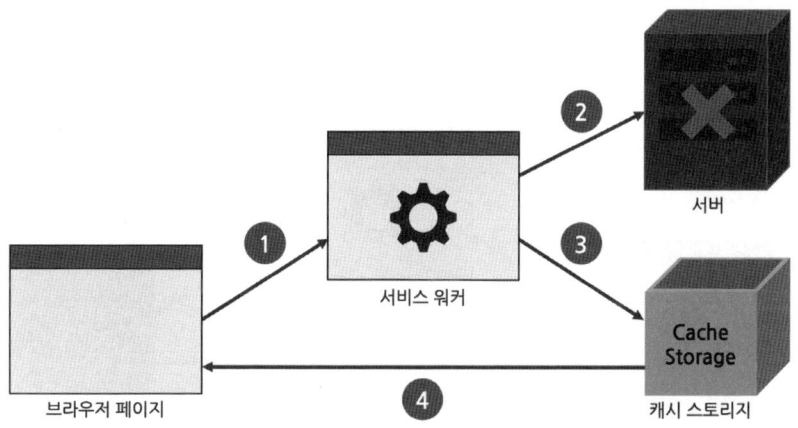

[그림 5-15] 네트워크 우선, 후 캐시

```
self.addEventListener('fetch', (event) => {
  event.respondWith(
    fetch(event.request).then((response) => {
      return response || caches.match(event.request);
    })
  );
});
```

이 전략은 네트워크를 통해 최신 리소스 요청을 시도하고, 실패한 경우 캐시되어 있던 리소스를 대신 응답하게 됩니다. 하지만 캐시 스토리지에 해당 리소스가 캐시되어 있지 않을 수 있으므로 대처 방안을 고려해야 합니다.

5.5.4 캐시 우선, 후 네트워크

네 번째 전략은 캐시 우선, 후 네트워크Cache, falling back to network 전략입니다. 바로 앞의 네트워크 우선, 후 캐시 전략과 반대로 캐시를 우선 탐색한 후 캐시가 존재하면 캐시를 응답하고, 존재하지 않는다면 새로운 네트워크 요청을 수행하여 리소스를 받아오는 방식의 전략입니다.

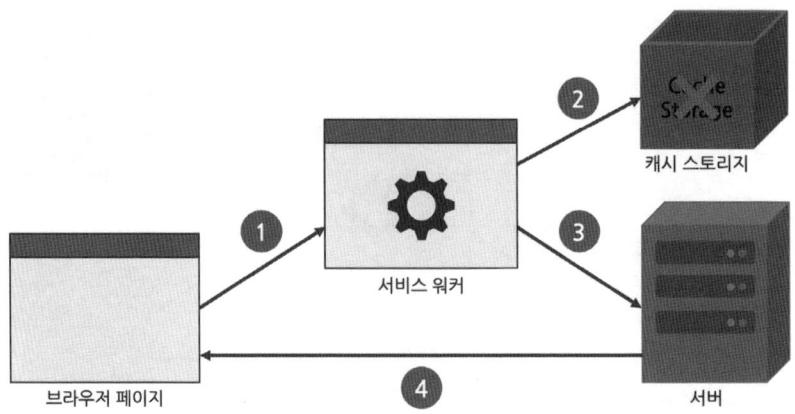

[그림 5-16] 캐시 우선, 후 네트워크

```
self.addEventListener('fetch', (event) => {
  event.respondWith(
    caches.match(event.request).then((response) => {
      return response || fetch(event.request);
    })
  );
});
```

이 전략은 여러분의 서비스 워커에 구현되어 있는 코드와 동일한 전략이며 간단하면서도 활용도가 매우 높은 전략입니다. 캐시가 존재하지 않으면 네트워크 요청을 통해 리소스를 제공하거나, 필요한 리소스가 모두 캐싱된 상태인 경우 오프라인에서도 완벽히 작동합니다.

앞으로도 알아볼 캐싱 전략이 존재하는데, 리소스 유형에 따라 다른 캐싱 전략을 따를 수 있도록 서비스 워커를 미리 수정해보도록 하겠습니다.

```
self.addEventListener('fetch', (event) => {
  console.log('Service Worker - fetch', event.request.url);
  const url = new URL(event.request.url);
```

```
    // 자주 변경되지 않는 리소스인 경우
    if (IMMUTABLE_APPSHELL.includes(url.pathname)) {
      // 선 캐시, 후 네트워크 응답
      event.respondWith(
        caches.match(event.request).then((response) => {
          return response || fetch(event.request);
        })
      );
    }
  });
```

기존에 구현했던 코드가 조건문 안으로 들어갔을 뿐 별다른 변경사항은 없습니다. 편리한 조건 확인을 위해 URL 객체를 하나 생성했으며, event.request.url은 http://localhost:8080/js/app.js와 같은 형식으로 이루어져 있어 조건 비교에 사용하기에는 불편함이 있습니다. URL 객체의 pathname를 통해 주소 앞쪽의 프로토콜과 서버 주소 등을 제외한 /js/app.js 부분만을 쉽게 참조할 수 있기 때문에 URL 객체를 생성하여 활용할 예정입니다. 조건문을 살펴보면 다음과 같은 조건이 존재합니다.

```
IMMUTABLE_APPSHELL.includes(url.pathname);
```

해당 코드는 자주 변경되지 않는 리소스, 즉 IMMUTABLE_APPSHELL 배열 내에 pathname에 해당하는 값이 있는지 존재 유무를 확인하여 true 또는 false를 반환합니다. 자주 변경되지 않는 리소스 목록과 자주 변경되는 리소스 목록을 일부러 나누었던 이유가 바로 여기에 있습니다. 자주 변경되지 않는 리소스인 경우 선 캐시, 후 네트워크 전략을 따르도록 조건문을 통해 분기를 나누기 위한 목적이었습니다. 이후 자주 변경되는 리소스는 다른 전략을 따르도록 구현해보겠습니다. 이렇게 Paper에 구현하려고 했던 3가지 캐싱 전략 중 첫 번째가 구현되었습니다.

5.5.5 네트워크 및 캐시 업데이트

지금까지 살펴본 전략들을 보니 네트워크만 또는 캐시만 전략처럼 단독으로 사용하기보다는, 단점을 일부 보완할 수 있도록 2가지 이상의 방법을 함께 사용하는 전략이 더 안전하고 유연한 대처를 할 수 있어 보입니다.

지금부터 소개할 전략은 한 걸음 더 나아가 추가 개선된 캐싱 전략입니다. 앞서 살펴보았던 전략은 단순히 네트워크 또는 캐시에서 응답하는 전략이었습니다. 지금 알아볼 전략은 네트워크 및 캐시 업데이트입니다. 네트워크 요청을 수행하고, 응답받은 리소스를 캐시에 저장하여 항상 최신의 리소스로 유지하는 전략입니다.

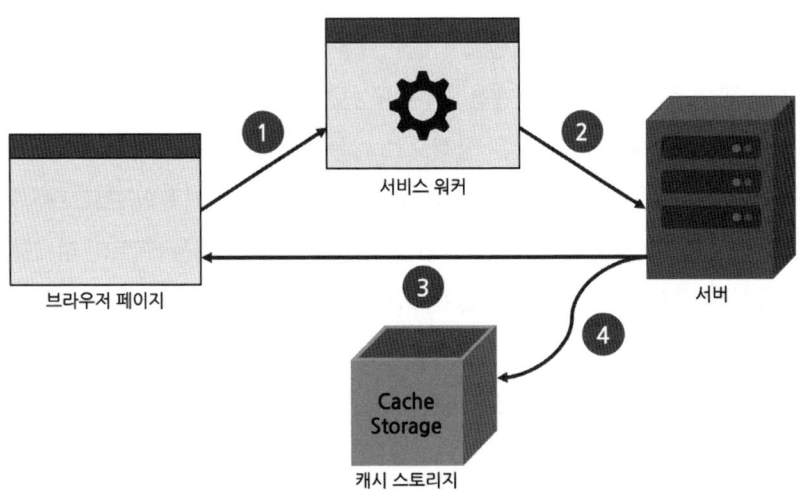

[그림 5-17] 네트워크 및 캐시 업데이트

```
self.addEventListener('fetch', (event) => {
  event.respondWith(
    caches.open(캐시 이름).then((cache) => {
      return fetch(event.request).then((networkResponse) => {
        // 응답 복제 후 캐시 업데이트
        cache.put(event.request, networkResponse.clone());
```

```
      return networkResponse;
    }).catch(() => {
      // 네트워크 문제 발생 시 캐시에서 응답
      return cache.match(event.request);
    });
  })
);
});
```

복잡해 보일 수 있지만 기존의 네트워크 우선, 후 캐시 전략에서 네트워크 요청 후 응답 객체를 복제하여 캐시 스토리지에 그대로 캐싱하는 작업만 추가된 전략입니다. 여기서 유의해야 할 부분은 응답 객체의 복사입니다. 응답 객체는 스트림^{Stream}이며 1회만 사용할 수 있습니다. 이미 사용했던 응답 객체를 다시 사용할 경우, TypeError 예외가 발생하기 때문에 Reponse.clone()을 통해 브라우저에게 응답하고 캐시 스토리지에 캐싱하기 위한 2개의 스트림으로 복제하여 사용합니다.

다시 캐싱 전략으로 넘어와서, 사용자의 네트워크 환경이 온라인 상태인 경우 매번 네트워크를 통해 응답하며 이와 동시에 캐시 스토리지에 최신의 리소스를 업데이트합니다. cache.put()이 캐시에 저장된 리소스를 업데이트하기 위한 메소드이며, 요청^{Request}에 해당하는 캐시가 존재하는 경우 업데이트하고, 존재하지 않는 경우 새로운 캐시를 생성합니다. 네트워크 환경이 좋지 않아 문제가 발생할 경우 캐시 스토리지에서 리소스를 찾아 응답할 수 있도록 위의 코드와 같이 예외 처리하여 문제를 대처할 수도 있습니다.

이 전략의 한 가지 문제점은 새로운 캐시가 무분별하게 추가될 수 있기 때문에 캐시 스토리지 관리에 각별한 주의가 필요합니다. Paper에 네트워크 및 캐시 업데이트 캐싱 전략을 구현하고, 문제를 어떻게 해결할 수 있을지에 대해서도 알아보겠습니다.

```
self.addEventListener('fetch', (event) => {
  console.log('Service Worker - fetch', event.request.url);
```

```
    const url = new URL(event.request.url);

    if (IMMUTABLE_APPSHELL.includes(url.pathname)) {
      ...
    } else if (MUTABLE_APPSHELL.includes(url.pathname)) {
      // 자주 변경되는 리소스인 경우
      event.respondWith(
        caches.open(CACHE_NAME).then((cache) => {
          return fetch(event.request).then((networkResponse) => {
            cache.put(event.request, networkResponse.clone());
            return networkResponse;
          }).catch(() => {
            // 네트워크 문제가 발생한 경우 캐시에서 응답
            return cache.match(event.request);
          });
        })
      );
    }
});
```

이전에 추가했던 조건문 아래에 else if 조건문과 캐싱 전략 코드를 추가했습니다. 이번에는 자주 변경되는 리소스, 즉 MUTABLE_APPSHELL에 해당하는 리소스인 경우 네트워크 및 캐시 업데이트 전략을 따르도록 조건을 추가하여 기능을 구현했습니다. 네트워크에서 리소스를 요청하고 받은 응답 데이터는 캐시 스토리지에 복제하여 캐싱하고, 다른 하나는 브라우저에게 응답하게 됩니다. 네트워크 문제가 발생한 경우 캐시된 리소스를 대신 응답하도록 구현되어 있습니다.

이 캐싱 전략은 캐시되어있지 않은 리소스가 무분별하게 캐시되어 저장 공간을 차지할 수 있는 문제가 있었습니다. Paper의 코드는 MUTABLE_APPSHELL에 해당하는 경우에만 본 전략을 따르는 조건이 존재하기 때문에 이외의 리소스는 캐싱되지 않습니다.

자, 이렇게 Paper에 구현하려고 했던 3가지 캐싱 전략 중 두 번째 전략도 구현되었습니다. 한 가지 캐싱 전략을 더 알아보고 마지막 캐싱 전략을 구현하도록 하겠습니다.

5.5.6 응답 및 네트워크를 통한 캐시 업데이트

이번 전략은 응답 및 네트워크를 통한 캐시 업데이트입니다. 이 전략은 영어로 Stale-While-Revalidate 전략이라고 표현하며 캐시된 리소스를 우선 응답하고, 네트워크를 통해 새로운 캐시로 업데이트하는 전략입니다. 만약 캐시된 리소스가 없다면 네트워크를 통해 응답하고 캐시를 업데이트합니다. 매번 최신 리소스를 제공하기보다는 먼저 캐시에서 빠르게 응답하고, 이후 웹 앱을 사용할 때 업데이트된 리소스를 제공해도 괜찮은 상황에 적합한 전략입니다.

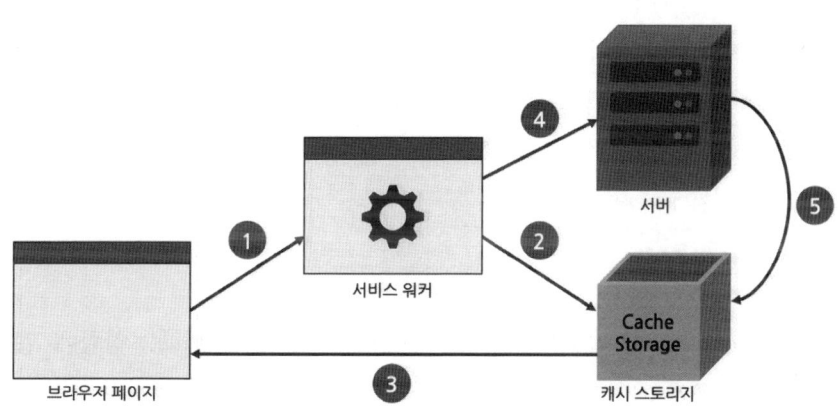

[그림 5-18] 캐시 및 네트워크를 통한 캐시 업데이트

```
self.addEventListener('fetch', (event) => {
  event.respondWith(
    caches.open(캐시 이름).then((cache) => {
      return cache.match(event.request).then((cacheResponse) => {
        const fetchPromise = fetch(event.request).
```

```
      then((networkRequest) => {
            cache.put(event.request, networkRequest.clone());
            return networkRequest;
      });

      // 캐시가 존재하면 캐시 응답, 존재하지 않으면 네트워크 응답 반환
      return cacheResponse || fetchPromise;
    });
  })
);
});
```

캐시 스토리지에서 브라우저 요청에 해당하는 캐시를 찾아 응답하고, 네트워크 요청도 함께 수행하여 캐시를 최신 상태로 업데이트합니다. 또한 캐시가 존재하지 않는다면 네트워크에서 받아온 리소스를 대신 응답할 수 있습니다.

지금까지 잘 알려져있는 캐싱 전략에 대해 알아보았습니다. 이제, 알아보았던 전략을 활용하거나 상황에 맞는 다양한 전략을 직접 구현하여 사용할 수 있습니다.

5.5.7 그밖의 활용

앞서 살펴보았던 전략은 널리 알려져 있는 캐싱 전략입니다. 이번에는 상황에 맞는 전략을 직접 구현해보고자 합니다. Paper의 첫 번째, 두 번째 캐싱 전략은 이전 내용에서 구현되었습니다. 이제 마지막 세 번째 전략인 폰트 파일과 아이콘, 게시물 이미지는 캐시에서 응답하고 캐시에 존재하지 않는 경우 최초 1회만 캐싱을 수행하도록 하는 전략만 남아있습니다.

첫 번째 항목은 폰트 파일과 아이콘 캐싱입니다. Paper의 폰트 파일은 프로젝트 폴더의 workspace/fonts 내에 .eot, .ttf, .woff의 확장자를 가진 12개의 파일로 구성되어 있으며, 아이콘 파일은 workspace/icons에 8개의 이미지 파일로 존재합니다. 아이콘 이미지는 이후 다른 장에서 활용할 리소스이며 /icons/아이콘 파일명 경로를 통

해 서버에서 리소스를 받아오게 됩니다.

해당 리소스의 URL을 직접 캐싱 리스트에 추가할 수도 있지만, 이번 예제를 통해 확장자가 .eot, .ttf, .woff인 파일과 요청 URL이 /icons로 시작하는 아이콘을 동적으로 캐싱하는 방법에 대해 알아보겠습니다.

두 번째로는 게시물 이미지 캐싱입니다. 게시물 이미지는 /upload/이미지 파일명 형식의 URL을 통해 서버에서 리소스를 받아오고 있으며, 아이콘과 동일하게 요청 URL이 /upload로 시작하는 경우 게시물 이미지로 간주할 수 있습니다. 캐시 스토리지는 여러 개의 캐시를 생성할 수 있기 때문에 기존의 앱 셸 리소스와 따로 게시물 이미지 캐시를 생성하여 캐싱하도록 구현하겠습니다. 간단히 정리하면 다음과 같이 나타낼 수 있습니다.

- 요청 URL에 .eot, .ttf, .woff가 맨 뒤에 존재하거나, /icons로 시작하는 경우 캐싱하기
- 요청 URL이 /upload로 시작하는 경우 캐싱하기

공통 조건이 하나 더 있었습니다. 캐시에서 우선 응답하되, 캐시에 존재하지 않는 경우 최초 1회만 캐싱하도록 구현하는 것입니다. 구현해보며 하나씩 알아보겠습니다. 먼저, 게시물 이미지를 저장할 paper-image_버전 형식의 캐시 이름과 폰트 및 아이콘을 캐시하기 위한 정규 표현식을 다음과 같이 서비스 워커 상단에 새로 추가합니다.

```
const VERSION = 'v4';
const CACHE_NAME = 'paper-cache_' + VERSION;
const IMAGE_CACHE_NAME = 'paper-image_' + VERSION; // 새로 추가!

...

const DYNAMIC_PATTERN = /(\.eot$|\.ttf$|\.woff$|^\/icons)/; // 새로 추가!
```

일반 앱 셸 리소스는 기존의 CACHE_NAME에 캐싱하고, 게시물 이미지는 IMAGE_CACHE_NAME에 캐싱합니다. DYNAMIC_PATTERN은 요청 URL의 맨 뒤에 .eot, .ttf, .woff 문자가 존재하거나, /icons로 시작하는지 판별하기 위한 정규 표현식 입니다.

```
DYNAMIC_PATTERN.test('/fonts/my-font.ttf'); // true
DYNAMIC_PATTERN.test('/icons/my-icon.png'); // true
DYNAMIC_PATTERN.test('/icon/wrong.png'); // false
```

이처럼 복잡한 조건 없이 정규 표현식을 활용하여 다양한 패턴의 리소스를 쉽게 확인하고 선별할 수 있습니다. 현재 서비스 워커가 활성화될 때 사용하지 않는 캐시는 제거하도록 구현되어 있습니다. 이것을 새로 추가한 게시물 이미지 캐시가 지워지지 않도록 서비스 워커의 activate 이벤트 핸들러 조건을 일부 수정하겠습니다.

```
// CACHE_NAME 또는 IMAGE_CACHE_NAME이 아닌 캐시 삭제하기
if (key !== CACHE_NAME && key !== IMAGE_CACHE_NAME) {
  return caches.delete(key);
}
```

기존 코드는 CACHE_NAME 외의 나머지 캐시를 모두 제거하기 때문에 IMAGE_CACHE_NAME에 해당하는 경우에도 삭제하지 않고 유지할 수 있도록 수정했습니다. 이제 캐싱 전략을 구현해보겠습니다. fetch 이벤트 핸들러에 다음과 같이 새로운 조건을 추가합니다.

```
self.addEventListener('fetch', (event) => {
  console.log('Service Worker - fetch', event.request.url);
  const url = new URL(event.request.url);
```

```
  if (IMMUTABLE_APPSHELL.includes(url.pathname)) {
    ...
  } else if (MUTABLE_APPSHELL.includes(url.pathname)) {
    ...
  } else if (
    url.pathname.startsWith('/upload') ||
    DYNAMIC_PATTERN.test(url.pathname)
  ) {
    const TARGET_CACHE = url.pathname.startsWith('/upload') ?
      IMAGE_CACHE_NAME : CACHE_NAME;

    // TODO: 전략 구현하기
  }
});
```

브라우저 요청 URL이 /upload로 시작하거나, DYNAMIC_PATTERN 정규 표현식에 일치하는 경우 해당 조건문 내부의 코드를 실행합니다. 다시 말해, 요청이 게시물 이미지거나 폰트 또는 아이콘인 경우 실행되게 됩니다.

아래의 TARGET_CACHE 부분은 요청 리소스의 유형에 따라 어느 이름의 캐시에 저장해야 할지 선택하기 위한 조건입니다. 삼항연산자[2]를 통해 URL이 /upload로 시작하면 TARGET_CACHE는 IMAGE_CACHE_NAME가 되고, 아닌 경우 CACHE_NAME가 됩니다. 다음 코드와 같이 캐싱 전략을 마저 구현합니다.

```
...

// TODO: 전략 구현하기
event.respondWith(
  caches.open(TARGET_CACHE).then((cache) => {
    return cache.match(event.request).then((cacheResponse) => {
```

---

2 삼항연산자는 "조건 ? A : B" 형식으로 사용하며, 조건이 참인 경우 A, 거짓인 경우 B를 반환합니다.

```
      // 캐시가 존재하는 경우 캐시 응답
      if (cacheResponse) {
        return cacheResponse;
      } else { // 존재하지 않는 경우 최초 1회만 캐싱
        return fetch(event.request).then((networkResponse) => {
          // 캐싱하고 네트워크 리소스 응답
          cache.put(event.request, networkResponse.clone());
          return networkResponse;
        });
      }
    });
  })
);
```

이전에 보았던 캐시 우선 및 네트워크를 통해 캐시 업데이트 전략과 거의 유사한 모습을 볼 수 있습니다. TARGET_CACHE 이름의 캐시를 열고 캐시를 찾아 존재할 경우 응답하고, 존재하지 않는 경우 네트워크를 통해 새로 리소스를 받아오게 됩니다. 받아온 리소스는 TARGET_CACHE에 새로 캐싱하고 브라우저에 응답합니다.

지금까지 Paper에 3가지 캐싱 전략을 구현해보았습니다. 서비스 워커의 버전을 v5로 변경하고 구현한 기능이 잘 작동하는지 확인해보겠습니다.

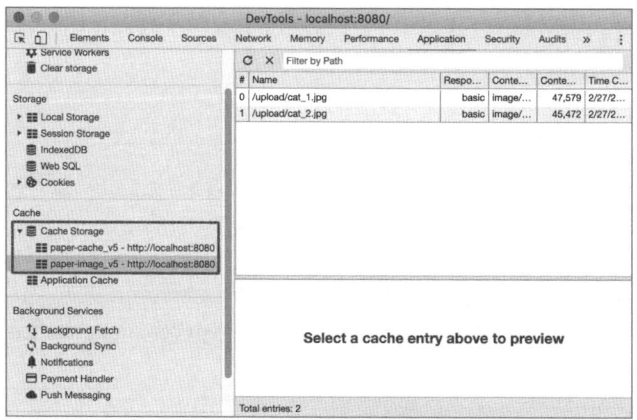

[그림 5-19] Paper의 캐싱 전략 확인

기존에 존재하던 v4 캐시는 제거되었고, 새로운 v5 캐시로 대체되었으며 폰트 리소스가 동적으로 캐싱되어 있을 것입니다. 그리고 이미지 캐시가 추가되었으며, 게시물 이미지 리소스 또한 동적으로 캐싱된 것을 확인할 수 있습니다. 현재 잘 동작하고 있는 여러분의 service-worker.js 코드는 다음과 같은 모습일 것입니다.

```javascript
const VERSION = 'v5';
const CACHE_NAME = 'paper-cache_' + VERSION;
const IMAGE_CACHE_NAME = 'paper-image_' + VERSION;

const IMMUTABLE_APPSHELL = [
  '/favicon.ico',
  '/favicon-16x16.png',
  '/favicon-32x32.png',
  '/manifest.json',
  '/images/no_image.png',
  '/images/add_photo.svg',
  '/images/clear.svg',
  '/images/delete.svg',
  '/images/favorite_active.svg',
  '/images/favorite.svg',
  '/images/menu.svg',
  '/images/notification.svg',
  '/images/notification_disabled.svg',
  '/images/notification_enabled.svg'
];

const MUTABLE_APPSHELL = [
  '/',
  '/login',
  '/js/app.js',
  '/js/util.js',
  '/js/common.js',
  '/js/axios.min.js',
  '/js/index.js',
  '/js/login.js',
```

```
    '/js/paper-store.js',
    '/css/index.css',
    '/css/login.css'
];

const CACHE_LIST = IMMUTABLE_APPSHELL.concat(MUTABLE_APPSHELL);
const DYNAMIC_PATTERN = /(\.eot$|\.ttf$|\.woff$|^\/icons)/;

self.addEventListener('install', (event) => {
  console.log('Service Worker - install', VERSION);
  event.waitUntil(
    caches.open(CACHE_NAME).then((cache) => {
      return cache.addAll(CACHE_LIST);
    })
  );
});

self.addEventListener('activate', (event) => {
  console.log('Service Worker - activate', VERSION);
  event.waitUntil(
    caches.keys().then((keyList) => {
      return Promise.all(keyList.map((key) => {
        if (key !== CACHE_NAME && key !== IMAGE_CACHE_NAME) {
          return caches.delete(key);
        }
      }));
    })
  );
});

self.addEventListener('fetch', (event) => {
  console.log('Service Worker - fetch', event.request.url);
  const url = new URL(event.request.url);
```

```
    if (IMMUTABLE_APPSHELL.includes(url.pathname)) {
      event.respondWith(
        caches.match(event.request).then((response) => {
          return response || fetch(event.request);
        })
      );
    } else if (MUTABLE_APPSHELL.includes(url.pathname)) {
      event.respondWith(
        caches.open(CACHE_NAME).then((cache) => {
          return fetch(event.request).then((networkResponse) => {
            cache.put(event.request, networkResponse.clone());
            return networkResponse;
          }).catch(() => {
            return cache.match(event.request);
          });
        })
      );
    } else if (
      url.pathname.startsWith('/upload') ||
      DYNAMIC_PATTERN.test(url.pathname)
    ) {
      const TARGET_CACHE = url.pathname.startsWith('/upload') ?
        IMAGE_CACHE_NAME : CACHE_NAME;

      event.respondWith(
        caches.open(TARGET_CACHE).then((cache) => {
          return cache.match(event.request).then((cacheResponse) => {
            if (cacheResponse) {
              return cacheResponse;
            } else {
              return fetch(event.request).then((networkResponse) =>
{
              cache.put(event.request, networkResponse.clone());
```

```
            return networkResponse;
         });
      }
    });
  })
 );
 }
});
```

처음에 구현했던 고양이 사진을 강아지 사진으로 바꾸는 단순한 서비스 워커에서 필요한 리소스를 여러 방법으로 캐싱하고, 새로운 캐시로 업데이트 하는 등 다양한 기능이 구현되었습니다.

이번 장에서는 오프라인 환경을 주로 강조하며 설명을 진행했지만, 캐시를 우선으로 제공하는 전략인 경우 온라인 또는 느린 네트워크 상태일지라도 캐싱된 리소스를 우선 제공하기 때문에 일반적인 환경에서도 빛을 발할 수 있으며 웹 성능을 크게 개선할 수 있습니다.

5.6 오프라인 상태 알리기

지금까지 구현해본 기능 덕분에 오프라인 상태에서도 웹 페이지의 기본적인 리소스를 로드할 수 있게 되었습니다. 추후 게시물 데이터도 함께 제공하게 될 것이지만, 오프라인 상태에서 웹 페이지에 접근했을 때 알림 메시지를 제공해준다면 사용자의 실수에 대한 안내와 Paper 웹 앱에 대한 신뢰를 모두 얻을 수 있을 것입니다.

사용자가 실수로 셀룰러 네트워크나 와이파이 등의 네트워크 환경이 준비되지 않은 상태에서 접속했을 수 있으며, 이때 아무런 안내를 하지 않는다면 Paper에 문제가 생겼다고 오해할 수도 있습니다. 이러한 상황을 방지하기 위해 안내 메시지를 제공한다면, 사용자가 네트워크 상태를 다시 확인함과 동시에 Paper는 오프라인에서도 작동한다는 것을 간접적으로 알릴 수 있을 것입니다.

사용자가 오프라인 상태로 접속했을 때 안내 메시지를 보여주려면 workspace/js/common.js 파일에 존재하는 updateOnlineState() 함수를 다음과 같이 구현합니다.

```
// 온/오프라인 상태에 따라 알림 표시/숨기기
function updateOnlineState () {
  // @ch5. 온/오프라인 상태 알림 표시기능 구현
  util.showOfflineAlert(!navigator.onLine);
}
```

미리 구현해둔 util.showOfflineAlert() 메소드를 통해 오프라인 알림을 보이거나 숨기는 기능을 사용합니다. 또한, navigator.onLine이라는 코드를 확인할 수 있는데, 해당 값은 브라우저의 온라인 상태를 나타냅니다.

구현된 updateOnlineState() 함수는 브라우저의 네트워크 환경이 온라인으로 변경되거나, 오프라인으로 변경되었을 때 호출되면 좋을 것입니다. 다행히도 브라우저에는 해당 상황을 감지할 수 있는 online 및 offline 이벤트가 존재합니다. workspace/js/common.js 소스코드의 최하단에 다음과 같은 코드를 구현합니다.

```
$(function () {
  ...

  // @ch5. 온/오프라인 상태 감지 이벤트 등록
  window.addEventListener('online', updateOnlineState);
  window.addEventListener('offline', updateOnlineState);
  updateOnlineState(); // 별도로 호출
});
```

온라인 또는 오프라인으로 네트워크 상태가 변경될 때 조금전 구현했던 updateOnlineeState() 함수를 호출합니다. 또한, Paper가 처음 로드될 때의 네트워크 상태를 확인하

기 위해 별도로 한 번 호출합니다. 구현한 기능이 잘 동작하는지 확인하기 위해 페이지를 새로고침한 네트워크 상태를 오프라인으로 변경해보겠습니다.

[그림 5-20] 오프라인 상태 알림

네트워크 상태에 따라 알림이 표시되고 숨겨지는 기능이 잘 작동하는 것을 확인할 수 있습니다. 그렇지만 이 방법에는 주의점이 있습니다. 랜선이 빠지거나 와이파이가 꺼지는 등의 확실한 네트워크 상태는 감지할 수 있지만, 사용자의 기기가 가상 네트워크로 연결되어 있거나 서버가 다운되어 접근할 수 없는 상황 등은 감지할 수 없습니다. 이러한 문제 때문에 navigator.onLine 값만으로 네트워크 상태를 신뢰하기 어렵습니다. Paper는 온·오프라인 상태를 확실하게 알아야 할 필요는 없기 때문에 어느 정도 참조하기 위한 값으로 사용합니다.

현재 Paper는 처음과 비교했을 때 많은 개선을 이루었지만, 단순히 오프라인 상태에서 페이지를 로드하고 온·오프라인 상태를 알리기만 할 뿐 컨텐츠에 해당하는 게시물 데이터는 불러오지 못하고 있습니다. 또한, 게시물 이미지 데이터는 계속해서 캐시 스토리지에 쌓아두고 있어서 사용자의 저장 공간을 과도하게 차지하는 문제가 발생할 수 있습니다.

해당 문제는 9. 서비스 워커와 클라이언트 간 메시지 주고받기 장에서 개선해보겠습니다. 다음 장에서는 오프라인 상태에서 단순한 웹 페이지만이 아니라, 게시물 내용에 해당하는 컨텐츠를 제공하고, 새로운 게시물 데이터를 저장하거나 삭제하는 기능을 함께 구현해보도록 하겠습니다.[3]

---

[3] 5장의 소스코드: https://github.com/leegeunhyeok/paper/tree/ch5

CHAPTER

06

IndexedDB 사용하기

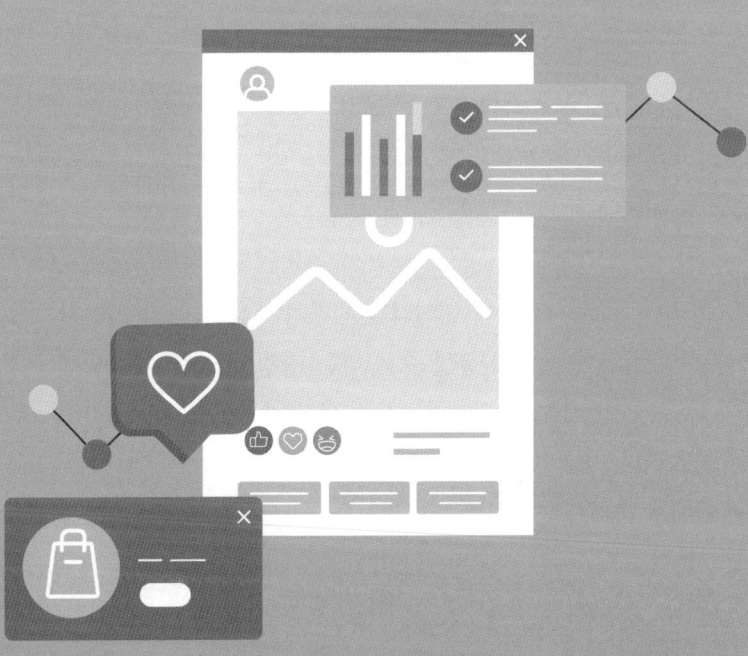

6장 IndexedDB 사용하기

이번 장에서는 IndexedDB의 기본 개념에 대해 알아보고, 컨텐츠 데이터를 저장 및 관리하기 위한 저장소를 구성하여, Paper에 적용하는 실습을 진행해보도록 하겠습니다.

6.1 IndexedDB 란?

앞선 장에서 캐시 스토리지에 필요한 리소스를 저장하고 관리하는 방법에 대해 알아보았습니다. 브라우저에는 캐시 스토리지 외에 로컬 스토리지Local Storage, 쿠키 스토리지Cookie Storage, 세션 스토리지Session Storage 등과 같은 다양한 목적을 가진 저장소가 존재합니다.

[그림 6-1] 브라우저에 존재하는 다양한 저장소

이러한 저장소를 통해 서버나 외부 저장소에 데이터를 저장하지 않고 브라우저 자체에 저장할 수 있으며 웹 개발자가 쉽게 활용할 수 있다는 장점이 있습니다. 위에서 언급한 저장소 외에 다양한 저장소가 존재하며, 그 중 이번 장의 중심 내용인 IndexedDB가 포함되어 있습니다.

IndexedDB는 브라우저에서 객체를 저장하고 트랜잭션Transaction 기반으로 데이터를 처리하는 데이터베이스입니다. 다소 어렵게 느껴져 혼란스러울 수 있지만, 객체를 저장할 수 있는 브라우저 저장소일 뿐입니다. 첨언하자면, IndexedDB는 널리 사용되는 관계형 데이터베이스RDB보다는 NoSQL에 더 유사한 유형의 데이터베이스입니다. IndexedDB는 다음과 같은 구성 요소로 이루어져 있으며, 일반적인 RDBMS와 비슷한 부분이 많습니다.

- 데이터베이스
- 객체 저장소
- 데이터

웹 페이지 도메인별로 여러 개의 데이터베이스를 생성할 수 있으며, 하나의 데이터베이스에 여러 객체 저장소를 생성하여 데이터를 저장할 수 있습니다. 일반적인 RDBMS와 비교해보면 객체 저장소는 테이블Table에 해당한다고 볼 수 있습니다.

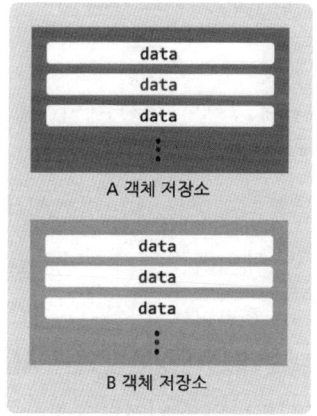
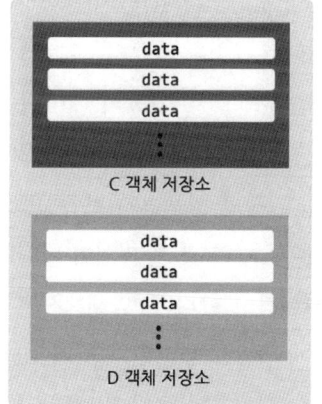

[그림 6-2] IndexedDB의 구성 요소

각 객체 저장소에는 앞서 말했던 것과 같이 자바스크립트 객체 데이터를 저장할 수 있습니다. 각 레코드[1]에는 색인Index이 존재하기 때문에 빠른 검색을 수행할 수 있습니다. 또한, 모든 작업은 트랜잭션 단위로 수행되기 때문에 안전하고 신뢰할 수 있는 데이터 처리가 가능합니다. 주요 특징들을 살펴보면서 더 자세히 알아보도록 하겠습니다.

6.1.1 IndexedDB의 주요 특징

간단한 데이터를 저장할 때 주로 사용하는 로컬 스토리지와 IndexedDB를 비교해보면서 어떤 차이점이 존재하는지 알아보겠습니다.

첫째, 로컬 스토리지는 단순한 키와 값Key-Value 형식의 문자열 값만 저장할 수 있지만, IndexedDB는 앞서 언급했듯이 자바스크립트의 객체를 저장할 수 있습니다. 자바스크립트의 숫자, 문자, 불린, 객체 등과 같은 데이터 형식은 물론 BlobBinary Large Object[2]과 같은 자바스크립트로 처리할 수 있는 대부분의 데이터 형식을 저장할 수 있습니다.

둘째, 색인Index의 유무입니다. 이름을 보면 짐작할 수 있듯이 IndexedDB는 색인을 지원하며, 이를 통해 빠른 검색을 수행할 수 있습니다. 이와 반대로, 로컬 스토리지는 단순한 문자열 값만 키와 쌍을 이루어 저장하기 때문에 저장된 값에 대한 검색을 지원하지 않습니다.

셋째, 트랜잭션Transaction 기반의 데이터 처리입니다. 트랜잭션은 데이터 상태 변경을 수행하기 위한 일련의 과정을 의미합니다. 거래를 예로 들면, A가 B의 물건을 구매하기 위해 돈을 지불할 경우 A가 보유하던 돈을 물건 가격만큼 차감하고, 반대로 B의 돈을 증가시켜야 하는 과정을 거쳐야 합니다. 이러한 데이터 상태 변경 작업을 하나로 묶어 트랜잭션이라고 합니다. 트랜잭션은 거래 도중 A의 돈은 차감되었지만 문제가 발생하여 B에게 전달되지 않았다면, 데이터의 상태 변경을 반영하지 않기 때문에 작업이 부분적으로 진행되다가 중단되는 경우는 없으며, 하나의 작업처럼 동작하는 원자성이 보장됩니다. 로컬 스토리지의 경우 트랜잭션 기반으로 동작하지 않기 때문에 위와 같은 문제를 직접 제어하도록 수동으로 구현하고 처리해야하는 어려움이 있습니다.

---

1 저장되는 하나의 데이터를 의미합니다.
2 바이너리 형식의 이미지, 동영상, 사운드 등의 데이터가 될 수 있습니다.

하지만 IndexedDB는 모든 데이터 조작을 트랜잭션 단위로 수행하며 작업 도중 문제가 발생할 경우 변경 사항을 원상태로 되돌리게 됩니다. 즉, 모든 과정이 정상적으로 처리되었을 때 변경된 데이터가 데이터베이스에 반영됩니다.

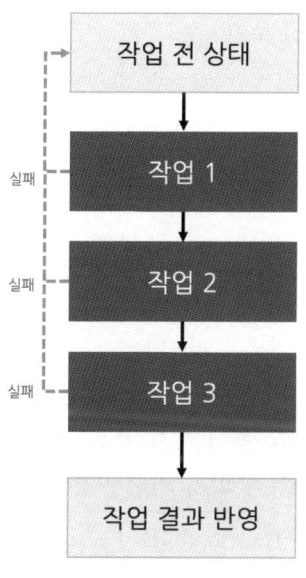

[그림 6-3] 트랜잭션

이 외에도 로컬 스토리지는 대용량 데이터를 저장하기에 적합하지 않으며 동기적인 방식으로 데이터를 읽고 쓰기 때문에 성능적인 측면에서 다소 아쉬움이 남습니다. IndexedDB는 로컬 스토리지에 비해 넉넉한 공간[3]이 제공되어 더 많은 데이터를 저장할 수 있으며 색인이 존재하기 때문에 신속한 검색을 수행할 수 있습니다. 또한, 이벤트 기반의 비동기 방식으로 작동해서, 로컬 스토리지보다 성능이 우수하고 대용량 데이터를 처리해야 하는 경우에 적합합니다.

전체적으로 보면 IndexedDB가 로컬 스토리지보다 기능적으로 우수하지만, 단점도 존재합니다. 로컬 스토리지는 쉽고 간단하게 사용할 수 있지만, IndexedDB는 사용

---

3 로컬 스토리지의 경우 대개 2~10MB의 할당량으로 제한 되어있으며, IndexedDB는 50MB~기기 여유 공간의 특정 비율까지 할당량이 제공됩니다(브라우저의 버전과 종류마다 할당량이 다릅니다).

하기 까다롭기 때문에 초기 구현에 어려움이 존재할 수 있습니다. 한 번 로컬 스토리지의 데이터 추가와 IndexedDB의 데이터 추가 과정을 살펴보겠습니다.

[로컬 스토리지]
- 로컬 스토리지에 키와 값 추가

[IndexedDB]
- 데이터베이스 열기(객체 저장소 생성, 색인 추가)
- 트랜잭션 생성
- 객체 저장소 접근
- 데이터 추가

대략적으로 나열한 과정만 봐도 꽤나 복잡하다는 것을 알 수 있습니다. 저장소 역시 데이터의 규모와 요구되는 기능에 따라 적절한 유형을 선택하여 구현하는 것이 가장 중요합니다. 지금까지 살펴본 IndexedDB의 주요 특징은 다음과 같이 정리할 수 있습니다.

- 브라우저에서 동작하는 데이터베이스
- 색인Index이 존재하여 빠른 검색 가능
- 대부분의 자바스크립트 객체 저장 가능
- 트랜잭션 기반의 데이터 조작
- 이벤트 방식의 비동기 작업 수행

마지막으로, 왜 IndexedDB를 사용하여 데이터 저장 기능을 구현하려고 하는지 알아보고 실습을 진행해보도록 하겠습니다.

6.1.2 왜 IndexedDB를 사용할까?

브라우저에는 데이터를 저장할 수 있는 저장소가 여러 가지가 있는데, 왜 IndexedDB를 사용할까요? 로컬 스토리지는 간단한 데이터를 저장하는 용도로 적합하며, 여러 게시물 데이터를 저장하고 관리하기에는 부족한 부분이 많습니다.

여러 게시물 데이터 중 특정 게시물을 수정하거나 삭제하는 등의 기능은 로컬 스토리지보다 IndexedDB를 통해 구현하는 것이 더 효율적이며, 성능적인 측면에서도 더 우수하다고 볼 수 있습니다.

무엇보다 가장 큰 이유는 로컬 스토리지는 웹 워커의 실행 컨텍스트에서 사용할 수 없기 때문입니다. IndexedDB는 웹 워커의 컨텍스트에서도 사용할 수 있어서 오프라인 상태에서의 데이터 관리를 위해서라면 서비스 워커에서 사용할 수 있는 IndexedDB가 꼭 필요하다고 볼 수 있습니다. 여기서 한 가지 알아야 할 사항이 있습니다. IndexedDB는 프로그레시브 웹 앱과는 별개로 일반적인 웹 페이지에서도 사용할 수 있습니다. 살펴보았던 IndexedDB의 특징들이 Paper의 오프라인 지원을 위한 요구사항을 충족하며 가장 적합한 저장소이기 때문에 이를 활용하는 것일 뿐입니다.

이제 실습을 진행해보며 IndexedDB의 기본 사용법을 익히고, 오프라인 환경에서의 Paper 기능을 개선할 수 있도록 기능을 구현해보겠습니다.

6.2 데이터베이스 생성하기

IndexedDB를 Paper에 바로 적용하기 전, 별도의 예제 코드를 따로 구현해보면서 기본적인 개념을 익혀보도록 하겠습니다. IndexedDB의 기본을 익히는 동안에는 소스코드의 sample/IndexedDB.html 파일을 활용하려고 합니다. IndexedDB.html 파일을 크롬[4] 브라우저로 열고, VSCode (또는 여러분이 사용하는 에디터에서) IndexedDB.html 파일에 소스코드를 작성하며 실습을 진행하면 됩니다.

---

4 파일을 크롬으로 직접 열거나, 크롬 브라우저로 드래그하여 열 수 있습니다.

⟨script⟩ 태그 내에 다음과 같은 코드가 작성되어 있는 것을 확인할 수 있으며, 해당 데이터를 IndexedDB에 저장하고, 수정 및 삭제 등의 관리 기능을 구현해보겠습니다.

```
<script>
  // 사용자 목록
  const userList = [
    { id: 'user01', age: 5, name: 'John' },
    { id: 'user02', age: 16, name: 'Amy' },
    { id: 'user03', age: 11, name: 'Tom' },
    { id: 'user04', age: 20, name: 'Jessica' },
    { id: 'user05', age: 18, name: 'Ellis' }
  ];

  // 코드 작성
</script>
```

IndexedDB를 사용하기 위한 첫 번째 단계는 사용할 데이터베이스를 생성하는 것이며, 다음과 같습니다.

```
window.indexedDB.open('user-db', 1);
```

지금 작성한 코드는 버전이 1인 user-db 데이터베이스를 열기 위한 코드입니다. 전역 객체에 존재하는 IndexedDB API 중 IDBFactory의 open() 메소드를 사용하여 데이터베이스를 열고 데이터베이스 연결 객체를 받을 수 있습니다. 첫 번째 인자로 데이터베이스 이름을, 두 번째 인자로 정수형 숫자인 데이터베이스 버전을 전달합니다. 지정한 이름에 해당하는 데이터베이스가 존재하지 않는다면 새로 생성합니다.

open()은 해당 데이터베이스 연결 객체를 바로 반환하지 않고, 데이터베이스를 열기 위한 IDBRequest[5] 요청 객체를 우선 반환한 후 작업을 비동기적으로 수행합니다. 데

---

5 정확하게 보면 IDBOpenDBRequest 객체를 반환하지만, IDBRequest를 상속한 객체이기 때문에 이 책에서는 다양한 종류의 요청 객체를 IDBRequest로 통일하여 표현합니다.

이터베이스 열기 작업이 완료되면 이벤트를 통해 이 사실을 알리며, 이후 데이터베이스 연결 객체를 사용할 수 있습니다. IndexedDB의 open()을 포함한 대부분의 기능은 [그림 6-4]와 같이 비동기적으로 작동하기 때문에 이벤트 핸들러를 구현하여 작업을 처리해야 합니다.

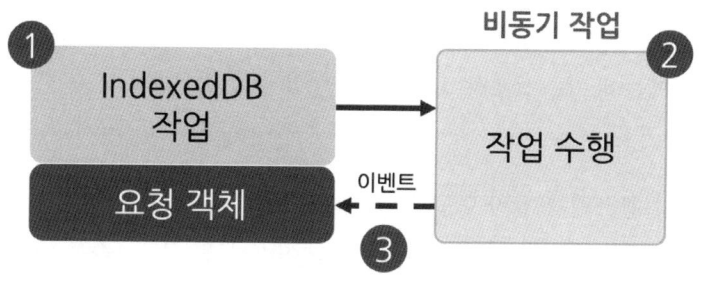

[그림 6-4] IndexedDB의 동작 방식

다음과 같이 요청 객체의 성공success, 에러error 이벤트 핸들러를 통해 작업이 완료되거나 문제가 발생했을 경우를 확인할 수 있습니다.

```
let db = null;
const request = window.indexedDB.open('user-db', 1);

request.onerror = function (event) {
  console.error(event);
};

request.onsuccess = function (event) {
  db = request.result; // event.target.result
};
```

성공적으로 작업이 완료된 경우 success 이벤트가 발생하며 이벤트 핸들러를 통해 작업이 완료되었음을 알 수 있습니다. 데이터베이스 열기 작업에 성공하면, 요청 객체의

result 속성에서 데이터베이스 연결 객체IDBDatabase를 참조할 수 있습니다.

대부분의 IndexedDB API는 이처럼 IDBRequest 요청 객체를 먼저 반환하고, 작업을 비동기적으로 수행합니다. 이후 요청 객체에 이벤트를 전달하여 작업의 성공 또는 실패를 알려줍니다. 작업에 대한 결과물은 요청 객체의 result 속성에 존재하기 때문에 이를 참조하여 결과를 확인할 수 있습니다.

위의 코드를 실행하면, 개발자 도구의 Application 〉 Storage 〉 IndexedDB 메뉴에서 [그림 6-5]와 같이 새로운 user-db 데이터베이스가 생성된 모습을 확인할 수 있습니다.

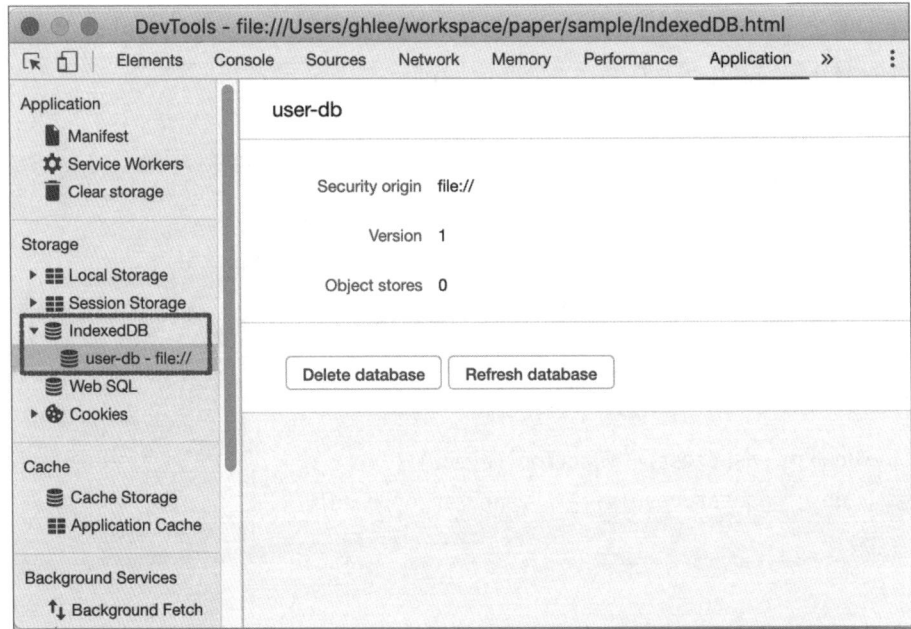

[그림 6-5] 생성된 데이터베이스

데이터베이스를 선택하면 데이터베이스의 버전 정보와 객체 저장소의 개수를 확인할 수 있습니다. 한 가지 더 알아볼 점이 있습니다. open() 메소드를 호출할 때 데이터베이스 이름만이 아니라, 버전도 함께 인자로 전달하는 것을 보았습니다. IndexedDB는 데이터베이스마다 버전이 존재하기 때문에 데이터베이스 버전을 관리할 수 있습니다. 버전 관리에 대한 내용은 실습을 진행하며 알아보도록 하겠습니다.

> 개발자 도구에서 확인하는 IndexedDB는 매우 게을러 보일 수 있습니다. 대표적으로, 객체 저장소를 추가하거나 데이터를 조작했음에도 개발자 도구에 즉시 반영되지 않는 경우가 있을 수 있습니다. 이러한 상황이 발생한 경우 개발자 도구의 Application 〉 Storage 〉 IndexedDB 우클릭 후 새로고침을 진행하여 변경 사항을 새로 갱신할 수 있습니다.
> 이 외에도 예제 코드 작성 중 데이터베이스 버전을 실수로 잘못 작성하거나 꼬인 경우 데이터베이스를 지우고 다시 진행하면 됩니다.

6.3 객체 저장소 ObjectStore

새로운 데이터베이스를 만들었으니 데이터를 저장하기 위한 객체 저장소 ObjectStore를 생성해야 합니다. 객체 저장소는 일반적인 RDB와 비교해보면 테이블에 해당합니다. 객체 저장소는 데이터베이스 내에 여러 개가 존재할 수 있으며 실제 데이터를 저장하는 공간입니다. 실제 데이터는 다음과 같이 저장되고 각 레코드에는 색인이 존재합니다.

#	Value
1	▶ { id: 'user01', age: 5, name: 'John' }
2	▶ { id: 'user02', age: 16, name: 'Amy' }
3	▶ { id: 'user03', age: 11, name: 'Tom' }
4	▶ { id: 'user04', age: 20, name: 'Jessica' }
5	▶ { id: 'user05', age: 18, name: 'Ellis' }

객체 저장소

[그림 6-6] 객체 저장소의 데이터 모습

앞서 IndexedDB를 소개하며 언급했던 내용과 동일하게 객체 저장소에는 대부분의 자바스크립트 객체를 저장할 수 있습니다. 이제, 사용자 정보를 저장하고 관리하기 위한 객체 저장소를 생성하면서 더 자세한 내용을 알아보겠습니다.

6.3.1 객체 저장소 생성하기

새로운 객체 저장소를 생성하기 위해 다음과 같은 코드를 추가로 작성합니다.

```
request.onerror = ...
request.onsuccess = ...
request.onupgradeneeded = function (event) {
  const db = request.result;
  const userStore = db.createObjectStore('user', { keyPath: 'id' });

  // 유저 데이터 객체 저장소에 저장
  userList.forEach((user) => {
    userStore.add(user);
  });
};
```

기존의 onerror, onsuccess 이벤트 외에 새로운 onupgradeneeded 이벤트 핸들러

가 추가된 것을 확인할 수 있습니다. onupgradeneeded 이벤트는 데이터베이스의 버전이 변경되어 업데이트가 필요한 경우 발생하는 이벤트입니다. 데이터베이스의 버전은 0부터 시작하게 되며, 더 높은 버전으로 업그레이드될 때에만 onupgradeneeded 이벤트가 발생합니다. 버전이 1인 상태에서, 2로 변경될 경우엔 이벤트가 발생하지만, 반대로 버전이 2인 상태에서 1로 변경될 경우(버전이 내려갈 경우) 이벤트가 발생하지 않습니다.

이 같은 특성을 활용하여 데이터베이스 버전을 쉽게 관리할 수 있습니다. 일반적으로 버전이 새로 업데이트 될 경우 필요한 객체 저장소를 생성하도록 하거나 색인을 추가하고 삭제하는 등의 작업을 수행합니다. 이에 대한 내용은 6.3.3. 색인 추가하기 장에서 살펴보겠습니다.

객체 저장소IDBObjectStore는 데이터베이스 연결 객체의 createObjectStore() 메소드를 통해 새로 생성할 수 있습니다. 위의 코드는 user라는 이름의 객체 저장소를 생성하고 데이터를 추가하는 코드이며 데이터 추가에 대한 자세한 내용은 6.4.1 데이터 추가하기 장에서 다루겠습니다. 브라우저를 새로고침한 후 개발자 도구의 IndexedDB 메뉴를 확인해보겠습니다.

onupgradeneeded 이벤트 핸들러에 user라는 이름의 새로운 객체 저장소를 생성하도록 구현했지만 아무런 변화가 일어나지 않았습니다. 이유는 바로 onupgradeneeded 이벤트 발생 조건이 충족되지 않았기 때문입니다. 데이터베이스의 버전이 업데이트 된 경우에만 발생해서 새로운 버전으로 변경해줍니다. 다음과 같이 데이터베이스 버전을 1에서 2로 변경하고, 코드를 일부 수정한 후 다시 확인해보겠습니다.

```
let db = null;
const DB_VERSION = 2; // 데이터베이스 버전
const request = window.indexedDB.open('user-db', DB_VERSION);

request.onerror = ...
request.onsuccess = ...
request.onupgradeneeded = function (event) {
```

```
console.log('OLD', event.oldVersion); // 이전 데이터베이스 버전
console.log('NEW', DB_VERSION);
...
};
```

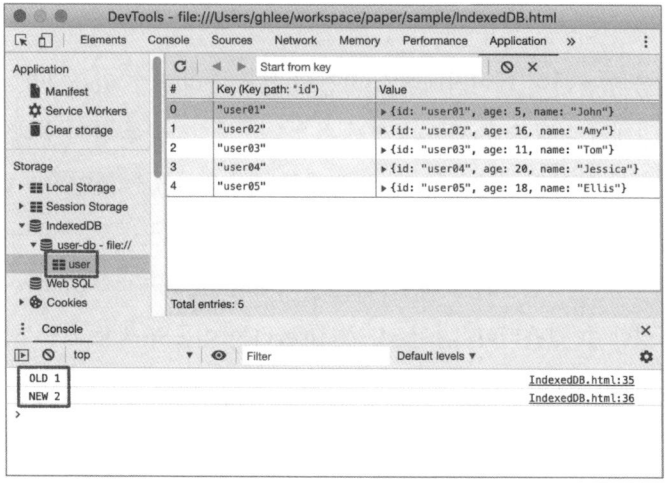

[그림 6-7] 생성된 객체 저장소

데이터베이스의 버전을 2로 변경하니 user 객체 저장소가 정상적으로 생성되고 데이터가 추가된 모습을 확인할 수 있습니다. 데이터를 추가하는 코드에 대해선 이후 트랜잭션 파트에서 자세히 알아보도록 하고, 우선 객체 저장소에 대해 더 알아보겠습니다. 콘솔에는 기록된 로그를 보면 이전 데이터베이스 버전과 지금의 데이터베이스 버전이 기록되어있습니다. 이전 데이터베이스 버전은 onupgradeneeded 이벤트 객체의 oldVersion 속성을 통해 확인할 수 있습니다. 이처럼 객체 저장소는 데이터베이스 연결 객체의 createObjectStore() 메소드를 통해 생성할 수 있습니다. 메소드의 첫 번째 인자로 객체 저장소의 이름을, 두 번째 인자로 객체 저장소의 옵션을 전달할 수 있습니다. 중복된 이름을 가진 객체 저장소를 생성하려고 할 경우 에러가 발생하기 때문에 객체 저장소의 이름은 고유해야 합니다.

createObjectStore() 메소드의 두 번째 인자로 전달하는 값은 기본키를 위한 옵션입

니다. 여러분이 작성한 코드에서 keyPath 옵션을 확인할 수 있는데, 기본키에 대해 살펴보고 기본키 옵션의 종류와 특성을 알아보겠습니다.

6.3.2 내부키와 외부키

기본키는 저장되는 데이터를 식별하기 위한 값이라고 할 수 있습니다. IndexedDB의 기본키에는 몇 가지 특징이 존재합니다. 기본키는 필수이며, 기본키 값은 레코드마다 고유해야 한다는 제약 조건이 있습니다. 또한, 기본키는 색인되어 있기 때문에 이를 기준으로 값을 검색할 수 있으며 저장되는 데이터는 기본키를 기준으로 정렬되어 저장됩니다. 기본키는 필수이기 때문에 객체 저장소를 생성할 때 어떠한 방식으로 기본키를 사용할지 옵션을 전달하여 지정해야 합니다.

createObjectStore() 메소드의 두 번째 인자로 전달하는 기본키 옵션에는 keyPath와 autoIncrement 2가지의 옵션이 존재합니다. 먼저, keyPath 옵션의 경우 저장되는 데이터의 속성 값을 기준으로 기본키를 지정합니다. 데이터의 속성 값을 기본키로 사용하기 때문에 keyPath 옵션을 사용하는 경우엔 객체 데이터만 저장할 수 있습니다. 앞서 생성한 user 객체 저장소는 keyPath를 id로 지정해서, [그림 6-8]과 같이 저장되는 객체 데이터의 id 속성 값이 기본키로 사용됩니다.

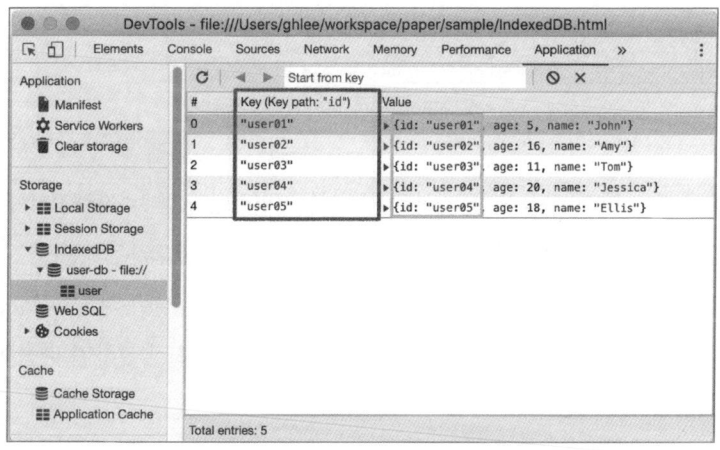

[그림 6-8] keyPath로 기본키 지정하기

autoIncrement 옵션은 다음과 같이 Boolean 값을 true로 지정하여 활성화할 수 있으며, 기본값은 false입니다.

```
db.createObjectStore('객체저장소이름', { autoIncrement: true });
```

autoIncrement 옵션을 활성화할 경우 별도의 자동 증가키가 생성되어 함께 저장됩니다. 저장되는 데이터와 상관없이 새로운 값이 자동으로 생성되기 때문에 객체를 포함한 원시값Primitive values 등 모든 유형의 데이터를 저장할 수 있습니다. 자동 증가키는 [그림 6-9]처럼 1부터 시작하고 자동으로 1씩 증가하며 중복되지 않습니다.

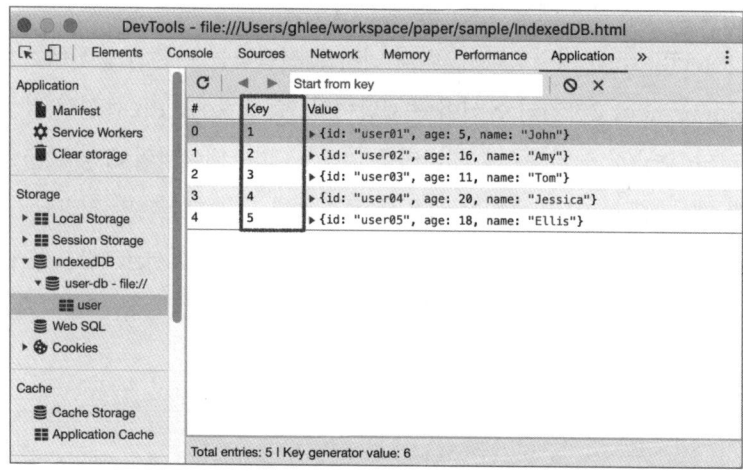

[그림 6-9] autoIncrement로 기본키 지정하기

keyPath 옵션을 통해 사용되는 기본키는 내부키(인라인키in-line key)라고 부르며, 데이터와 상관없이 별도의 기본키 값이 생성되는 자동 증가 키는 외부키(아웃 오브 라인키 out-of-line key)라고 부릅니다. 내부키는 실제 저장되는 데이터 내부의 특정 값을 기본키로 사용하고, 외부키는 데이터와 관계없는 별도의 키를 새로 생성하기 때문에 쉽게 구분할 수 있을 것입니다.

#	Key (Key path: "id")	Value
1	'user01'	▸ { id: 'user01', age: 5, name: 'John' }
2	'user02'	▸ { id: 'user02', age: 16, name: 'Amy' }
3	'user03'	▸ { id: 'user03', age: 11, name: 'Tom' }
4	'user04'	▸ { id: 'user04', age: 20, name: 'Jessica' }
5	'user05'	▸ { id: 'user05', age: 18, name: 'Ellis' }

내부키

#	Key	Value
1	1	▸ { id: 'user01', age: 5, name: 'John' }
2	2	▸ { id: 'user02', age: 16, name: 'Amy' }
3	3	▸ { id: 'user03', age: 11, name: 'Tom' }
4	4	▸ { id: 'user04', age: 20, name: 'Jessica' }
5	5	▸ { id: 'user05', age: 18, name: 'Ellis' }

외부키

[그림 6-10] 내부키와 외부키

저장할 데이터의 특성에 따라 어떤 옵션을 사용할지 파악해볼 수 있습니다. 일반적으로 저장하고자 하는 데이터에 고유로 식별할 수 있는 값(게시물 ID, 사용자 고유번호 등)이 존재하는 경우 해당 값을 활용한 내부키를 사용하고, 고유로 식별할 수 있는 값이 없을 때 autoIncrement 옵션을 통해 별도의 외부키를 생성하여 데이터를 저장하는 경우를 예로 들 수 있습니다.

한 가지 특이한 사항은 keyPath와 autoIncrement 옵션을 둘 다 활성화하거나 비활성화할 수 있습니다. 두 옵션이 모두 활성화되어 있는 경우 데이터에 keyPath에 해당하는 속성 값이 존재하면 해당 속성 값을 기본키로 사용하고, 존재하지 않을 경우 자동 증가키 값이 새로 생성되어 저장됩니다. 반대로, 두 옵션을 비활성화하여 데이터를 저장할 때 기본키로 사용할 키 값을 수동으로 추가할 수도 있습니다.

기본키는 색인 되어있기 때문에 원하는 값을 검색하여 찾을 수 있지만 고유한 값을 나타내는 기본키 값을 검색하기보다는 사용자의 이름, 주소, 나이 등의 값을 검색하는 것이 더 의미 있을 수 있습니다. 이제, 기본키 외의 원하는 값을 검색하기 위해 객체 저장소에 색인을 추가하는 방법을 알아보겠습니다.

6.3.3 색인 추가하기

직접적으로 기본키를 검색하는 경우가 존재할 수 있지만, 기본키 이외의 값을 검색하는 기능이 필요할 수 있습니다. 이러한 경우 객체 저장소에 별도의 색인을 추가하여 특정 값을 검색할 수 있도록 구현할 수 있습니다. 객체 저장소에는 다수의 색인을 추가할 수 있으며 각각의 색인은 이름을 갖습니다. 색인은 다음과 같이 객체 저장소의 createIndex()를 통해 간단히 생성할 수 있습니다.

```
objectStore.createIndex('색인명', 'keyPath', 옵션);
```

첫 번째 인자로 전달한 값은 색인의 이름입니다. 이후 지정한 이름을 통해 색인을 사용할 수 있습니다. 두 번째 인자는 색인으로 사용할 keyPath입니다. 앞서 id를 key-Path로 한 기본키를 생성했었습니다. 이와 동일하게 데이터에서 어떠한 속성을 색인할지에 대한 문자열 또는 배열 값을 전달하여 색인을 추가할 수 있습니다. 세 번째 인자는 색인의 옵션입니다. 색인 옵션은 필수가 아닌 선택이므로 필요하지 않은 경우 생략할 수 있습니다. 대표적으로 고유한 색인 값을 갖도록 하는 unique 옵션을 지정할 수 있습니다.

다음과 같이 코드를 작성하여 user 객체 저장소에서 이름을 검색할 수 있도록 색인을 추가해보겠습니다.

```
request.onupgradeneeded = function (event) {
  console.log('OLD', event.oldVersion); // 이전 데이터베이스 버전
  console.log('NEW', DB_VERSION);

  if (event.oldVersion < 2) {
     ... 기존 코드
  }

  if (event.oldVersion < 3) {
```

```
    const userStore = request.transaction.objectStore('user');
    userStore.createIndex('user_name', 'name', { unique: true });
    userStore.createIndex('user_age', 'age');
  }
}
```

색인 생성 코드를 살펴보기 전에, 데이터베이스 버전을 확인하는 듯한 조건문이 추가된 것을 볼 수 있습니다. 이전 코드의 경우 데이터베이스 버전이 업데이트되어 onupgradeneeded 이벤트가 발생하면 user 객체 저장소를 생성하도록 구현되어 있었습니다. 버전이 업데이트될 때마다 객체 저장소를 생성하게 되고, 동일한 이름의 객체 저장소는 1회만 생성할 수 있기 때문에 충돌 문제가 발생할 수 있습니다. 이러한 상황을 피하기 위해 위의 코드와 같이 데이터베이스 버전을 체크하여 작업이 필요한 경우에만 수행할 수 있도록 분기를 나누어 작업을 수행합니다.

> 데이터베이스 버전이 1인 상태에서 2로 업데이트되면 user 객체 저장소를 새로 생성하고, 이후 버전이 2에서 3으로 업데이트되면 user 객체 저장소 생성은 건너뛰고 색인을 추가하는 작업을 수행하게 됩니다.

다시 색인을 생성하는 코드로 돌아와 확인해보면 다음 코드를 확인할 수 있습니다.

```
request.transaction.objectStore('user');
```

여기서 request는 데이터베이스 열기 작업에 대한 요청 객체입니다. 요청 객체의 트랜잭션을 통해 생성되어있던 객체 저장소를 가져올 수 있습니다. 객체 저장소를 생성하거나, 색인을 추가하는 등의 작업은 versionchange 모드의 트랜잭션 범위 내에서만 수행할 수 있으며, versionchange 트랜잭션은 onupgradeneeded 이벤트가 발생하기 직전에 자동으로 생성되기 때문에 여러분이 따로 생성하지 않아도 객체 저장소를 생성하거나 색인을 추가할 수 있습니다.

정리를 하자면, 트랜잭션을 통해 user 객체 저장소를 가져온 후 keyPath가 name, age이고 이름이 user_name, user_age인 2개의 색인을 새로 생성하는 코드입니다. user_name 색인은 세 번째 인자값으로 unique가 true인 옵션을 전달받았기 때문에 앞으로 user 객체 저장소에 동일한 name 값을 가진 중복 데이터는 저장할 수 없습니다.

현재의 데이터베이스 버전은 2이므로, 3으로 변경하고 페이지를 새로고침하여 추가된 색인을 확인해보겠습니다.

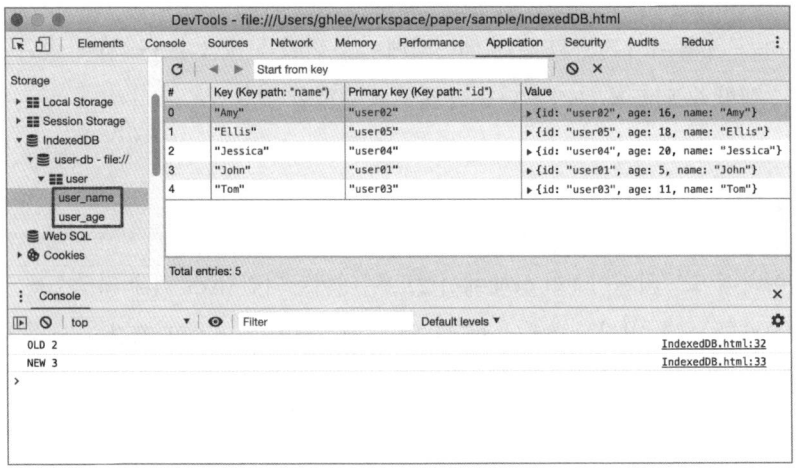

[그림 6-11] 새로 생성된 색인

생성된 user_name, user_age 색인은 개발자 도구에서 확인할 수 있으며 원한다면 생성된 색인을 키 값으로 사용할수도 있습니다. 이 의미는 user 객체 저장소에 존재하는 데이터의 name과 age값을 검색할 수 있다는 것입니다.

지금까지, 데이터베이스를 생성하고 새로운 객체 저장소를 생성하여 색인을 추가해보았습니다. 이 과정에서 트랜잭션이라는 단어가 몇 번 언급되었는데, 이제 트랜잭션에 대해 자세히 알아보고 데이터를 조작하는 방법에 대해 알아보도록 하겠습니다.

6.4 트랜잭션 Transaction

트랜잭션은 앞서 IndexedDB를 소개하며 언급했던 거래 상황을 떠올리면 간단하게 이해할 수 있습니다. 일련의 데이터 상태 변경 작업을 트랜잭션이라고 하며, IndexedDB의 데이터 조작은 모두 트랜잭션을 기반으로 수행됩니다.

데이터를 추가하거나 삭제 또는 수정을 원할 경우 적절한 트랜잭션을 생성하고 작업을 수행할 수 있습니다. 트랜잭션에는 다양한 모드가 존재하며, 어떠한 작업을 수행하는지에 따라 요구되는 트랜잭션의 모드가 달라질 수 있습니다. 다음 목록은 트랜잭션 모드의 종류와 작업의 예를 정리한 내용입니다.

- versionchange: 버전 변경(객체 저장소 생성, 삭제, 색인 추가 등)
- readonly: 읽기 전용(데이터 조회)
- readwrite: 읽기 및 쓰기(데이터 조회, 추가, 삭제, 수정)

versionchange 트랜잭션은 이전 내용에서 확인했던 것과 동일하게 onupgradeneeded 이벤트가 발생하기 전 자동으로 생성되는 트랜잭션이며, 여러분이 직접 생성할 수는 없습니다.

앞으로 실습에선 readonly와 readwrite 모드의 트랜잭션을 활용하게 될 예정입니다. readonly 모드의 트랜잭션은 데이터를 읽는 작업만 수행할 수 있습니다. 단순히 저장되어 있는 데이터를 불러와야 할 경우에 사용하는 모드이며, 읽기 전용 모드의 트랜잭션에서 데이터 읽기 외의 작업을 수행할 경우 에러가 발생합니다.

데이터를 추가하거나 수정, 삭제 작업은 readwrite 모드의 트랜잭션을 생성하여 작업을 수행할 수 있습니다. 트랜잭션 IDBTransaction은 다음과 같이 데이터베이스 연결 객체의 transaction() 메소드를 통해 생성할 수 있습니다.

```
request.onsuccess = function (event) {
  db = request.result; // event.target.result
```

```
    const transaction = db.transaction('user', 'readwrite');
};
```

데이터베이스 연결 객체는 데이터베이스 열기 작업이 성공적으로 완료된 이후부터 접근할 수 있기 때문에 success 이벤트 핸들러 내에서 실습 코드를 작성하겠습니다. 연결 객체의 transaction() 메소드는 첫 번째 인자로 사용하고자 하는 객체 저장소의 범위를 받고, 두 번째 인자로 모드를 받아 새로운 트랜잭션을 생성합니다.

객체 저장소 범위는 트랜잭션에서 사용할 객체 저장소를 의미하며 하나의 객체 저장소를 사용한다면 위의 코드와 같이 객체 저장소 이름을 전달하고, 여러 객체 저장소를 사용하고자 한다면 다음과 같이 객체 저장소 이름으로 구성된 배열을 전달하여 범위를 지정할 수 있습니다.

```
db.transaction(['user', '이름1', '이름2'], 'readwrite');
```

두 번째 인자로 전달하는 트랜잭션 모드 값은 앞서 정리했던 내용과 동일하게 readonly 또는 readwrite 문자열 값을 전달하여 모드를 지정할 수 있습니다. 트랜잭션 모드는 생략할 수 있으며 생략할 경우 기본값인 readonly 모드로 생성됩니다.

트랜잭션을 생성한 후 사용할 객체 저장소를 가져와야 비로소 데이터를 조작할 수 있습니다. 로컬 스토리지에 비해 꽤 많은 과정을 거치기 때문에 조금 복잡할 수 있지만, 이 덕분에 대용량 데이터를 위한 구조적인 저장소를 구성하고 효과적으로 사용할 수 있습니다. IndexedDB에서 데이터를 조작하기 위한 과정을 정리하면 [그림 6-12]과 같이 나타낼 수 있습니다.

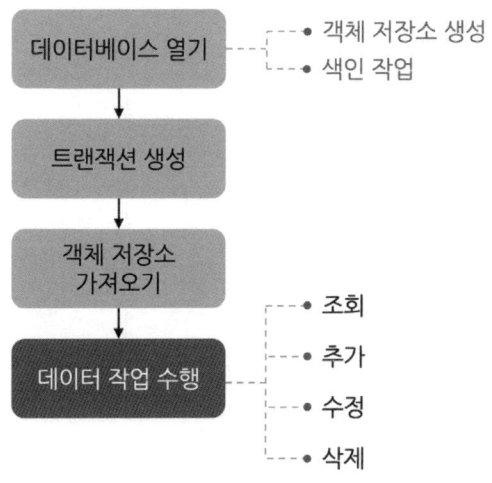

[그림 6-12] IndexedDB 작업 과정

트랜잭션은 작업의 성공oncomplete, 중단onabort, 에러onerror에 대한 이벤트를 처리할 수 있으며 다음과 같이 핸들러를 구현할 수 있습니다.

```
transaction.oncomplete = function (event) {
  // 성공
};

transaction.onabort = function (event) {
  // 중단
};

transaction.onerror = function (event) {
  // 에러
};
```

트랜잭션에서 이루어지는 데이터 작업이 모두 성공적으로 완료되면, oncomplete 이벤트가 발생하기 때문에 해당 이벤트를 통해 작업이 잘 이루어졌는지 확인할 수 있습니다. 트랜잭션 작업이 중단되거나 실패하는 경우는 키 값 중복 문제 외에는 거의 발생하지 않지만, 여러 원인을 정리하면 다음과 같습니다.

- 키 값 중복 문제
- 명시적으로 트랜잭션의 abort() 메소드 호출
- I/O 오류
- 할당된 저장 공간 초과

트랜잭션을 생성하고 어떻게 활용하는지 간략히 확인해보았으니 데이터를 추가하고 조회, 수정, 삭제 기능을 구현해보면서 데이터 조작 방법에 대해 알아보도록 하겠습니다.

6.4.1 데이터 추가하기

데이터 추가는 readwrite 모드의 트랜잭션을 통해 수행할 수 있습니다. 방금 전에 생성했던 트랜잭션을 활용하여 새로운 레코드를 추가해보겠습니다. 다음과 같이 기존의 코드를 수정하여 새로운 데이터를 추가합니다.

```
db = request.result;

const newUser = { id: 'user05', age: 9, name: 'Harry' };
const transaction = db.transaction('user', 'readwrite');
const userStore = transaction.objectStore('user');
const addRequest = userStore.add(newUser);

addRequest.onsuccess = function () {
  console.log('newUser added!');
};

addRequest.onerror = function (event) {
  console.error(event);
};
```

저장한 후 새로고침하면 새로운 데이터는 추가되지 않고 오류가 발생할 것입니다.

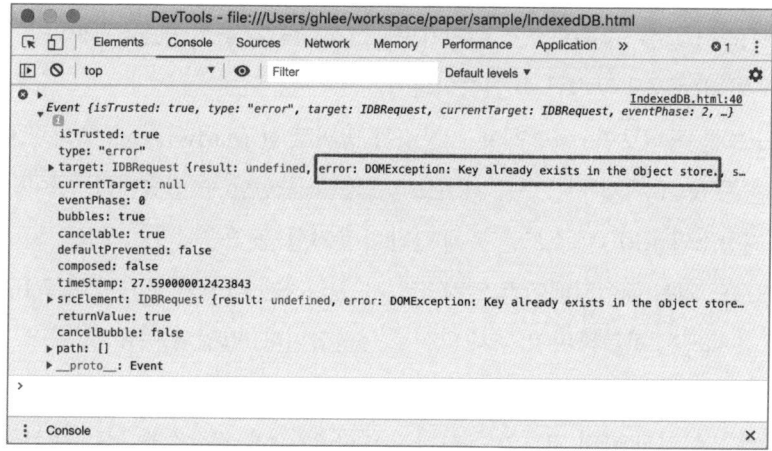

[그림 6-13] 기본키 중복 에러

이 문제는 기본키와 연관되어 있습니다. user 객체 저장소의 기본키는 저장되는 데이터의 id 속성으로 지정되어 있으며 현재 id 값이 user05인 데이터가 이미 존재하는 상황입니다. 새로 추가하고자 하는 데이터의 id 값도 user05이기 때문에 위와 같은 에러가 발생한 것입니다.

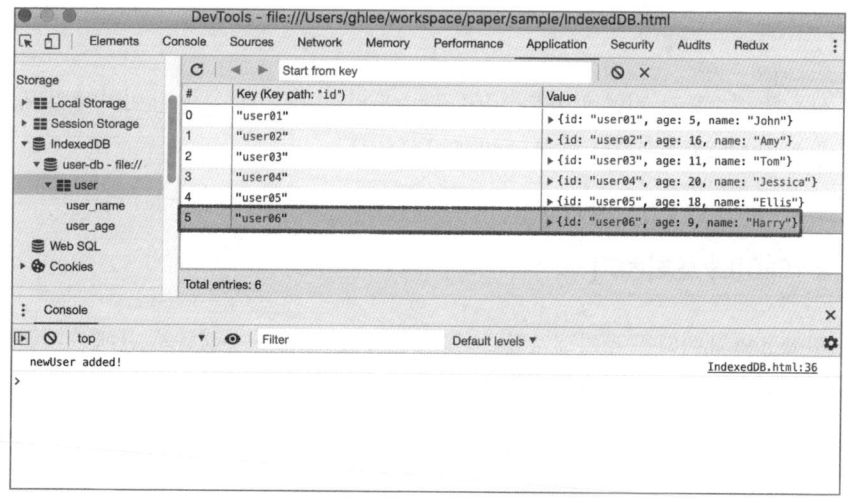

[그림 6-14] 객체 저장소에 추가된 데이터

기본키만이 아니라, unique 옵션을 적용하여 생성한 user_name 색인의 경우에도 중복된 name을 가진 데이터를 추가할 경우 이와 같은 에러가 발생합니다. 새로 추가할 데이터의 id 값을 user06으로 수정하면 [그림 6-14]와 같이 새로운 데이터가 정상적으로 추가되는 것을 확인할 수 있습니다.

작성한 코드를 살펴보면 user 객체 저장소를 범위로 한 readwrite 모드의 트랜잭션을 생성한 후 user 객체 저장소를 가져오는 모습을 확인할 수 있습니다. 데이터 추가는 객체 저장소의 add() 메소드를 통해 간단히 추가할 수 있습니다.

add() 메소드 역시 데이터베이스 열기 작업과 동일하게 즉시 수행되지 않고 IDBRequest요청 객체를 반환하며 비동기 방식으로 동작합니다. 작업의 성공 및 에러 상태는 이벤트 핸들러를 구현하여 전달받을 수 있습니다.

그러고 보니, 어디서 봤던 코드와 유사하지 않나요? 객체 저장소를 처음 생성하고 데이터를 추가하는 코드를 살펴보면 지금의 코드와 동일하게 객체 저장소의 add() 메소드를 통해 데이터를 새로 추가했다는 것을 알 수 있습니다.

```
// 유저 데이터 객체 저장소에 저장
userList.forEach((user) => {
  userStore.add(user);
});
```

이때 사용한 메소드가 지금 알아본 add() 메소드입니다. 이제 샘플 데이터를 객체 저장소에 추가했으니 조회하는 방법에 대해 알아보겠습니다.

6.4.2 데이터 조회하기

객체 저장소에 데이터를 추가해보았습니다. 수정 및 삭제를 수행하기 전에 저장한 데이터를 조회하여 확인하는 방법에 대해 알아보겠습니다. IndexedDB의 객체 저장소에 저장된 데이터를 조회하는 방법은 크게 2가지 방법이 존재하며 다음과 같이 정리할 수 있습니다.

- 색인된 값을 기준으로 특정 데이터 조회
- 커서를 통해 여러 데이터 조회

먼저, 색인된 값을 기준으로 데이터를 조회하는 방법에 대해 알아보겠습니다. 조회 기능의 경우에도 트랜잭션을 생성하고, 객체 저장소를 가져온 후 데이터를 조회할 수 있습니다. 다음과 같이 기존에 작성했던 데이터 추가 코드를 지우고, 데이터 조회 코드를 대신 자리에 채워줍니다.

```
request.onsuccess = function (event) {
  db = request.result;

  const transaction = db.transaction('user');
  const userStore = transaction.objectStore('user');
  // 기본키 값이 user01인 데이터 조회
  const getRequest = userStore.get('user01');

  getRequest.onsuccess = function (event) {
    // 또는 event.target.result
    console.log(getRequest.result);
  };

  getRequest.onerror = function (event) {
    console.error(event);
  };
};
```

위의 코드를 하나씩 살펴보면 데이터 추가 코드와 동일한 흐름으로 구성되어 있다는 것을 느낄 수 있을 것입니다. 데이터 작업을 위한 트랜잭션을 생성했는데, 트랜잭션의 모드를 비워두었습니다. 이는 기본값인 readonly 모드의 트랜잭션을 생성한 것과 동일합니다. 트랜잭션을 생성한 후 user 객체 저장소를 가져와 get() 메소드를 통해 무언가를 가져오고 있습니다.

객체 저장소의 get() 메소드는 기본적으로 첫 번째 인자로 전달된 값과 동일한 기본 키를 가진 데이터를 찾거나 특정 범위 조건을 전달하여 이에 해당하는 결과 데이터를 제공합니다. 위의 코드는 기본키가 user01인 데이터를 검색하는 코드라고 정리할 수 있습니다. get() 메소드 역시 IDBRequest요청 객체를 반환하기 때문에 이벤트를 통해 작업 수행 결과를 확인할 수 있으며 요청 객체의 result 속성에서 찾은 데이터를 확인할 수 있습니다. 저장 후 페이지를 새로고침하면 [그림 6-15]과 같이 기본키가 user01인 데이터가 콘솔에 기록되어 있는 모습을 확인할 수 있습니다.

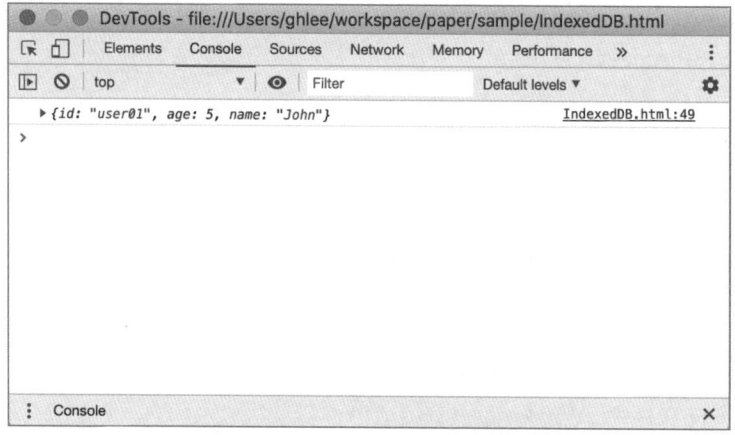

[그림 6-15] 기본키를 기준으로 조회한 데이터

색인되어 있는 기본키를 검색하기 때문에 수많은 데이터가 저장되어 있더라도 매우 빠르게 검색되며 이는 IndexedDB의 장점 중 하나입니다. 하지만 기본키를 기준으로 데이터를 검색하기에는 조금 부족한 부분이 보입니다. 기본키보단 사용자의 이름, 나이와 같은 데이터 검색이 필요할 수 있습니다. 다행히 색인된 데이터라면 모두 검색할 수 있습니다. 이전에 생성했던 user_name 색인을 기준으로 이름을 검색해보겠습니다.

```
request.onsuccess = function (event) {
    db = request.result;
```

```
db.transaction('user')
  .objectStore('user')
  .index('user_name') // user_name 색인 사용
  .get('Jessica')
  .onsuccess = function (event) {
    console.log(event.target.result);
  };
};
```

수정된 코드의 흐름은 기존 코드와 동일하지만 단순하게 축약되었습니다. 기존에는 트랜잭션 변수와 객체 저장소 변수 그리고 요청 변수까지 여러 변수가 존재했지만 굳이 변수로 저장할 필요가 없는 경우 위와 같이 하나로 묶어 표현할 수 있습니다. 축약된 것 이외에 객체 저장소의 index() 메소드를 호출하는 코드가 추가된 모습을 확인할 수 있습니다.

객체 저장소의 index() 메소드는 첫 번째 인자에 해당하는 이름의 색인을 사용하도록 합니다. 첫 번째 인자로 전달하는 색인 이름은 이전에 생성했던 색인의 이름과 동일해야 하며 존재하지 않는 색인을 사용하려고 시도할 경우 에러가 발생합니다. 위의 코드

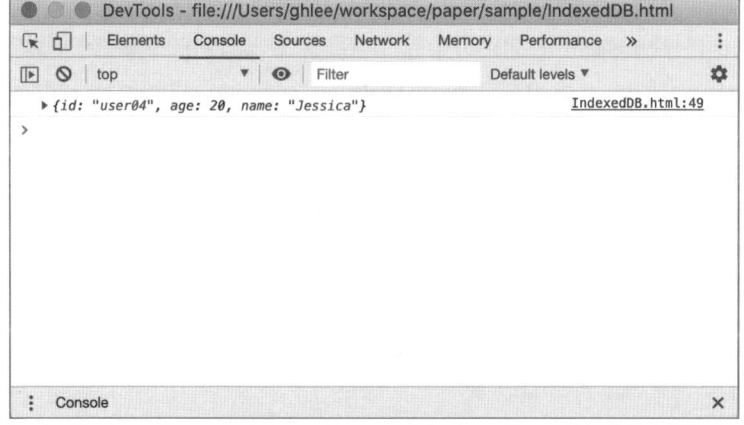

[그림 6-16] 특정 색인을 기준으로 조회한 데이터

에서는 이전에 생성했던 user_name 색인을 사용하도록 한 후 Jessica라는 이름의 데이터를 조회합니다.

결과를 확인해보니 [그림 6-16] 처럼 이름이 Jessica인 데이터가 정상적으로 조회된 것을 확인할 수 있습니다. 이처럼 객체 저장소의 get() 메소드를 통해 특정 값을 쉽게 검색할 수 있습니다.

지금까지 살펴본 get() 메소드는 조건에 일치하는 하나의 레코드를 조회합니다. 만약 여러 데이터를 한꺼번에 조회하고 싶다면 커서Cursor를 사용하여 기능을 구현할 수 있습니다. 커서는 [그림 6-17]과 같이 진행 방향대로 순회하며 결과 데이터를 가리킬 수 있는 요소입니다.

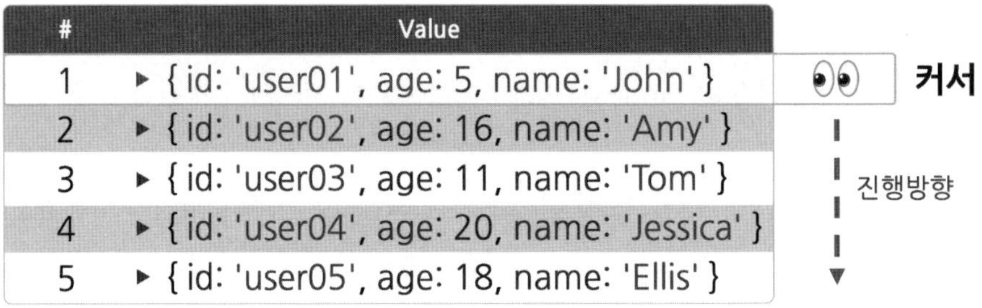

#	Value	
1	▶ { id: 'user01', age: 5, name: 'John' }	👀 커서
2	▶ { id: 'user02', age: 16, name: 'Amy' }	
3	▶ { id: 'user03', age: 11, name: 'Tom' }	진행방향
4	▶ { id: 'user04', age: 20, name: 'Jessica' }	
5	▶ { id: 'user05', age: 18, name: 'Ellis' }	▼

[그림 6-17] 커서란?

여러분은 커서를 통해 여러 데이터에 쉽게 접근할 수 있습니다. 데이터 조회만이 아니라, 수정이나 삭제와 같은 작업도 바로 처리할 수 있기 때문에 많은 데이터를 한 번에 조작해야 하는 경우 유용합니다.

user 객체 저장소에 존재하는 모든 데이터를 조회하여 콘솔에 로그를 남기도록 구현하도록 하겠습니다. 기존 코드를 지우고 다음과 같이 코드를 작성해보겠습니다.

```
request.onsuccess = function (event) {
  db = request.result;
```

```
    // 커서 열기 작업 요청
    const cursorRequest = db.transaction('user')
      .objectStore('user')
      .openCursor();

    // 커서의 마지막 위치까지 이동하며 데이터 로그에 남기기
    cursorRequest.onsuccess = function (event) {
      const cursor = event.target.result;
      if (cursor) {
        console.log(cursor.value); // 커서 위치의 데이터
        cursor.continue();
      } else {
        console.log('End!');
      }
    };
  };
```

트랜잭션을 생성하고 객체 저장소를 불러오는 과정까지는 이전과 동일합니다. 커서 IDBCursor는 객체 저장소의 openCursor() 메소드를 통해 열 수 있습니다. 해당 메소드 역시 커서를 바로 반환하지 않고, IDBRequest 요청 객체를 우선 반환한 후 이벤트를 통해 작업 상태를 전달합니다.

커서가 성공적으로 열렸다면, 커서 객체에 접근할 수 있으며 커서의 value 속성을 통

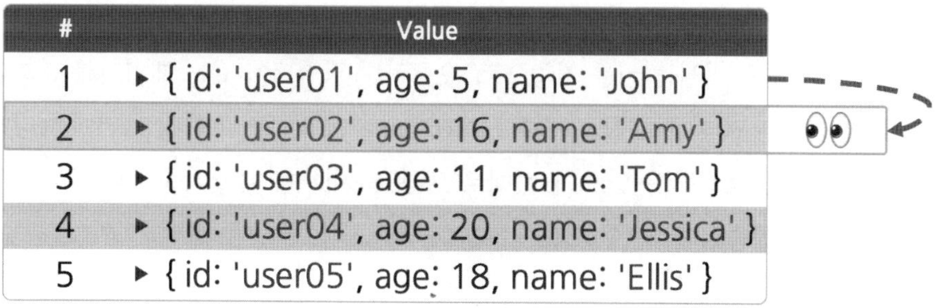

#	Value
1	▸ { id: 'user01', age: 5, name: 'John' }
2	▸ { id: 'user02', age: 16, name: 'Amy' }
3	▸ { id: 'user03', age: 11, name: 'Tom' }
4	▸ { id: 'user04', age: 20, name: 'Jessica' }
5	▸ { id: 'user05', age: 18, name: 'Ellis' }

[그림 6-18] 커서의 이동

해 커서가 가리키고 있는 데이터를 참조할 수 있습니다. 커서는 데이터를 가리키는 요소이기 때문에 다음 데이터를 참조하려면 다음으로 이동하도록 명령을 내려야 합니다. 커서의 continue() 메소드를 통해 커서를 진행방향으로 이동시킬 수 있습니다.

이동에 성공하면 커서 요청 객체의 성공^{success} 이벤트가 다시 발생합니다. 하나의 이벤트 핸들러로 반복 작업을 수행해야 해서 커서가 마지막까지 모두 순회했는지, 언제까지 커서를 이동시킬지에 대한 조건을 여러분이 직접 구현해야 합니다.

커서가 마지막에 도달했는지 확인하는 방법은 커서 값의 유무로 확인할 수 있습니다. 마지막 데이터에 도달하여 더이상 순회할 데이터가 존재하지 않는 경우, 커서의 값은 null이 되기 때문에 예제 코드의 조건문처럼 구현하여 구분할 수 있습니다.

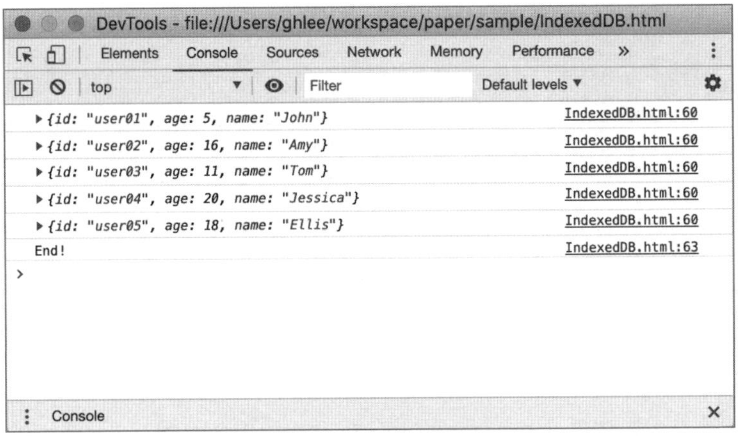

[그림 6-19] 커서로 조회한 데이터

이처럼 user 객체 저장소에 저장되어 있던 데이터들이 콘솔에 기록되어 있는 모습을 확인해보았습니다. 커서는 키를 기준으로[6] 오름차순 정렬되어 있는 데이터를 순회합니다. 기본키가 아닌 다른 색인을 기준으로 데이터를 조회하거나 특정 조건에 해당하는 데이터만 찾아 조회할 수 있으며, 반대로 오름차순이 아닌 내림차순으로 커서의 방향을 설정할 수 있습니다.

---

6 객체 저장소의 index() 메소드를 통해 색인을 지정하지 않을 경우 기본키 값을 기준으로 정렬된 데이터를 순회합니다.

```
request.onsuccess = function (event) {
  db = request.result;

  const cursorRequest = db.transaction('user')
    .objectStore('user')
    .index('user_age') // user_age 색인 사용
    .openCursor(IDBKeyRange.lowerBound(10), 'prev');

  // 커서의 마지막 위치까지 이동하며 데이터 로그에 남기기
  cursorRequest.onsuccess = function (event) {
    const cursor = event.target.result;
    if (cursor) {
      console.log(cursor.value);
      cursor.continue();
    } else {
      console.log('End!');
    }
  };
};
```

기존 코드에서 user_age 색인을 사용하기 위한 index() 메소드 호출 코드가 추가되었고, openCursor() 메소드에 두 인자가 추가되었습니다. openCursor() 메소드는 첫 번째 인자로 조회할 데이터의 조건을 받습니다. 앞서 살펴본 get() 메소드와 동일하게 검색할 키 값을 받을 수도 있고 위의 코드처럼 IDBKeyRange를 통해 생성한 범위 조건을 받을 수 있습니다. 비워둘 경우(혹은 null) 모든 데이터를 조회합니다.

코드를 살펴보면 IDBKeyRange의 lowerBound() 메소드를 통해 범위 조건을 생성한 것을 확인할 수 있으며, 이는 지정된 값 이상의 값을 조회하기 위한 조건을 생성합니다. 위의 예제 코드 조건은 user_age 색인의 키 값(age)이 10보다 큰 데이터만 검색합니다. 물론 예제에 사용한 조건 외에도 다양한 조건이 존재하며 숫자만이 아니라, 문자에 대한 조건으로도 사용할 수 있습니다.

- lowerBound(값): 지정된 값 이상의 값을 검색합니다.
- upperBound(값): 지정된 값 이하의 값을 검색합니다.
- bound(값1, 값2): 값1과 값2 사이의 범위에 해당하는 값만 검색합니다.
- only(값): 값과 정확히 일치하는 값만 검색합니다.

openCursor() 메소드의 두 번째 인자는 커서의 이동 방향입니다. 커서의 이동 방향은 다음과 같이 총 4가지가 존재하며 지정하지 않을 경우 기본값으로 next를 사용합니다.

- next: 앞에서 뒤로 이동
- prev: 뒤에서 앞으로 이동
- nextunique: 앞에서 뒤로 이동하되 동일한 값은 한 번만
- prevunique: 뒤에서 앞으로 이동하되 동일한 값은 한 번만

작성된 예제 코드는 커서를 prev 방향으로 이동하도록 지정했기 때문에 오름차순으로 정렬된 데이터의 뒤에서부터 시작하여 앞으로 이동합니다. 이는 곧 내림차순으로 정렬한 데이터를 조회하는 것과 동일하다고 볼 수 있습니다. 코드를 실행하고 결과를

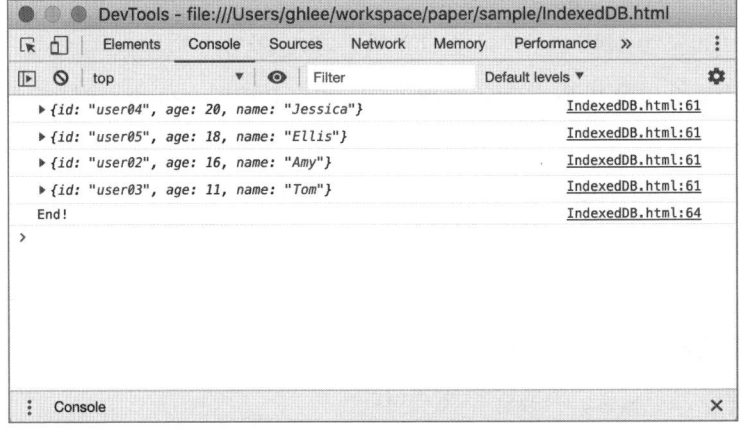

[그림 6-20] 조건과 커서 방향을 지정하여 조회하기

확인해보면 user_age 색인을 기준으로 age가 10 이상인 데이터를 내림차순으로 정렬하여 조회한 결과를 확인할 수 있습니다.

이처럼 커서를 활용하면 기본키 뿐만 아니라 여러분이 생성한 색인을 기준으로 다양한 조건에 해당하는 값을 조회할 수 있습니다. 다소 복잡하게 느껴질 수 있지만, 작업을 수행하는 흐름을 천천히 정리해보면 금방 익숙해질 것입니다.

6.4.3 데이터 수정하기

데이터를 추가하고 조회하는 방법에 대해 알아보았습니다. 이번에는 객체 저장소에 저장되어 있는 데이터를 수정하는 방법에 대해 알아보겠습니다. user 객체 저장소에 저장되어 있는 데이터 중, id가 user01인 데이터의 나이age를 6으로 수정하는 코드를 작성해보겠습니다.

```javascript
request.onsuccess = function (event) {
  db = request.result;

  const updatedData = { id: 'user01', age: 6, name: 'John' };

  db.transaction('user', 'readwrite')
    .objectStore('user')
    .put(updatedData)
    .onsuccess = function () {
      console.log('Updated!');
    };
};
```

과정은 데이터를 추가하는 방법과 동일하며 add() 메소드 대신 put() 메소드를 사용한다는 차이점이 있습니다. 데이터 수정은 readwrite 모드의 트랜잭션을 생성한 후 객체 저장소를 가져와 put() 메소드를 통해 데이터를 수정할 수 있습니다.

객체 저장소의 put() 메소드는 첫 번째 인자로 수정할 데이터를 전달합니다. 두 번째 인자로는 수정할 레코드의 기본키 값을 지정할 수 있습니다. 하지만 위의 예제 코드에서는 put() 메소드의 두 번째 인자가 생략되어 있습니다. 두 번째 인자는 객체 저장소가 외부키를 사용하는 경우 필요한 값입니다.

객체 저장소가 내부키를 사용하고 있다면 put() 메소드의 첫 번째 인자로 전달되는 데이터의 keyPath를 확인하기 때문에 두 번째 인자는 불필요합니다. 반대로, 외부키를 사용하고 있다면 데이터에서 확인할 수 있는 keyPath가 존재하지 않기 때문에 변경하고자 하는 레코드의 기본키 값을 put() 메소드의 두 번째 인자로 반드시 전달해야 합니다. 지금까지 설명한 내용은 [그림 6-21]과 같이 정리해볼 수 있습니다.

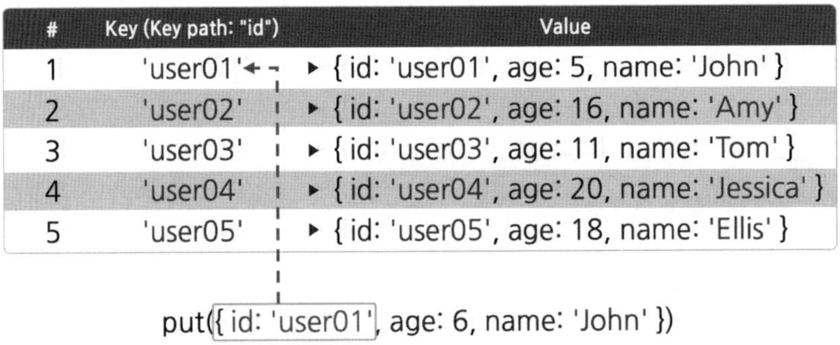

#	Key (Key path: "id")	Value
1	'user01'	{ id: 'user01', age: 5, name: 'John' }
2	'user02'	{ id: 'user02', age: 16, name: 'Amy' }
3	'user03'	{ id: 'user03', age: 11, name: 'Tom' }
4	'user04'	{ id: 'user04', age: 20, name: 'Jessica' }
5	'user05'	{ id: 'user05', age: 18, name: 'Ellis' }

put({ id: 'user01', age: 6, name: 'John' })

[그림 6-21] 내부키를 사용하는 데이터 수정

#	Key	Value
1	1	{ id: 'user01', age: 5, name: 'John' }
2	2	{ id: 'user02', age: 16, name: 'Amy' }
3	3	{ id: 'user03', age: 11, name: 'Tom' }
4	4	{ id: 'user04', age: 20, name: 'Jessica' }
5	5	{ id: 'user05', age: 18, name: 'Ellis' }

put({ id: 'user01', age: 6, name: 'John' }, 1)

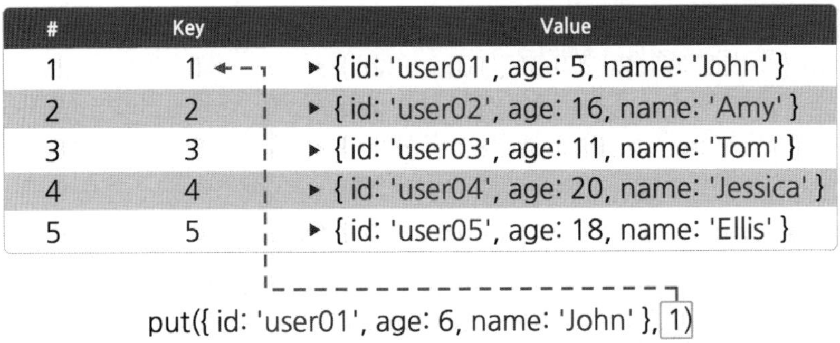

[그림 6-22] 외부키를 사용하는 데이터 수정

user 객체 저장소는 keyPath가 id인 내부키를 기본키로 사용하고 있으므로 수정하고자 하는 데이터의 id 값을 확인하기 때문에 두 번째 인자는 필요하지 않습니다. 이처럼 객체 저장소의 put() 메소드를 통해 수정하는 방법 외에도, 커서를 활용하여 데이터를 수정할 수도 있습니다.

```javascript
request.onsuccess = function (event) {
  db = request.result;

  const cursorRequest = db.transaction('user', 'readwrite')
    .objectStore('user')
    .openCursor();

  cursorRequest.onsuccess = function (event) {
    const cursor = event.target.result;
    if (cursor) {
      const user = cursor.value; // 커서 위치의 데이터
      if (user.id === 'user01') {
        user.age = 6;
        cursor.update(user);
      }
      cursor.continue();
    } else {
      console.log('End!');
    }
  };
};
```

커서를 생성하고 순회하며 데이터의 id가 user01인 경우 age 값을 6으로 변경하는 코드입니다. 결과적으론 객체 저장소의 put() 메소드를 사용한 것과 동일하며 커서의 update() 메소드를 통해 데이터를 수정할 수 있습니다.

update() 메소드는 하나의 인자만 받으며 put() 메소드와 동일하게 변경할 데이터를 받습니다. 별도의 키를 받지 않기 때문에 커서를 통한 데이터 수정은 객체 저장소가 내부키를 사용하는 경우에만 사용할 수 있습니다.

6.4.4 데이터 삭제하기

마지막으로 저장되어 있는 데이터를 삭제하는 방법에 대해 알아보겠습니다. 데이터 삭제 역시 수정과 동일하게 객체 저장소의 메소드를 통해 삭제하거나, 커서를 통해 삭제할 수 있습니다. 먼저, 객체 저장소의 메소드를 통해 데이터를 삭제하는 방법에 대해 알아보겠습니다.

```
request.onsuccess = function (event) {
  db = request.result;

  db.transaction('user', 'readwrite')
    .objectStore('user')
    .delete('user06')
    .onsuccess = function () {
      console.log('Deleted!');
    };
};
```

데이터 수정과 동일하게 readwrite 모드의 트랜잭션을 생성한 후 delete() 메소드를 통해 데이터를 삭제합니다. delete() 메소드는 첫 번째 인자로 전달된 키 값과 동일한 키를 가진 데이터를 제거합니다. 또한, 앞서 알아본 객체 저장소의 index() 메소드를 통해 색인 사용하여 기본키가 아닌 값을 찾아 삭제할 수 있습니다. 두 번째 방법은 커서를 통해 데이터를 삭제하는 방법입니다. 수정과 동일하게 데이터를 순회하며 특정 조건에 해당하는 데이터를 즉시 삭제할 수 있습니다.

```
request.onsuccess = function (event) {
  db = request.result;

  const cursorRequest = db.transaction('user', 'readwrite')
    .objectStore('user')
```

```
      .openCursor();

  cursorRequest.onsuccess = function (event) {
    const cursor = event.target.result;
    if (cursor) {
      const user = cursor.value;
      if (user.age < 15) {
        cursor.delete(user);
      }
      cursor.continue();
    } else {
      console.log('End!');
    }
  };
};
```

위 코드는 user 객체 저장소에 존재하는 데이터의 age가 15보다 작은 데이터를 모두 삭제합니다. 이처럼 커서를 통해 여러 데이터를 삭제할 수 있습니다. 또한, 객체 저장소에 존재하는 데이터를 한 번에 삭제하고 싶다면 다음과 같이 객체 저장소의 clear() 메소드를 통해 모두 지울 수 있습니다.

```
request.onsuccess = function () {
  db = request.result;

  db.transaction('user', 'readwrite')
    .objectStore('user')
    .clear()
    .onsuccess = function () {
      console.log('Cleared!');
    };
}
```

지금까지 IndexedDB의 데이터 추가, 조회, 수정, 삭제 기능을 구현해보면서 트랜잭션에 대해 알아보았습니다. 지금까지 배운 내용을 기반으로 Paper의 게시물 데이터를 저장하고 관리할 수 있는 기능을 구현하여 오프라인 기능을 개선해보겠습니다.

6.5 Paper에 적용하기

현재 Paper는 오프라인 환경에서 서비스 워커를 통해 캐싱해두었던 웹 페이지 리소스를 응답하고 있습니다. 하지만 웹 페이지만 로드할 뿐 게시물 내용은 제공하지 못하고 있습니다. 이번 장의 궁극적인 목표는 IndexedDB를 활용하여 오프라인 환경에서 게시물 내용을 제공할 수 있도록 기능을 구현하는 것입니다.

본격적으로 기능을 구현하기에 앞서, 어떤 기능을 추가할지 정리한 후 진행하도록 하겠습니다. Paper를 위한 IndexedDB 데이터베이스 이름은 paper-db이며, 게시물 데이터를 저장하는 post 객체 저장소를 새로 생성하고 데이터를 관리합니다.

온라인 상태에서 게시물 데이터를 로드했을 때에는 post 객체 저장소에 저장하고, 네트워크 상태나 기타 문제로 인해 게시물을 로드할 수 없는 경우 저장했던 데이터를 조회하여 제공하도록 구현하려고 합니다. 또한, 사용자가 게시물을 수정('좋아요' 표시)하거나 삭제 작업을 수행한 경우, post 객체 저장소에도 동일하게 반영되도록 수정 및

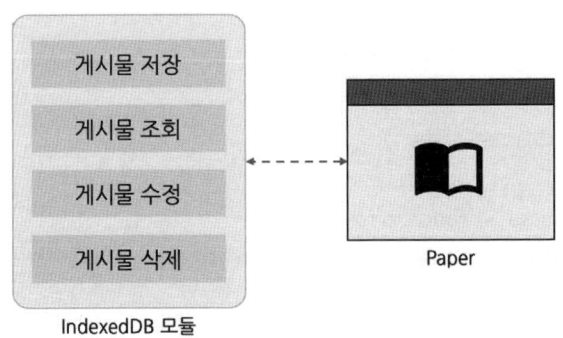

[그림 6-23] Paper에 IndexedDB 적용하기

삭제 기능을 구현해보겠습니다. 구현할 기능의 메소드 이름을 미리 정리하면 다음과 같습니다.

- 게시물 데이터 정리하기: clearPost()
- 게시물 저장하기: savePost()
- 게시물 조회하기: getPosts()
- 게시물 수정하기: updatePost()
- 게시물 삭제하기: deletePost()

이 모든 기능은 추후 서비스 워커에서 사용하게 될 예정이므로 별도의 모듈(파일)로 나누어 구현합니다. 서버에서 받아오는 게시물 데이터는 다음과 같은 형식으로 구성되어 있으며 게시물 데이터에는 게시물의 고유 ID와 작성자 이름, 제목, 내용 등 게시물을 표현하기 위한 기본적인 데이터가 존재합니다.

```
{
  id: 1,
  author: 'user',
  title: '오늘의 고양이',
  date: '2019-12-06',
  content: '오늘은 귀여운 고양이를 만났다.',
  image: '/upload/cat_1.jpg',
  favorite: [
    'user'
  ]
}
```

현재 게시물 이미지는 캐시 스토리지에 캐싱되고 있어서, 오프라인 상태에서 위와 같은 게시물 데이터만 받아올 수 있다면 문제없이 사용자에게 게시물을 제공할 수 있을 것입니다. 또한, 게시물의 id는 고유하기 때문에 기본키로 사용하기에 적합합니다.

Paper의 IndexedDB 기능을 구현하게될 파일은 소스코드의 workspace/js/paper-store.js 이며, 해당 스크립트를 사용하기 위해 workspace/index.html 하단에 다음과 같이 코드를 한 줄 추가합니다(스크립트 로드 순서에 유의하세요).

```
<script src="/js/axios.min.js"></script>
<script src="/js/util.js"></script>
<script src="/js/paper-store.js"></script> <!-- 추가 -->
<script src="/js/app.js"></script>
<script src="/js/common.js"></script>
<script src="/js/index.js"></script>
```

이제 본격적으로 코드를 작성하여 오프라인을 위한 IndexedDB 기능을 구현해보겠습니다.

6.5.1 개선하여 적용하기

이전에 예제 코드를 작성해보며 IndexedDB의 기본적인 사용법을 알아보았습니다. IndexedDB는 이벤트 기반의 비동기 방식으로 작동해서 매번 이벤트 핸들러 콜백 함수를 구현해야 했습니다. 콜백 함수가 많아지고 중첩되면 점점 복잡해지고, 가독성이 떨어지는 문제가 발생할 수 있습니다.

이러한 단점을 어느 정도 극복하기 위해 프로미스로 한 번 래핑Wrapping해서 프로미스 기반의 IndexedDB 기능 모듈을 구현하려고 합니다. 이번에 진행할 실습은 ES6의 화

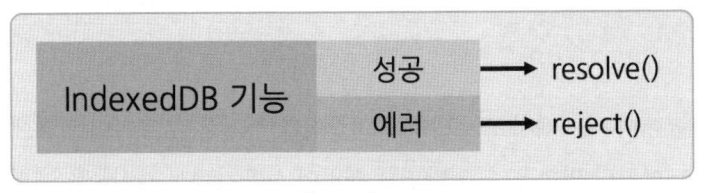

[그림 6-24] 프로미스로 래핑하기

살표 함수와 프로미스를 적극 활용할 예정이며 진행 도중 코드 이해가 잘 안된다면 부록 ES6 자바스크립트 맛보기를 참고하십시오.

이번에 구현할 기능들은 프로미스를 반환하고, 프로미스 안에서 IndexedDB의 비동기 작업을 수행하도록 구현합니다. 성공적으로 비동기 작업이 마무리된 경우(요청 객체의 onsuccess 또는 트랜잭션의 oncomplete) 프로미스의 resolve를 호출하여 결과를 전달하고, 문제가 발생한 경우 reject를 호출하여 에러를 전달하고 이후 에러를 적절히 처리할 수 있도록 구현하려고 합니다. 먼저, 비어 있는 workspace/js/paper-store.js 파일에 다음과 같은 코드를 작성합니다.

```
class PaperStore {
  constructor () {
    this._VERSION = 1;
  }
}
```

Paper의 IndexedDB 관련 기능을 수행하게될 PaperStore 클래스를 선언했습니다. 아직 데이터베이스 버전 변수 _VERSION[7]만 존재할 뿐, 아직 아무런 기능이 구현되어 있지 않습니다. 앞으로 해당 클래스에 데이터 추가, 조회, 수정, 삭제 메소드를 구현해 나가겠습니다. 먼저, IndexedDB를 사용하기 위해선 우선 데이터베이스를 열어야 합니다. 다음과 같이 프로미스 기반으로 데이터베이스 열기 작업을 수행하는 _openDatabase() 메소드를 구현합니다.

```
class PaperStore {
  ...

  _openDatabase () {
```

---

[7] 자바스크립트에는 private 접근지정자가 없기 때문에 변수나 메소드 이름 앞에 _를 붙여 외부에서 접근할 수 없다는 의미를 부여할 수 있습니다.

```javascript
    // 프로미스 반환
    return new Promise((resolve, reject) => {
      // window가 아닌 self
      const request = self.indexedDB.open('paper-db', this._VERSION);

      // 에러 발생 시 reject
      request.onerror = (event) => {
        reject(event);
      };

      // 처음 open 또는 버전이 올라간 경우
      request.onupgradeneeded = (event) => {
        const db = event.target.result;
        console.log('IndexedDB 기존 버전:', event.oldVersion);
        console.log('IndexedDB 최신 버전:', this._VERSION);

        // 기존 데이터베이스 버전이 1보다 작은 경우
        if (event.oldVersion < 1) {
          console.log('IndexedDB 버전 업데이트: 1');
          db.createObjectStore('post', {
            keyPath: 'id'
          });
        }
      };

      // 데이터베이스 열기 성공
      request.onsuccess = () => {
        resolve(request.result);
      };
    });
  }
}
```

먼저, 데이터베이스를 열기 위한 코드를 살펴보겠습니다. 기존에는 window.indexedDB.open(...)과 같이 사용했지만, 추후 서비스 워커에서도 사용할 수 있도록 하기 위해 window 대신 self로 변경된 모습을 확인할 수 있습니다.

self는 앞에서도 설명했지만, 스크립트가 실행되는 컨텍스트에 따라 window가 될 수도 있고 서비스 워커의 전역 객체가 될 수도 있어서 모든 환경에서 동일한 코드를 사용할 수 있도록 구현할 수 있습니다. 이외의 전체적인 코드는 앞에서 작성해본 코드와 동일합니다. 단지 비동기 작업을 수행하는 코드가 프로미스로 감싸져 있을 뿐입니다.

작성한 코드를 살펴보면, 새로운 프로미스를 생성한 후 프로미스 안에서 IndexedDB의 비동기 작업을 수행합니다. 지금 구현한 _openDatabase()는 프로미스를 반환하기 때문에 비동기 작업을 쉽고 유연하게 처리할 수 있습니다. 프로미스 내에 구현된 기능을 살펴보면, _VERSION 버전에 해당하는 paper-db 데이터베이스를 열고(생성하고) onupgradeneeded 이벤트 핸들러에서 post 객체 저장소를 생성합니다. post 객체 저장소는 keyPath가 id인 내부키를 사용하며 이는 게시물의 고유 ID 값에 해당합니다.

데이터베이스를 성공적으로 열었다면 프로미스의 resolve를 통해 데이터베이스 연결 객체를 전달하고, 에러가 발생한 경우 reject를 통해 해당 에러를 처리할 수 있도록 구현된 모습입니다. 데이터 추가, 조회, 수정, 삭제 기능을 구현하기에 앞서 _openDatabase() 메소드를 활용하여 비교적 쉽게 구현할 수 있는 clearPost() 메소드를 먼저 구현해보겠습니다.

clearPost() 메소드는 저장되어 있는 모든 게시물을 지우는 기능을 수행합니다. 트랜잭션에 대해 알아보며 살펴보았던 객체 저장소의 모든 데이터를 지우는 방법과 동일하게 구현하면 됩니다.

```
class PaperStore {
  ...

  clearPost () {
    return new Promise((resolve, reject) => {
```

```
this._openDatabase().then((db) => {
  const transaction = db.transaction('post', 'readwrite');
  const postObjectStore = transaction.objectStore('post');
  postObjectStore.clear();

  transaction.oncomplete = (event) => {
    resolve(event);
  };

  transaction.onerror = (event) => {
    reject(event);
  };
}).catch((err) => {
  reject(err);
});
  }
}
```

먼저, 방금 전에 구현했던 _openDatabase() 메소드를 호출하여 데이터베이스 연결 객체를 받아옵니다. _openDatabase() 메소드는 프로미스를 반환하기 때문에 위와 같이 then(), catch() 메소드를 통해 비동기 작업을 쉽게 처리할 수 있습니다.

데이터베이스 연결 객체를 성공적으로 받아온 경우 readwrite 모드의 트랜잭션을 생성하고, post 객체 저장소를 가져옵니다. 이후 객체 저장소의 clear() 메소드를 통해 저장되어 있던 모든 데이터를 삭제합니다.

모든 데이터가 성공적으로 삭제되면 트랜잭션의 oncomplete 이벤트가 발생하고, 프로미스의 resolve가 호출됩니다. 만약, 트랜잭션 작업 중에 문제가 생길 경우 onerror 이벤트가 발생하고 프로미스의 reject가 호출됩니다. 앞으로 구현하게 될 기능도 위와 같은 방식으로 구현할 예정이며, 다음과 같이 기능을 사용할 수 있을 것입니다.

```
const paperDB = new PaperStore();

paperDB.clearPost().then(() => {
  console.log('삭제 완료');
}).catch(() => {
  console.log('삭제 실패');
});
```

기존 콜백 방식의 비동기 작업을 프로미스로 한 번 래핑했을 뿐인데 코드가 나름 직관적으로 개선되었습니다. 또한 프로미스 체이닝Chaining이 가능하기 때문에 여러 비동기 작업을 순차적으로 처리할 경우 콜백 함수의 중첩을 피할수 있다는 이점도 있습니다. 앞서 정리했던 기능들을 위와 같은 방식으로 하나씩 구현해보겠습니다.

6.5.2 게시물 저장 기능 구현하기

첫 번째 기능은 게시물 저장입니다. 게시물 데이터를 post 객체 저장소에 저장하는 기능을 수행하는 savePost() 메소드를 구현하겠습니다.

```
class PaperStore {
  ...

  savePost (data) {
    return new Promise((resolve, reject) => {
      // 데이터베이스 열기
      this._openDatabase().then((db) => {
        // 트랜잭션 생성 후 데이터 추가
        const transaction = db.transaction('post', 'readwrite');
        const postObjectStore = transaction.objectStore('post');
        postObjectStore.add(data);

        // oncomplete 이벤트 발생 시 resolve 호출
```

```
      transaction.oncomplete = (event) => {
        resolve(event);
      };

      // onerror 이벤트 발생 시 reject 호출
      transaction.onerror = (event) => {
        reject(event);
      };
    }).catch((err) => {
      reject(err);
    });
  });
}
```

savePost() 메소드는 저장할 데이터를 인자로 받아 post 객체 저장소에 저장하는 기능을 수행합니다. _openDatabase() 메소드를 통해 데이터베이스 연결 객체를 받아온 후 readwrite 모드의 트랜잭션을 생성하고, post 객체 저장소를 가져옵니다. 그리고 post 객체 저장소의 add() 메소드를 통해 새로운 데이터를 저장합니다. 데이터가 성공적으로 저장되면 트랜잭션의 oncomplete 이벤트가 발생하여 프로미스의 resolve가 호출되고, 작업 중에 문제가 발생한 경우 프로미스의 reject가 호출됩니다.

게시물 저장 메소드가 구현되었으니, Paper에 바로 적용시켜보겠습니다. workspace/js/index.js 파일을 열어 다음과 같이 코드 상단 부분에 PaperStore의 인스턴스를 생성합니다.

```
...

// 앱 초기화
app.init();
```

```
// IndexedDB 준비
const paperDB = new PaperStore();

...
```

Paper에서 게시물 데이터를 저장해야하는 상황은 언제일까요? 처음 게시물을 불러올 때와 사용자가 새로운 게시물을 작성했을 때 게시물 데이터를 저장하는것이 적합해 보입니다. 먼저, 게시물을 불러오는 updatePostList() 함수 안에 존재하는 @ch6. IndexedDB에 게시물 데이터 저장 주석 아래에 savePost() 메소드를 추가합니다.

```
// 게시물 목록 업데이트
function updatePostList () {
  ...

  return axios.get('/api/posts')
    .then((response) => {
      const posts = response.data;

      ...

      // @ch6. IndexedDB에 게시물 데이터 저장
      for (const post of posts) {
        paperDB.savePost(post);
      }
    })
    .catch(...);
}
```

updatePostList()는 Paper의 게시물을 불러오는 함수입니다. 기존에는 데이터를 받아오고 사용자에게 표시해주기만 했다면, 현재는 오프라인 환경을 위해 데이터를 저장하기 위한 코드가 추가되었습니다.

> for...of 명령문은 반복 가능한 대상을 반복하며 변수에 대입합니다. 위의 코드
> 는 게시물 배열을 반복하며 게시물 데이터를 하나씩 savePost() 메소드의 인자
> 로 전달하여 게시물을 저장합니다. 여전히 for...of가 어떻게 작동하는지 잘 이
> 해되지 않는다면 다음 예제를 확인하십시오.
>
> ```
> const arr = [1, 2, 3];
> for (const num of arr) {
>   console.log(num);
> }
>
> // 1
> // 2
> // 3
> ```

마지막으로 게시물을 새로 작성할 때 IndexedDB에 게시물 데이터가 함께 저장되도
록 @ch6. IndexedDB에 게시물 데이터 저장 주석 아래에 코드를 추가합니다.

```
// 게시물 작성 버튼
submitButton.addEventListener('click', () => {
  if (...) {
    ...

    uploadPost(title, content, image)
      .then((post) => {
        app.renderPost(post, {
          onFavorite,
          onDelete,
          prepend: true
```

```
        });

        // @ch6. IndexedDB에 게시물 데이터 저장
        paperDB.savePost(post);
    })
    .catch(...);
  }
}
```

게시물 작성 버튼인 submitButton의 이벤트 핸들러에는 게시물 데이터를 서버로 전송하는 기능이 구현되어 있었습니다. 데이터를 서버로 업로드하는 기능은 uploadPost() 함수가 담당하며 업로드가 완료된 후 데이터를 저장할 수 있도록 위와 같이 코드를 추가했습니다.

이제, 여러분의 Paper는 온라인 상태에서 게시물을 불러오거나 업로드할 때 IndexedDB에 데이터를 저장할 수 있게 되었습니다. 코드를 저장하고 Paper를 실행시켜보면 [그림 6-25]와 같이 게시물 데이터가 정상적으로 저장되는 모습을 확인할 수 있습니다.

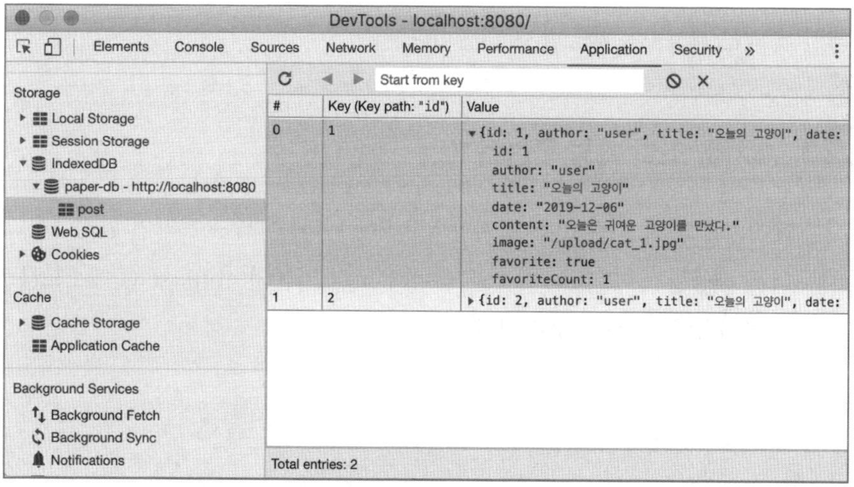

[그림 6-25] 저장된 게시물 데이터

하지만 게시물 데이터를 불러올 때마다 게시물 데이터를 저장하기 때문에 페이지를 다시 로드해보면 기본키 중복 오류가 발생합니다. 이미 저장되어 있는 게시물의 경우 저장하지 않고 건너뛰거나, 매번 게시물 데이터를 비우고 항상 새로운 게시물만 저장하는 등의 조치가 필요합니다.

게시물 데이터를 모두 비우는 기능은 이전에 clearPost() 메소드로 구현해두었으니, 이를 활용해보도록 하겠습니다. 게시물 목록을 불러오기 전에 게시물 데이터를 모두 비우고 새로 저장할 수 있도록 updatePostList() 함수에 작성했던 코드를 다음과 같이 수정합니다.

```
// @ch6. IndexedDB에 게시물 데이터 저장
paperDB.clearPost().then(() => {
  for (const post of posts) {
    paperDB.savePost(post);
  }
});
```

이제 게시물 데이터를 저장하기 전에 데이터를 비우기 때문에 기본키 중복 오류를 피할 수 있게 되었습니다. 또한, 매번 최신의 게시물 데이터를 저장하기 때문에 오프라인 상태일 때 최근 게시물을 제공할 수 있습니다.

6.5.3 게시물 조회 기능 구현하기

게시물 데이터가 객체 저장소에 잘 저장되고 있습니다. 이제 오프라인 환경에서 저장된 데이터를 제공할 수 있도록 게시물 데이터 조회 기능인 getPosts() 메소드를 PaperStore 클래스에 구현해보겠습니다.

```
class PaperStore {
  ...
```

```
getPosts () {
  return new Promise((resolve, reject) => {
    this._openDatabase().then((db) => {
      const posts = [];

      // 커서 열기
      const cursor = db.transaction('post')
        .objectStore('post')
        .openCursor(null, 'prev');

      // 커서 순회하며 배열에 데이터 저장
      cursor.onsuccess = (event) => {
        const cursor = event.target.result;
        if (cursor) {
          posts.push(cursor.value);
          cursor.continue();
        } else {
          resolve(posts); // 모든 데이터
        }
      };

      cursor.onerror = (event) => {
        reject(event);
      };
    }).catch((err) => {
      reject(err);
    });
  });
}
```

저장되어 있는 모든 게시물 데이터를 조회해야 하므로 커서를 활용합니다. 게시물 저장과 동일하게, 먼저 _openDatabase() 메소드를 통해 데이터베이스 연결 객체를 받아온 후 readonly 트랜잭션을 생성하고 새로운 커서를 열어줍니다. 커서를 열 때 전달하는 조건과 커서 방향 인자는 모든 데이터를 조회하기 위해 조건은 존재하지 않으며 최근 게시물[8] 순으로 조회할 수 있도록 내림차순 방향인 prev로 지정했습니다. 커서를 통해 모든 게시물 데이터를 최신순으로 순회하며 posts 배열에 넣고 커서의 마지막에 도달했다면, 프로미스의 resolve를 호출하여 결과를 전달합니다.

이렇게 데이터 조회 기능이 구현되었으니, 오프라인 상태일 때 데이터를 IndexedDB에서 가져올 수 있도록 Paper 코드를 수정하겠습니다. 게시물 데이터는 updatePost-List() 함수에서 axios 라이브러리를 통해 게시물 조회 API를 호출하며 만약 오프라인 상태이거나, 기타 에러가 발생하여 실패한 경우 catch 콜백 함수가 호출됩니다.

에러가 발생했을 때 IndexedDB에서 게시물 데이터를 불러온 후 제공한다면, 에러가 발생했음에도 불구하고 저장되어 있던 게시물을 접할 수 있을 것입니다. 다음과 같이 catch 메소드의 콜백함수에서 게시물 데이터를 불러올 수 있도록 @ch6. IndexedDB에 저장해둔 게시물 불러오기 주석 다음에 코드를 추가해보겠습니다.

```
function updatePostList () {
  ...

  return axios.get('/api/posts')
    .then(...)
    .catch(() => {
      // @ch6. IndexedDB에 저장해둔 게시물 불러오기
      paperDB.getPosts().then((posts) => {
        app.renderPost(posts, {
          onFavorite,
          onDelete
        });
      });
    });
}
```

---

8   post 객체 저장소의 기본키인 게시물 ID는 시간 값을 기준으로 생성되기 때문에 시간 순서대로 정렬되어 있습니다.

이제부터 게시물 목록을 조회하다가 문제가 발생하여 실패하더라도 IndexedDB에 저장되어 있는 데이터로 대체하여 게시물을 제공할 것입니다. renderPost() 메소드는 3.1. Paper 살펴보기 장에서 간단히 언급되었는데, 게시물 데이터를 사용자가 볼 수 있도록 DOM에 렌더링하는 기능을 수행합니다. 지금까지 작성한 코드를 저장한 후 오프라인 상태에서 게시물이 정상적으로 로드되는지 확인해보겠습니다.

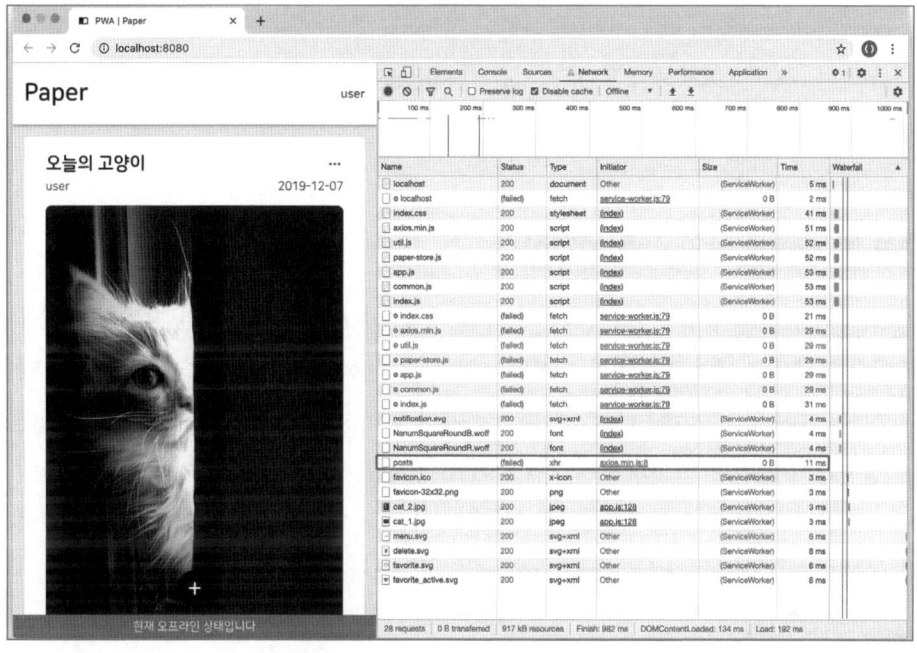

[그림 6-26] 오프라인 환경에서 확인하는 게시물

오프라인 환경이기 때문에 서버에서 게시물 목록을 불러오는 데 실패했지만, IndexedDB에 저장된 데이터를 로드하여 게시물을 제공하고 있습니다. 게시물 이미지는 5. 오프라인을 위한 캐시 스토리지 장에서 캐시 스토리지에 캐싱되도록 구현해두었기 때문에 오프라인 상태일지라도 게시물 내용과 함께 정상적으로 제공할 수 있습니다.

지금까지, 게시물 데이터를 IndexedDB에 저장하고 조회하는 기능을 구현해보았습니다. 이처럼 오프라인 환경에서 아무런 문제가 없는 것처럼 사용자에게 컨텐츠를 제공하여 웹의 단점 중 하나였던 사용성을 어느 정도 개선했습니다. 초기의 Paper와 비교해보면 정말 많이 발전했지만, 여전히 몇 가지 부족한 부분이 보입니다. 이를테면, 게시물을 수정(좋아요)하거나 삭제해도 IndexedDB에 저장되어 있는 게시물 데이터에는 아무런 변화가 일어나지 않는다는 것입니다. 아직 데이터 수정 및 삭제 기능을 구현하지 않았기 때문에 변경 사항이 반영되지 않는것은 당연한 일입니다. 이러한 부족한 부분을 보완하기 위해 게시물 데이터 수정 및 삭제 기능을 추가로 구현해 보겠습니다.

6.5.4 게시물 수정 기능 구현하기

게시물 수정 기능의 경우 게시물의 키 값인 게시물 ID를 알고 있다면 지정된 게시물 데이터를 바로 검색하고 수정할 수 있기 때문에 간단히 구현할 수 있습니다. Paper에는 게시물 내용을 수정하는 등의 기능은 존재하지 않지만, 좋아요를 누르거나 취소하는 경우를 수정으로 간주하여 변경된 좋아요 상태를 저장되어 있는 게시물 데이터에도 반영할 수 있도록 수정 기능을 구현하려고 합니다. 게시물 ID 값을 받아 해당 게시물 좋아요 데이터를 수정하는 updatePost() 메소드를 PaperStore 클래스에 새로 구현해보겠습니다.

```
class PaperStore {
  ...

  updatePost (key, state) {
    return new Promise((resolve, reject) => {
      this._openDatabase().then((db) => {
        const transation = db.transaction('post', 'readwrite');
        const postObjectStore = transation.objectStore('post');
```

```
const cursorRequest = postObjectStore.
openCursor(IDBKeyRange.only(key));

cursorRequest.onsuccess = (event) => {
  const cursor = event.target.result;
  const targetPost = cursor.value; // 검색된 데이터

  // 커서와 조회된 데이터가 존재하는 경우
  if (cursor && targetPost) {
    targetPost.favorite = state; // 좋아요 상태 변경

    // 게시물 좋아요 수 변경
    if (state) {
      targetPost.favoriteCount++;
    } else {
      targetPost.favoriteCount--;
    }

    cursor.update(targetPost);
  }
};

cursorRequest.onerror = (event) => {
  reject(event);
};

transation.oncomplete = (event) => {
  resolve(event);
};

transation.onerror = (event) => {
  reject(event);
};
```

```
            transation.onerror = (event) => {
              reject(event);
            };
          }).catch((err) => {
            reject(err);
          });
        });
      }
    }
```

updatePost()는 첫 번째 인자로 수정할 게시물의 키 값(게시물 ID)을 받고, 두 번째 인자로 좋아요 여부에 해당하는 참/거짓 값을 받습니다. 데이터를 수정하기 위한 과정 역시 이전 기능들과 동일하게 데이터베이스 연결 객체를 받아 트랜잭션을 생성합니다. 데이터를 수정할 예정이기 때문에 readwrite 모드의 트랜잭션을 생성했습니다.

이후 객체 저장소를 가져온 후 커서를 열었으며 조건으로 only() 조건을 지정한 모습을 확인할 수 있습니다. only() 조건은 이전에 간략히 정리했지만, 조건으로 지정한 값과 완전히 동일한 키를 가진 데이터를 찾습니다. 현재 별도의 색인을 사용하도록 설정하지 않았으므로 지정한 값과 동일한 기본키(id)를 가진 게시물 데이터를 검색합니다.

커서를 열면 요청 객체IDBRequest가 반환되기 때문에 요청 객체의 성공 이벤트를 기다렸다가, 커서에서 검색된 데이터를 확인합니다. 커서와 데이터가 모두 존재한다면, 해당 게시물 데이터의 좋아요 상태favorite를 updatePost()의 두 번째 매개변수로 전달받은 값으로 변경하고, 좋아요 상태에 따라 게시물의 좋아요 수favoriteCount를 1 증가 또는 감소시킵니다.

변경된 데이터는 커서의 update() 메소드를 통해 최종적으로 IndexedDB에 반영됩니다. 만약, 커서를 여는 도중 문제가 발생하거나 트랜잭션 수행 도중 문제가 발생한 경우 역시 프로미스의 reject가 호출되도록 구현되어 있습니다.

게시물 데이터를 수정하는 기능이 구현되었으니, Paper에 바로 적용해보겠습니다.

사용자가 게시물의 좋아요 버튼을 누르면 workspace/js/index.js에 구현되어 있는 onFavorite() 함수가 호출되며, 이 함수의 인자로 다음과 같이 좋아요가 눌린 게시물의 ID와 좋아요 상태(True/False) 값이 전달됩니다.

```
function onFavorite (id, state) {
    // 좋아요 버튼이 눌린 게시물 ID (id), 좋아요 상태 (state)
}
```

이때 IndexedDB에 저장된 게시물의 좋아요 상태도 함께 변경되도록 // @ch6. IndexedDB 게시물 좋아요 상태 갱신 주석 아래에 코드를 추가합니다.

```
// 좋아요 핸들러
function onFavorite (id, state) {
  updatePost(id, state)
    .then(() => {
      // @ch6. IndexedDB 게시물 좋아요 상태 갱신
      paperDB.updatePost(id, state);
    })
    .catch(...);
}
```

방금 구현한 updatePost() 메소드를 사용하여 해당 게시물의 좋아요 상태를 수정하도록 하는 코드가 추가되었습니다. 지금까지 작성한 코드를 저장하고 페이지를 다시 로드한 후 게시물 좋아요 버튼을 눌러보면, [그림 6-27]과 같이 IndexedDB에 저장되어 있는 게시물 데이터가 정상적으로 변경되는 모습을 확인할 수 있습니다.

[그림 6-27]과 같이 좋아요가 없던 상태였지만, 좋아요 버튼을 누르니 IndexedDB의 데이터도 함께 수정되었습니다. 혹시나 게시물의 좋아요 상태를 변경했음에도 불구하고 개발자 도구에서 변경 사항이 반영되지 않을 경우 [그림 6-27]에 화살표로 표시한 부분을 눌러 해결할 수 있습니다. 벌써 데이터 추가, 조회, 수정 기능이 마무리되었습니다.

마지막으로 IndexedDB에 저장된 특정 게시물을 삭제하는 기능을 구현해보겠습니다.

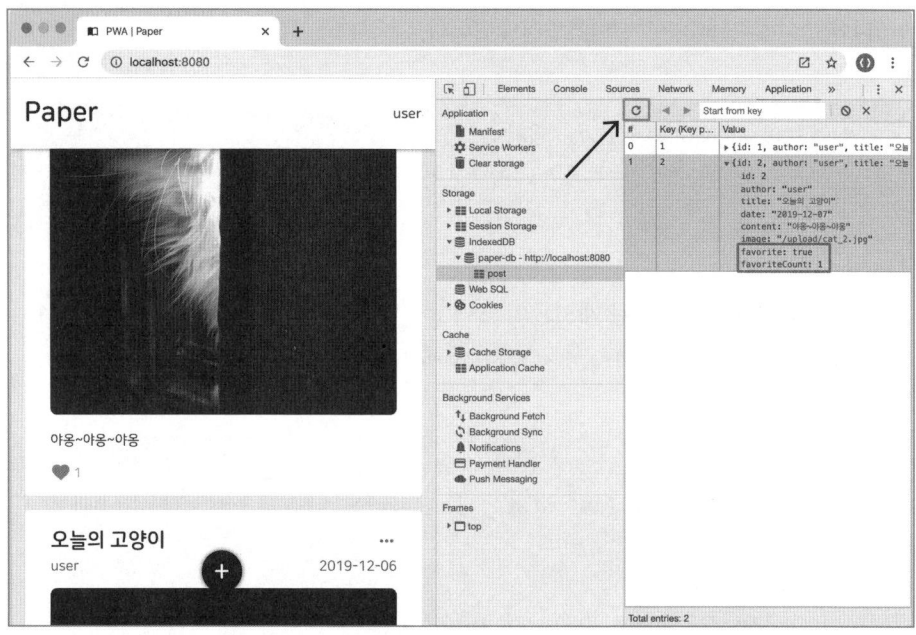

[그림 6-27] 수정된 게시물 데이터

6.5.5 게시물 삭제 기능 구현하기

게시물 삭제 기능 역시 게시물의 키 값인 게시물 ID를 알고 있다면 객체 저장소에서 쉽게 삭제할 수 있습니다. 사용자가 게시물 메뉴에서 삭제 버튼을 누를 경우 좋아요 버튼을 눌렀을 때와 비슷하게 workspace/js/index.js에 구현된 onDelete() 함수가 호출됩니다. onDelete() 함수는 삭제하고자 하는 게시물 ID를 다음과 같이 인자로 받기 때문에 삭제 기능을 쉽게 구현할 수 있을 것입니다.

```
function onDelete (id) {
    // 삭제할 게시물 ID (id)
}
```

IndexedDB에 저장된 게시물을 삭제할 수 있도록 PaperStore 클래스에 delete-Post() 메소드를 구현해보겠습니다.

```
class PaperStore {
  ...

  deletePost (key) {
    return new Promise((resolve, reject) => {
      this._openDatabase().then((db) => {
        const transaction = db.transaction('post', 'readwrite');
        const postObjectStore = transaction.objectStore('post');
        postObjectStore.delete(key);

        transaction.oncomplete = (event) => {
          resolve(event);
        };

        transaction.onerror = (event) => {
          reject(event);
        };
      }).catch((err) => {
        reject(err);
      });
    });
  }
}
```

게시물 삭제의 경우 간단히 구현할 수 있습니다. 데이터베이스 연결 객체를 받은 후 readwrite 모드의 트랜잭션을 생성합니다. 그리고 post 객체 저장소를 가져와 객체 저장소의 delete() 메소드를 통해 특정 게시물 데이터를 삭제합니다. deletePost() 메소드는 키 값을 인자로 받아 해당하는 키 값을 가진 게시물 데이터를 찾아 삭제합니다. 이 역시 트랜잭션이 성공할 경우 프로미스의 resolve를, 실패할 경우 reject를 호출합니다.

게시물 삭제 기능도 구현되었으니 Paper에 적용해보겠습니다. onDelete() 함수 내에 존재하는 @ch6. IndexedDB에 저장되어 있던 게시물 삭제 주석 아래에 다음과 같이 코드를 추가합니다.

```javascript
function onDelete (id) {
  ...

  deletePost(id)
    .then((post) => {
      app.removePost(post.id);

      // @ch6. IndexedDB에 저장되어있던 게시물 삭제
      paperDB.deletePost(post.id);
    })
    .catch(...)
    .finally(...);
}
```

게시물을 삭제한 경우 IndexedDB에 저장된 데이터도 함께 삭제할 수 있도록 구현되었습니다. 이제 사용자가 게시물을 작성하거나, 수정 또는 삭제를 수행할 경우 서버와 IndexedDB에 함께 반영됩니다.

드디어, 지금까지 계획했던 IndexedDB 기능을 모두 구현해보았습니다. 이번 장에서 주로 구현한 workspace/js/paper-store.js의 코드는 다음과 같이 작성되었을 것입니다.

```javascript
class PaperStore {
  constructor () {
    this._VERSION = 1;
  }
```

```
_openDatabase () {
  return new Promise((resolve, reject) => {
    const request = self.indexedDB.open('paper-db', this._VERSION);

    request.onerror = (event) => {
      reject(event);
    };

    request.onupgradeneeded = (event) => {
      const db = event.target.result;
      console.log('IndexedDB 기존 버전:', event.oldVersion);
      console.log('IndexedDB 최신 버전:', this._VERSION);

      if (event.oldVersion < 1) {
        console.log('IndexedDB 버전 업데이트: 1');
        db.createObjectStore('post', {
          keyPath: 'id'
        });
      }
    };

    request.onsuccess = () => {
      resolve(request.result);
    };
  });
}

clearPost () {
  return new Promise((resolve, reject) => {
    this._openDatabase().then((db) => {
      const transaction = db.transaction('post', 'readwrite');
      const postObjectStore = transaction.objectStore('post');
```

```
      postObjectStore.clear();

      transaction.oncomplete = (event) => {
        resolve(event);
      };

      transaction.onerror = (event) => {
        reject(event);
      };
    }).catch((err) => {
      reject(err);
    });
  });
}

savePost (data) {
  return new Promise((resolve, reject) => {
    this._openDatabase().then((db) => {
      const transaction = db.transaction('post', 'readwrite');
      const postObjectStore = transaction.objectStore('post');
      postObjectStore.add(data);

      transaction.oncomplete = (event) => {
        resolve(event);
      };

      transaction.onerror = (event) => {
        reject(event);
      };
    }).catch((err) => {
      reject(err);
    });
  });
```

```
}

getPosts () {
  return new Promise((resolve, reject) => {
    this._openDatabase().then((db) => {
      const posts = [];
      const cursorRequest = db.transaction('post')
        .objectStore('post')
        .openCursor(null, 'prev');

      cursorRequest.onsuccess = (event) => {
        const cursor = event.target.result;
        if (cursor) {
          posts.push(cursor.value);
          cursor.continue();
        } else {
          resolve(posts);
        }
      };

      cursorRequest.onerror = (event) => {
        reject(event);
      };
    }).catch((err) => {
      reject(err);
    });
  });
}

updatePost (key, state) {
  return new Promise((resolve, reject) => {
    this._openDatabase().then((db) => {
      const transation = db.transaction('post', 'readwrite');
```

```
const postObjectStore = transation.objectStore('post');
const cursorRequest = postObjectStore.
openCursor(IDBKeyRange.only(key));

cursorRequest.onsuccess = (event) => {
  const cursor = event.target.result;
  const targetPost = cursor.value;

  if (cursor && targetPost) {
    targetPost.favorite = state;

    if (state) {
      targetPost.favoriteCount++;
    } else {
      targetPost.favoriteCount--;
    }

    cursor.update(targetPost);
  } else {
    reject();
  }
};

cursorRequest.onerror = (event) => {
  reject(event);
};

transation.oncomplete = (event) => {
  resolve(event);
};

transation.onerror = (event) => {
  reject(event);
```

```
      };
    }).catch((err) => {
      reject(err);
    });
  });
}

deletePost (key) {
  return new Promise((resolve, reject) => {
    this._openDatabase().then((db) => {
      const transaction = db.transaction('post', 'readwrite');
      const postObjectStore = transaction.objectStore('post');
      postObjectStore.delete(key);

      transaction.oncomplete = (event) => {
        resolve(event);
      };

      transaction.onerror = (event) => {
        reject(event);
      };
    }).catch((err) => {
      reject(err);
    });
  });
}
}
```

지금까지 구현한 기능이 완벽히 작동하는 것처럼 보이지만, 우리가 놓친 치명적인 문제가 있습니다. 온라인 상태인 경우 데이터의 변경 사항(추가, 수정, 삭제)이 Paper의 IndexedDB와 서버 모두에 잘 반영되지만, 오프라인 상태에서는 저장된 게시물을 불러오는 기능 외의 게시물 추가, 수정, 삭제 기능은 작동하지 않는다는 것입니다.

사용자의 네트워크 환경이 오프라인 상태인 경우 Paper 페이지와 서버 간 데이터를 주고 받을 수 없으므로 오프라인 상태에서 게시물을 추가하거나, 좋아요를 누르는 등의 동작을 수행하더라도 실제 데이터가 존재하는 서버에 반영되지 않기 때문에 아무런 의미가 없습니다.

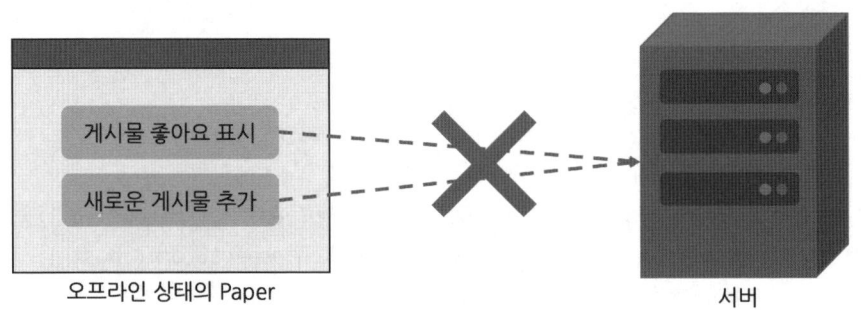

[그림 6-28] 오프라인 동기화 문제

그렇다고 해서 지금까지 구현했던 기능들이 모두 물거품이 되는 것은 아닙니다. 사용자가 오프라인 상태로 Paper에서 수행했던 작업을 어딘가에 기록해두었다가, 온라인 상태가 되면 이를 서버로 전달하여 데이터를 동기화할 수 있도록 구현한다면 여러분의 Paper는 완벽하게 작동할 것입니다. 위 문제를 해결하기 위한 내용은 8. Sync, 백그라운드 동기화 장에서 다룰 주제이며, 서비스 워커를 통해 동기화 작업을 수행할 수 있도록 기능을 구현하겠습니다.

동기화에 대한 내용을 진행하기에 앞서 여러분의 Paper를 실제 앱처럼 사용자의 바탕화면에 설치하고 언제든지 즉시 실행할 수 있도록 하기 위해 관련된 내용을 먼저 살펴보려고 합니다. Paper 아이콘이 바탕화면에 존재하고, 실행했을 때 브라우저의 주소창 그리고 메뉴들이 숨겨진 채로 사용할 수 있다면, 실제 앱을 사용하는 듯한 사용자 경험을 제공할 수 있을 것입니다. 다음 장에서는 여러분의 Paper를 설치 가능한 웹 앱으로 함께 발전시켜보겠습니다.[9]

---

9 6장의 소스코드: https://github.com/leegeunhyeok/paper/tree/ch6

CHAPTER

07

웹 앱 매니페스트
(Web App Manifest)

7장 웹 앱 매니페스트 Web App Manifest

이번 장에서는 설치 가능한 웹 앱을 구성하기 위해 필요한 웹 앱 매니페스트와 다양한 구성에 대해 알아보겠습니다.

7.1 웹 앱 매니페스트란?

여러분이 스마트폰에 설치해서 사용하고 있는 일반적인 앱을 보면, 모두 앱 이름과 앱 아이콘이 존재하고 사용자 기기에 설치되어 있기 때문에 언제든지 앱 아이콘을 눌러 빠르게 사용할 수 있습니다. 반대로, 웹 앱(웹 페이지) 사용자라면 매번 브라우저를 열고 웹 페이지 주소를 입력하여 웹 페이지로 이동한 후 사용해야 하는 불편함이 있습니다. 바탕화면에 설치할 수 없기 때문에 즉시 접근하기 어렵다는 단점도 존재합니다.

하지만 이러한 문제를 해결할 방법도 물론 있습니다. 초반에 프로그레시브 웹 앱의 특징 중 설치 가능이라는 점에 대해 알아본 적이 있습니다. 여기서 웹 앱을 일반적인 앱처럼 설치 가능하도록 만들어주는 것이 바로 이번 장에서 알아볼 웹 앱 매니페스트 Web App Manifest 입니다. 웹 앱 매니페스트는 웹 앱에 대한 정보를 담고 있는 JSON 형식의 파일입니다. 여기에는 웹 앱을 설치하고 실행하기 위해 기본적으로 필요한 다양한 정보들을 담고 있습니다. 웹 앱 매니페스트를 통해 어떠한 것들을 설정할 수 있는지 하나씩 살펴보도록 하겠습니다.

7.2 웹 앱 매니페스트 살펴보기

웹 앱 매니페스트는에는 웹 앱의 이름, 아이콘, 시작 페이지, 화면 모드 등의 정보가 포함되어 있으며 다음과 같이 작성할 수 있습니다.

```
{
  "name": "PWA | Paper",
  "short_name": "Paper",
  "icons": [
    {
      "src": "/icons/icon-192x192.png",
      "sizes": "192x192",
      "type": "image/png"
    },
    {
      "src": "/icons/icon-512x512.png",
      "sizes": "512x512",
      "type": "image/png"
    }
  ],
  "theme_color": "#ffffff",
  "background_color": "#ffffff",
  "orientation": "any",
  "display": "standalone",
  "start_url": "/"
}
```

웹 앱 매니페스트는 어떤 내용들로 구성되어 있는지 앞으로 자세하게 살펴보겠습니다. 여러분이 실습을 진행하며 작성하게 될 웹 앱 매니페스트 파일은 소스코드의 workspace/manifest.json 파일이며 현재 비어있는 상태일 것입니다. 웹 앱 매니페스트 파일을 작성하기에 앞서 웹 페이지에서 이를 불러올 수 있도록 workspace/index.html 파일의 head 태그에 다음과 같이 메타 태그를 추가합니다.

```
<!-- Web App Manifest 추가 -->
<link rel="manifest" href="/manifest.json">
```

이제 웹 브라우저는 웹 페이지를 로드할 때 웹 앱 매니페스트에 작성된 정보를 확인하게 될 것입니다. 아직 비어 있는 상태이지만, 웹 앱에 대한 정보를 하나씩 추가하여 [그림 7-1]과 같이 발전시켜 나가겠습니다.

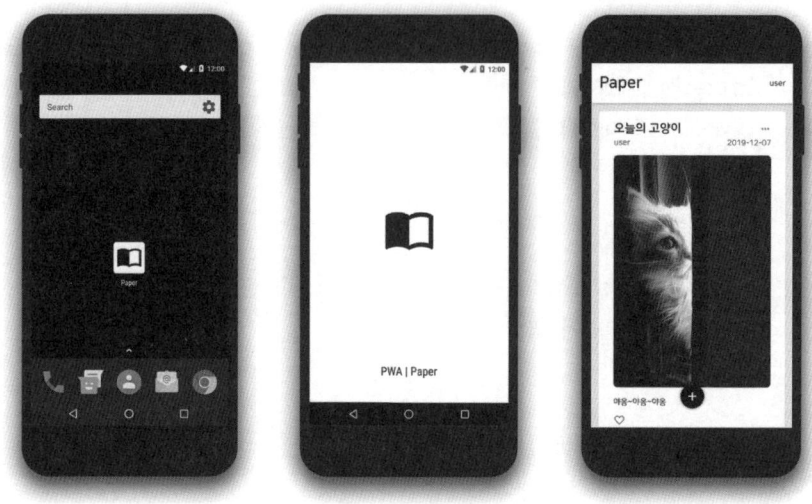

[그림 7-1] 7장 미리보기

웹 앱을 사용자의 바탕화면에 설치할 수 있으며 스플래시^{Splash} 화면(시작 화면)도 존재합니다. 또한, 실행했을 때 브라우저의 주소창, 메뉴바 등 기본적인 요소를 숨길 수 있으므로 사용성을 크게 향상시킬 수 있을 것입니다.

여러분은 웹 앱의 정보를 담고 있는 웹 앱 매니페스트 파일만 작성하여 웹 페이지에 쉽게 적용할 수 있습니다. 웹 앱 매니페스트와 기타 구성을 하나씩 살펴본 후 여러분의 Paper를 어떻게 설치하고, 결과를 확인할 수 있는지 알아보는 순으로 진행해보겠습니다.

7.2.1 앱 이름

첫 번째로 알아볼 내용은 앱 이름입니다. 앱 이름은 말 그대로 바탕화면에 설치했을 때 표시될 앱의 이름이며, 다음과 같이 2가지 유형의 이름이 존재합니다.

1. 앱 이름(name)
2. 짧은 앱 이름(short_name)

앱 이름은 다음과 같이 웹 앱 매니페스트에 정의할 수 있습니다. 여러분의 웹 앱 매니페스트에 다음과 같은 내용을 추가합니다.

```
{
    "name": "PWA | Paper",
    "short_name": "Paper"
}
```

name 속성은 앱을 설치할 때와 로딩화면에서 표시되는 이름이며, short_name 속성은 바탕화면에 설치된 아이콘에 표시되는 앱 이름입니다. 두 유형의 이름이 모두 필수로 요구되지는 않지만, 최소한 둘 중 하나의 이름은 반드시 존재해야 합니다.

[그림 7-2] 앱 이름

7장 웹 앱 매니페스트(Web App Manifest)

예를 들면, short_name 속성이 없다면 바탕화면에 설치되는 앱의 이름은 name 속성에 정의된 값을 사용하게 됩니다. 앞서 작성한 웹 앱 매니페스트는 추후 [그림 7-2]와 같이 적용될 것입니다.

이처럼 여러분이 원하는 웹 앱의 이름을 쉽게 지정할 수 있지만, 모든 기기에서 동일하게 동작한다고 보장할 수 없습니다. 플랫폼과 브라우저에 따라 구현해야 하는 방법이 조금 다르기 때문입니다. 대표적으로 애플의 사파리^{Safari} 브라우저를 사용하는 기기 iOS/iPadOS를 예로 들 수 있습니다. 애플의 사파리 브라우저는 표준 방식의 웹 앱 매니페스트 대신 별도의 메타 정보를 통해 관련 동작을 수행합니다.

웹 앱 매니페스트와 별개로 또 다시 설정해줘야 하는 번거로움이 존재하지만, 비교적 간단히 설정할 수 있습니다. 웹 앱 매니페스트 파일이 아닌 workspace/index.html 파일에 다음과 같이 메타 태그를 추가합니다.

```html
<!-- Web App Manifest 추가 -->
<link rel="manifest" href="/manifest.json">
<!-- iOS/iPadOS 웹 앱 지원 -->
<meta name="apple-mobile-web-app-capable" content="yes">
<meta name="apple-mobile-web-app-title" content="Paper">
```

iOS 및 iPadOS에서 웹 앱과 관련된 설정을 적용하려면, apple-mobile-web-app-capable의 값을 yes로 지정해야 하며 앱 이름은 apple-mobile-web-app-title를 통해 지정할 수 있습니다. 만약 앱 이름을 지정하지 않는다면 HTML의 〈title〉 값이 사용될 것입니다.

7.2.2 앱 아이콘

앱 아이콘은 여러분의 앱을 대표하는 중요한 요소 중 하나입니다. 바탕화면에 보여지는 앱의 아이콘이 되기 때문에 여러분의 서비스를 잘 알릴 수 있는 앱 아이콘을 선정하여 준비해야 합니다.

앱 이름과 다르게 아이콘 이미지는 까다로운 문제가 존재합니다. 사용자가 사용하는 기기의 화면 해상도에 따라 요구되는 크기가 모두 달라서, 다양한 크기의 아이콘 이미지를 준비해야 한다는 번거로움이 따릅니다.

구글 크롬 브라우저의 경우, 최소 192x192 크기의 아이콘과 최대 512x512 크기의 아이콘 이미지를 제공해야 한다고 명시하고 있습니다. 사용자의 기기에 따라 제공된 최소~최대 이미지 크기를 적절히 조정하여 최적의 아이콘을 제공하게 됩니다. 위의 조건을 만족하도록 아이콘 이미지를 준비한다면 대부분의 기기에 적합한 아이콘을 제공할 수 있습니다. 번거로운 이미지 작업을 최소화하기 위해 아이콘 이미지는 소스코드의 workspace/icons에 미리 준비해두었으며 아이콘 정보는 다음과 같습니다.

1. apple-touch-icon.png(180x180): 애플 모바일 기기[1] 공통
2. icon-192x192.png(192x192): 최소 크기 아이콘
3. icon-512x512.png(512x512): 최대 크기 아이콘

아이콘 이미지는 웹 앱 매니페스트의 icons 속성에 정의할 수 있으며, 사용하게 될 아이콘 정보 리스트를 작성합니다. 아이콘 정보에는 이미지 경로, 크기, 유형 등에 해당하는 정보가 포함되어 있습니다. 여러분의 웹 앱 매니페스트 파일에 다음과 같이 아이콘 정보를 추가해보십시오.

```
{
  ...
  icons: [
    {
      "src": "/icons/icon-192x192.png",
      "sizes": "192x192",
      "type": "image/png"
```

---

[1] 애플 기기 역시 권장되는 아이콘의 크기(120x120, 152x152, 167x167, 180x180)가 다르지만, 적합한 크기의 아이콘이 없는 경우 큰 아이콘을 적절히 조정하여 사용합니다.

```
      },
      {
        "src": "/icons/icon-512x512.png",
        "sizes": "512x512",
        "type": "image/png"
      }
    ]
  }
```

이렇게 지정한 아이콘 이미지는 추후에 [그림 7-3]과 같이 여러분의 웹 앱 아이콘으로 사용될 것입니다.

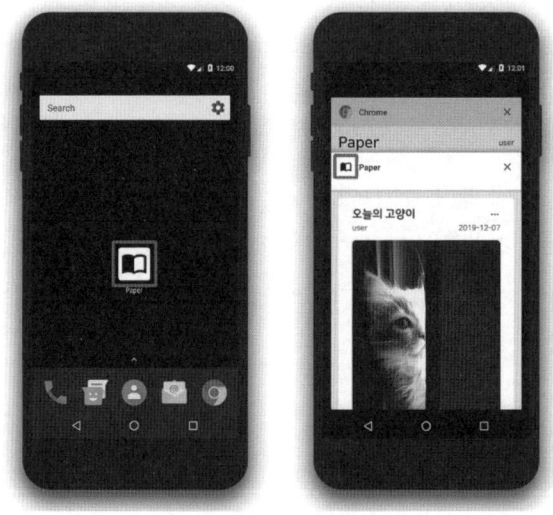

[그림 7-3] 앱 아이콘

위의 구성은 완벽해 보이지만, 애플의 모바일 기기iOS/iPadOS는 웹 앱 매니페스트에 추가한 아이콘을 사용하지 않습니다. 웹 앱 매니페스트에 정의된 icons 대신 별도의 메타 태그를 통해 아이콘을 사용합니다. 애플의 모바일 기기를 지원하기 위해 다음과 같이 〈link〉 태그를 workspace/index.html 파일에 추가합니다.

```
<!-- iOS/iPadOS 아이콘 -->
<link rel="apple-touch-icon" href="/icons/apple-touch-icon.png">
```

rel 속성이 apple-touch-icon인 <link> 태그에 사용할 앱 아이콘 경로를 지정하여 다음과 같이 완벽히 작동하게 할 수 있습니다.

[그림 7-4] 사파리 브라우저 앱 아이콘

결과를 미리 확인해보니 일반적인 네이티브 앱과 매우 유사한 모습인 것을 확인할 수 있습니다. 나머지 구성을 더 살펴본 후 여러분의 Paper를 직접 설치해보고 결과를 확인해보십시오.

7.2.3 색상 테마

색상 테마를 지정하여 앱의 상단바 색상 그리고 곧 알아볼 스플래시 화면(시작 화면)의 배경색을 지정할 수 있습니다. 색상 테마는 웹 앱 매니페스트에 theme_color 및 background_color 속성에 정의하여 설정할 수 있습니다.

```
{
  ...
  "theme_color": "#ffffff",
  "background_color": "#ffffff",
}
```

theme_color 속성을 통해 상단바와 브라우저의 주소창 같은 UI의 색상을 설정할 수 있으며, background_color 속성을 통해 브라우저의 배경색과 스플래시 화면의 배경색을 지정할 수 있습니다. 색상은 #ffffff, red 등 유효한 모든 CSS 색상 값으로 지정할 수 있습니다.

스플래시 화면은 앞서 살펴본 앱 이름, 아이콘, 테마 색상이 웹 앱 매니페스트에 정의되어 있다면, 별다른 설정 없이[2] 자체적으로 표시될 것입니다. 스플래시 화면은 설치된 웹 앱을 실행했을 때 웹 페이지가 로드되는 동안 표시되며 앱 아이콘과 앱 이름이 포함되어 있습니다.

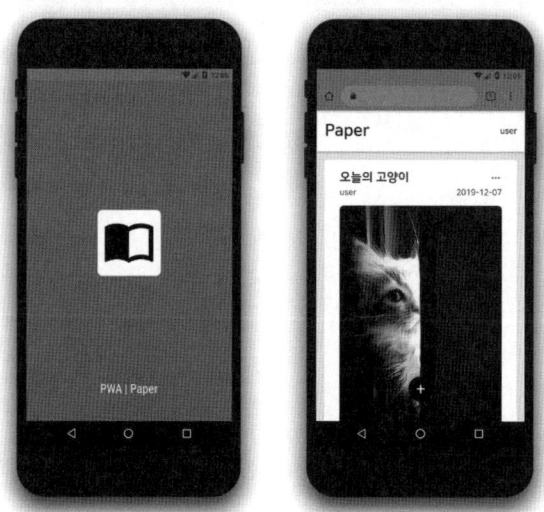

[그림 7-5] 색 테마

---

2 해당 조건은 크롬 브라우저 기준입니다.

하지만 애플의 모바일 기기는 스플래시 화면이 표시되지 않으며 별도의 이미지와 태그를 추가해야 합니다. 이에 대한 내용은 이후에 자세히 알아보도록 하겠습니다. 다음의 예시를 보며 색 테마가 어떻게 보이는지 알아보겠습니다. [그림 7-5]의 경우 theme_color를 빨간색으로, background_color를 파란색으로 설정한 모습입니다. 상단바와 브라우저의 주소창 색상은 theme_color 속성에 지정한 대로 빨간색이 되었고, 스플래시 화면의 경우 background_color 속성에 지정한 파란색 배경이 적용된 모습을 확인할 수 있습니다.

그러나 웹 앱 매니페스트의 색상 테마를 지원하지 않는 브라우저가 존재하기 때문에 다음과 같이 별도의 메타 태그를 추가해야 하며, 애플 모바일 기기의 경우 상단바 스타일을 별도로 지정해 주어야 합니다.

```
<!-- iOS/iPadOS 색상 테마 -->
<meta name="theme-color" content="#ffffff">
<meta name="apple-mobile-web-app-status-bar-style"
    content="default">
```

theme-color 메타 정보는 웹 앱 매니페스트에 정의된 theme_color 값을 덮어씌우며, apple-mobile-web-app-status-bar-style 메타 정보는 애플 모바일 기기의 상단바 스타일을 지정합니다. 상단바 스타일로 지정할 수 있는 값으로는 다음과 같이 총 3가지 유형이 있습니다.

1. default
2. black
3. black-translucent

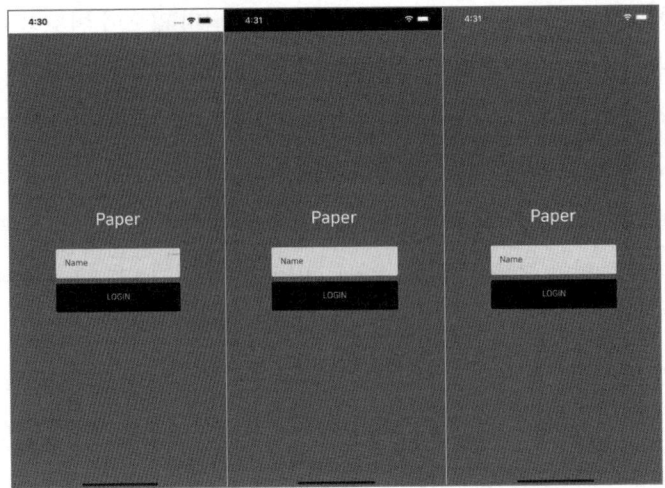

[그림 7-6] 애플 모바일 기기 상단바 스타일

default는 흰색 상단바에 검정색 아이콘으로 표시되며,[3] black은 검정색 상단바에 흰색 아이콘 그리고 black-translucent는 웹 페이지의 배경 색상(투명)의 상단바와 흰색 아이콘으로 표시됩니다.

7.2.4 화면 방향

웹 앱 매니페스트를 통해 웹 앱이 실행될 때의 화면 방향을 설정할 수 있습니다. 예를 들어, 웹 기반의 게임과 같은 컨텐츠를 제공하는 경우 가로 화면으로 실행되도록 지정할 수 있습니다.

```
{
  ...
  "orientation": "any"
}
```

---

[3] iOS/iPadOS 13 버전에 추가된 다크 모드가 활성화되어 있다면, 검정색 상단바에 흰색 아이콘으로 표시됩니다.

화면 방향은 웹 앱 매니페스트의 orientation 속성으로 지정할 수 있으며 생략할 경우 사용자 기기에 맞게 자유롭게 변경됩니다. 화면 방향을 지정할 수 있는 대표적인 옵션은 다음과 같습니다.

1. any: 모든 방향(자동 회전)
2. landscape: 가로 방향
3. portrait: 세로 방향

Paper는 가로, 세로 방향과 무관하게 사용자가 자유롭게 사용할 수 있도록 화면 방향을 any로 설정했습니다.

7.2.5 화면 모드

웹 앱이 어떤 모습으로 실행되도록 할지 화면 모드를 변경할 수 있으며 다음과 같이 display 속성을 통해 지정할 수 있습니다.

```
{
  ...
  "display": "standalone"
}
```

화면 모드는 다음과 같은 옵션들이 존재하며, 지정하지 않을 경우 기본값인 browser 모드로 지정됩니다.

1. browser: 기본적인 브라우저 화면
2. fullscreen: 전체 화면
3. standalone: 브라우저의 기본 요소를 숨긴 화면

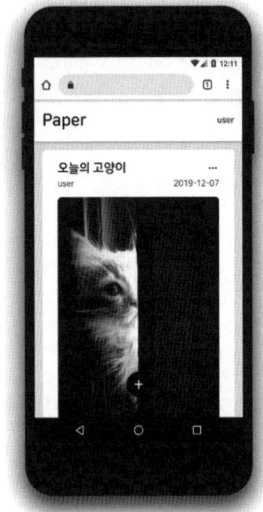

[그림 7-7] 화면 모드

일반적인 네이티브 앱과 같은 모습으로 작동하기 원한다면, 화면 모드를 standalone으로 지정하여 브라우저의 상단바, 메뉴 등을 숨길 수 있습니다. 애플 모바일 기기의 경우 앞서 추가했던 apple-mobile-web-app-capable 옵션을 활성화할 경우 standalone 모드와 같이 동작합니다.

7.2.6 시작 페이지

바탕화면에 설치된 여러분의 웹 앱을 실행했을 때 어떤 페이지를 열지 지정할 수 있습니다. Paper의 경우 메인 페이지(/)와 로그인 페이지(/login)가 존재하며, 다음과 같이 start_url 속성에 페이지 URL을 추가하여, 앱을 실행했을 때 메인 페이지가 열리게 할 수 있습니다.

```
{
  ...
  "start_url": "/"
}
```

7.2.7 그 외

앞에서 알아봤던 스플래시 화면에 한 가지 문제가 발생했습니다. 바로 애플의 모바일 기기에서는 표시되지 않는다는 것입니다. 별도의 메타 태그와 스플래시 화면 이미지를 추가하여 애플의 모바일 기기에서도 스플래시 화면을 제공할 수 있습니다.

첫 번째로 기기의 화면 크기와 일치하는 스플래시 이미지를 준비해야 합니다. 기존의 경우 브라우저가 웹 앱 매니페스트를 기준으로 스플래시 화면을 생성하여 제공했지만, 페이지 로딩 중 표시할 스플래시 이미지가 필요합니다. 스플래시 이미지는 기기의 화면 크기별로 다음과 같은 크기로 제작해야 합니다.

1. iPhone 11 Pro Max, Xs Max(1242px × 2688px)
2. iPhone Xr(828px × 1792px)
3. iPhone 11, X, Xs, XR(1125px × 2436px)
4. iPhone 8 Plus, 7 Plus, 6s Plus, 6 Plus(1242px × 2208px)
5. iPhone SE2, 8, 7, 6s, 6(750px × 1334px)
6. iPad Pro 12.9"(2048px × 2732px)
7. iPad Pro 11"(1668px × 2388px)
8. iPad Pro 10.5"(1668px × 2224px)
9. iPad Mini, Air(1536px × 2048px)

이후에 다른 화면크기를 가진 기기가 새로 생긴다면, 스플래시 이미지도 새로 제작하여 추가해야 할 것입니다. 위 크기에 맞는 스플래시 이미지들은 준비되어 있으며 workspace/splash 폴더 내에서 확인해볼 수 있습니다.

스플래시 이미지가 준비되었으니, 이미지 경로가 포함된 〈link〉 태그를 workspace/index.html에 다음과 같이 추가합니다(프로젝트 폴더의 README.md 파일을 참고하십시오).

```html
<!-- iOS/iPadOS 스플래시 이미지 -->
<link
  rel="apple-touch-startup-image"
  media="screen and (device-width: 414px) and (device-height: 896px) and (-webkit-device-pixel-ratio: 2) and (orientation: portrait)"
  href="/splash/splash_828x1792.png"
/>
<link
  rel="apple-touch-startup-image"
  media="screen and (device-width: 414px) and (device-height: 896px) and (-webkit-device-pixel-ratio: 3) and (orientation: portrait)"
  href="/splash/splash_1242x2688.png"
/>
<link
  rel="apple-touch-startup-image"
  media="screen and (device-width: 375px) and (device-height: 812px) and (-webkit-device-pixel-ratio: 3) and (orientation: portrait)"
  href="/splash/splash_1125x2436.png"
/>
<link
  rel="apple-touch-startup-image"
  media="screen and (device-width: 414px) and (device-height: 736px) and (-webkit-device-pixel-ratio: 3) and (orientation: portrait)"
  href="/splash/splash_1242x2208.png"
/>
<link
  rel="apple-touch-startup-image"
  media="screen and (device-width: 375px) and (device-height: 667px) and (-webkit-device-pixel-ratio: 2) and (orientation: portrait)"
  href="/splash/splash_750x1334.png"
/>
```

```
<link
  rel="apple-touch-startup-image"
  media="screen and (device-width: 1024px) and (device-height: 1366px) and (-webkit-device-pixel-ratio: 2) and (orientation: portrait)"
  href="/splash/splash_2048x2732.png"
/>
<link
  rel="apple-touch-startup-image"
  media="screen and (device-width: 834px) and (device-height: 1112px) and (-webkit-device-pixel-ratio: 2) and (orientation: portrait)"
  href="/splash/splash_1668x2224.png"
/>
<link
  rel="apple-touch-startup-image"
  media="screen and (device-width: 320px) and (device-height: 568px) and (-webkit-device-pixel-ratio: 2) and (orientation: portrait)"
  href="/splash/splash_640x1136.png"
/>
<link
  rel="apple-touch-startup-image"
  media="screen and (device-width: 834px) and (device-height: 1194px) and (-webkit-device-pixel-ratio: 2) and (orientation: portrait)"
  href="/splash/splash_1668x2388.png"
/>
<link
  rel="apple-touch-startup-image"
  media="screen and (device-width: 768px) and (device-height: 1024px) and (-webkit-device-pixel-ratio: 2) and (orientation: portrait)"
```

```
    href="/splash/splash_1536x2048.png"
/>
```

rel 속성이 apple-touch-startup-image인 link 태그를 추가하여 바탕화면에 설치된 웹 앱 아이콘을 눌러 실행시킬 때 표시할 스플래시 이미지를 지정합니다. 스플래시 이미지는 기기의 화면 크기와 정확히 일치해야 한다는 조건이 존재하기 때문에 media 속성에 화면 크기를 확인하도록 하는 미디어쿼리가 추가되어 있습니다. 이제, 애플의 모바일 기기에서도 웹 앱 실행 시 다음과 같이 스플래시 화면을 표시할 수 있게 되었습니다.

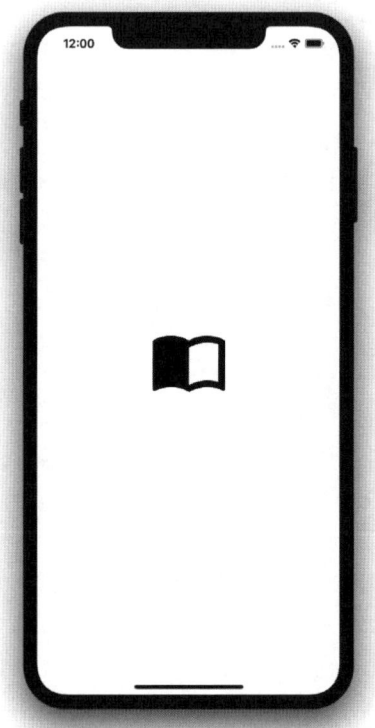

[그림 7-8] 애플 모바일 기기의 스플래시 화면

7.3 홈 화면에 Paper 설치하기

지금까지 웹 앱 매니페스트를 작성해보았습니다. 지금까지 작성한 웹 앱 매니페스트는 다음과 같은 모습일 것입니다.

```
{
  "name": "PWA | Paper",
  "short_name": "Paper",
  "icons": [
    {
      "src": "/icons/icon-192x192.png",
      "sizes": "192x192",
      "type": "image/png"
    },
    {
      "src": "/icons/icon-512x512.png",
      "sizes": "512x512",
      "type": "image/png"
    }
  ],
  "theme_color": "#ffffff",
  "background_color": "#ffffff",
  "orientation": "any",
  "display": "standalone",
  "start_url": "/"
}
```

웹 앱 매니페스트가 작성되었으니 정상적으로 사용할 수 있는지 확인해보겠습니다. 먼저, 작성된 웹 앱 매니페스트는 개발자 도구의 Application 〉 Manifest 메뉴에서도 확인해볼 수 있습니다.

[그림 7-9] 웹 앱 매니페스트 확인하기

앱 이름과 테마 색상, 앱 아이콘 등 구성한 내용을 확인할 수 있습니다. 웹 앱 설치는 크롬 브라우저를 기준으로, [그림 7-10]의 + 버튼을 눌러 설치할 수 있습니다.

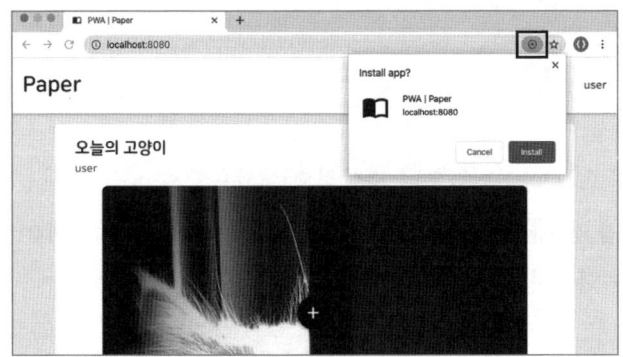

[그림 7-10] 웹 앱 설치하기

설치를 하면, 즉시 사용자의 바탕화면에 앱 아이콘이 생길 것입니다. 앱 아이콘을 눌러 여러분의 Paper를 바로 사용할 수 있습니다. 데스크탑 환경에 설치된 웹 앱은 다음과 같은 모습으로 실행됩니다.

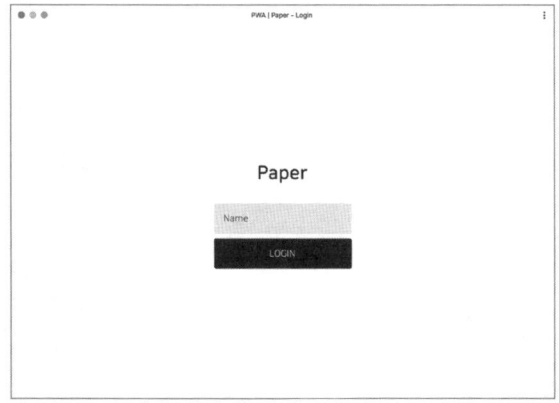

[그림 7-11] 데스트탑 웹 앱

모바일 브라우저 환경에서는 다음과 같이 설치할 수 있습니다. 안드로이드 크롬의 경우 웹 페이지에 서비스 워커가 존재하고 웹 앱 매니페스트가 잘 구성되었다면, 설치 배

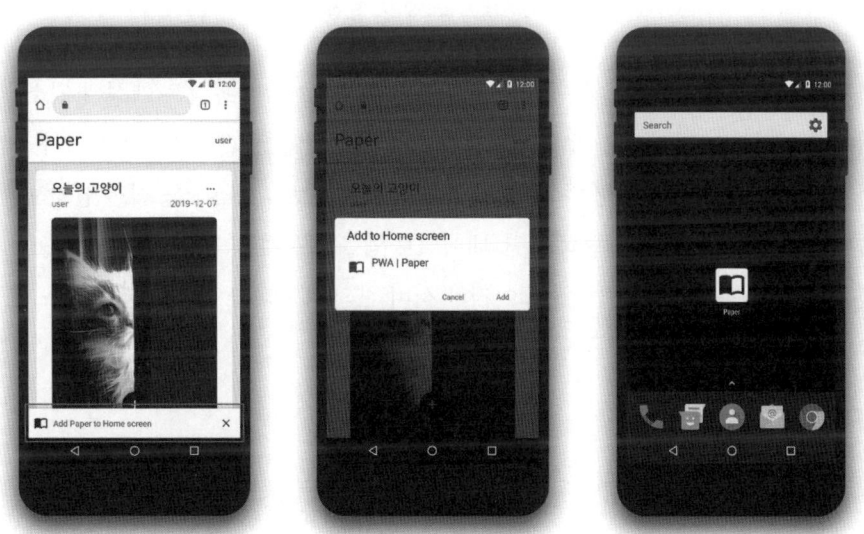

[그림 7-12] 안드로이드에서 웹 앱 설치하기

7장 웹 앱 매니페스트(Web App Manifest) **211**

너가 표시됩니다. 설치 배너를 통해 설치하거나, 메뉴 〉 홈 화면에 추가하기를 눌러 직접 설치할 수 있습니다.

애플의 iOS와 iPadOS에서는 별도의 배너가 존재하지 않으며 사용자가 직접 설치해야 합니다. 하단에 위치한 공유 메뉴 〉 홈 화면에 추가하기를 통해 설치할 수 있습니다.

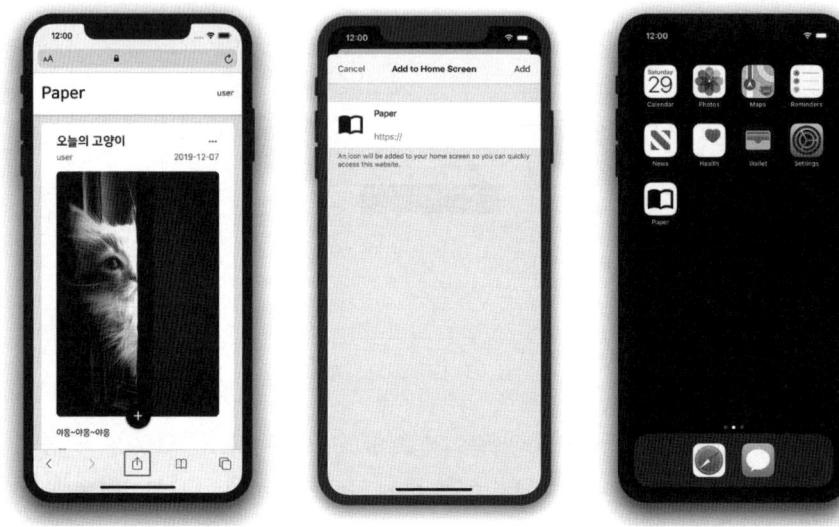

[그림 7-13] iOS/iPadOS에서 웹 앱 설치하기

설치된 웹 앱은 언제든지 지우고 다시 설치할 수 있으며, 앱 용량은 캐싱된 리소스와 기타 데이터의 크기이므로 네이티브 앱에 비해 매우 적은 공간만을 차지합니다. 지금까지 웹 앱 매니페스트와 기타 구성 방법에 대해 알아보고 Paper를 직접 설치해보았습니다. 설치된 웹 앱을 사용해보면, 네이티브 앱을 사용하는 듯한 경험을 느낄 수 있을 것입니다. 다음 장에서는 웹 페이지와 서버 간의 데이터를 동기화할 수 있도록 기능을 구현하여 오프라인 기능을 개선해보겠습니다.[4]

---

4 7장의 소스코드: https://github.com/leegeunhyeok/paper/tree/ch7

CHAPTER 08

Sync, 백그라운드 동기화

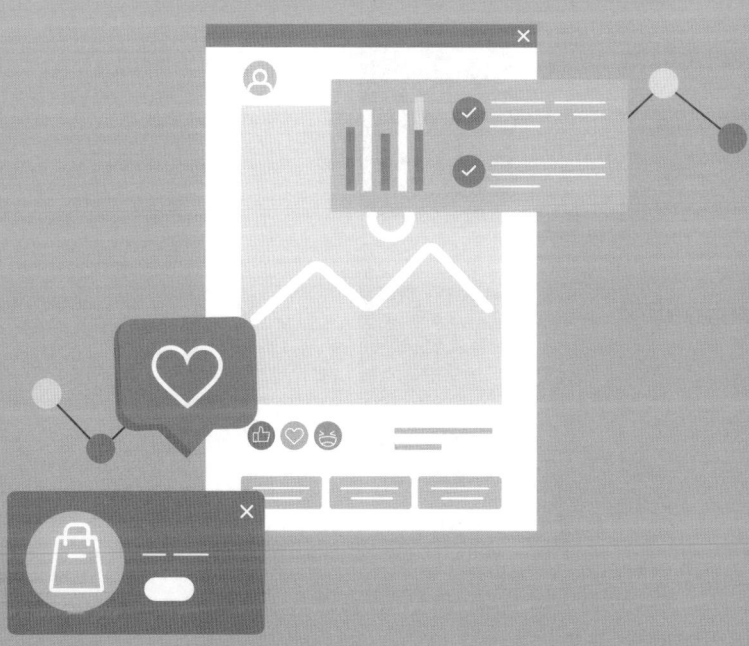

8장 Sync, 백그라운드 동기화

이번 장에서는 서비스 워커의 백그라운드 동기화 이벤트에 대해 알아보고, 오프라인 상태에서 수행한 작업을 동기화할 수 있도록 새로운 기능을 구현해보겠습니다.

8.1 백그라운드 동기화 살펴보기

지금의 Paper는 캐시 스토리지와 IndexedDB를 통해 오프라인 상태에서 웹 페이지를 열고, 저장된 게시물을 볼 수 있습니다. 하지만 오프라인 상태에서 새로운 게시물을 작성하거나 게시물 삭제, 좋아요 표시 등의 데이터 조작 기능은 동작하지 않습니다. 웹 페이지와 서버 간에 네트워크로 연결되어있지 않으면 데이터를 주고받지 못하니, 당연합니다.

만약, 오프라인 상태에서 작업했던 내용을 어딘가에 저장해두었다가 네트워크가 온라인 상태가 되었을 때 자동으로 데이터를 서버로 전달한다면 어떻게 될까요? 이번

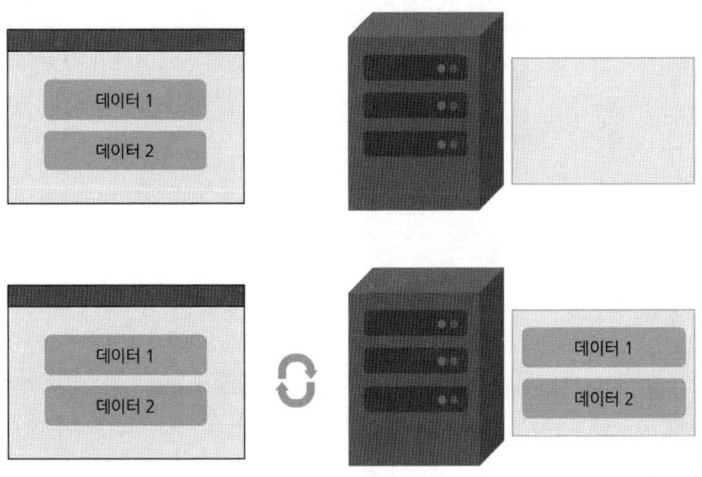

[그림 8-1] 동기화란?

장에서 알아볼 내용이 바로 여기에 해당하는 백그라운드 동기화입니다. 동기화란, 2개 이상의 대상 데이터를 동일하게 맞추는 작업을 의미합니다. [그림 8-1]과 같이 특정 대상의 데이터를 다른 대상과 일치하도록 수행하는 작업이라고 볼 수 있습니다.

여러분의 Paper로 예를 들면, 새로 작성한 게시물 데이터가 IndexedDB와 서버 모두에게 저장되도록 수행하는 작업을 떠올려볼 수 있습니다. 현재 오프라인 상태에서 수행되는 데이터 작업은 브라우저에서만 유효하며, 서버에는 데이터가 저장되지 않고 있습니다.

이러한 상황을 해결하기 위해 서비스 워커의 sync 이벤트를 활용하여 동기화 작업을 수행할 수 있습니다. 서비스 워커에게 동기화 작업을 등록하고, 이후 사용자 기기의 네트워크 상태가 온라인으로 변경되었을 때 동기화 작업을 수행합니다. 물론, 브라우저가 닫힌 상태라도 동기화 작업을 수행할 수 있습니다. 이는 서비스 워커가 브라우저의 백그라운드 환경에서 동작하기에 가능한 일입니다. 서비스 워커의 백그라운드 동기화 작업이 어떻게 이루어지는지 조금 더 자세히 알아보겠습니다.

8.1.1 백그라운드 동기화 동작 방식

서비스 워커의 백그라운드 동기화는 [그림 8-2]와 같은 흐름으로 동작합니다.

[그림 8-2] 서비스 워커의 sync 이벤트

우선 동기화 작업을 서비스 워커에 등록합니다. 등록하게 되는 작업은 태그^{Tag}라는 단순한 문자열 값이며, 이를 통해 서비스 워커가 태그 값에 따라 어떤 작업을 수행할지 구분합니다. 등록된 작업은 다음과 같은 상황일 때 서비스 워커의 sync 이벤트로 전달됩니다.

1. 온라인 상태에서 동기화 작업을 등록했을 때
2. 오프라인에서 온라인 상태로 변경되었을 때
3. 실패한 동기화 작업이 존재할 때

동기화 작업이 등록된 시점의 네트워크 상태가 온라인이라면, 서비스 워커의 sync 이벤트가 즉시 발생합니다. 만약, 오프라인 상태에서 작업을 등록한다면 사용자의 네트워크 상태가 온라인이 될 때까지 대기합니다. 이후 온라인 상태로 변경되면 sync 이벤트가 발생합니다.

위와 같은 상황외에도 실패한 작업이 있을 경우 sync 이벤트가 주기적으로 발생하며 작업이 마무리될 수 있도록 서비스 워커 스스로 반복 작업을 수행합니다. 서비스 워커의 백그라운드 동기화 덕분에 오프라인 상태일 때 작업한 데이터를 서버로 전달하여 웹 페이지와 웹 서버 간의 데이터를 동기화할 수 있습니다.

8.1.2 SyncManager

백그라운드 동기화를 수행하기 위해선 첫 번째로 작업을 등록하는 것이었습니다. 서비스 워커에게 작업을 등록하는 방법을 알아보고 동작하는 모습을 직접 확인해보겠습니다. 백그라운드 동기화 기능은 서비스 워커가 제공하는 SyncManager를 통해 동기화 작업을 등록하거나, 등록된 작업을 확인할 수 있습니다. SyncManager는 다음과 같이 서비스 워커 등록 객체의 sync 속성을 통해 참조할 수 있습니다.

```
registration.sync;
```

동기화 작업은 register() 메소드로 등록하고, getTags() 메소드로 등록된 작업을 확인할 수 있으며 두 메소드 모두 프로미스를 반환합니다.

```
registration.sync.register(tag);
registration.sync.getTags();
```

register() 메소드는 하나의 인자를 받으며, 문자열 형태의 태그 값을 받습니다. 태그는 동기화 작업을 구분하기 위한 값이며, 서비스 워커는 sync 이벤트를 통해 등록할 때 사용된 태그 값을 전달받습니다.

getTags() 메소드는 현재 등록되어 있는 작업의 태그 목록을 배열로 제공하며, 대기 중인 상태의 태그만 반환합니다. 백그라운드 동기화 작업을 등록해볼 수 있도록 코드를 작성하여 실제 동작하는 모습을 확인해보겠습니다. workspace/js/index.js 파일 하단에 다음과 같은 코드를 추가합니다.

```
// @ch8. 백그라운드 동기화 작업 등록 테스트
if ('serviceWorker' in navigator && 'SyncManager' in window) {
  navigator.serviceWorker.ready.then((registration) => {
    registration.sync.register('my-sync-job');
  });
}
```

첫 번째 확인할 부분은 조건문입니다. 먼저, 브라우저가 서비스 워커를 지원하는지 확인하고 SyncManager가 존재하는지 확인합니다. 사용자가 SyncManager를 지원하지 않는 브라우저를 사용할 수 있으니 백그라운드 동기화 기능을 사용하기 전 미리 확인하는 과정이 필요합니다. 이 역시 점진적인 향상이라고 볼 수 있으며, 지원하지 않는 브라우저를 사용하더라도 문제가 생기지 않도록 대처할 수 있습니다.

백그라운드 동기화를 지원하는 브라우저인 경우, 먼저 서비스 워커의 등록 객체를 가져온 후 SyncManager의 register() 메소드로 새로운 동기화 작업을 등록합니다. 여기서 등록한 작업의 태그는 my-sync-job입니다. 등록된 작업은 서비스 워커의 sync

이벤트를 통해 전달받을 수 있습니다. workspace/service-worker.js 파일 하단에 다음과 같은 코드를 추가합니다.

```
self.addEventListener('sync', (event) => {
  console.log('Service Worker - sync:', event.tag);
});
```

서비스 워커에 sync 이벤트 핸들러를 간단히 구현했습니다. sync 이벤트가 발생할 때 함께 전달되는 이벤트 객체의 tag 속성을 통해 등록했을 때 사용한 태그 값을 참조할 수 있습니다. 실제로, 등록한 동기화 작업이 서비스 워커로 잘 전달되는지 확인해보기 위해 개발자 도구의 Application 〉 Background Services 〉 Background Sync 메뉴로 이동하고 [그림 8-3]의 화살표로 표시한 부분을 눌러 백그라운드 동기화 이벤트 기록을 시작합니다.

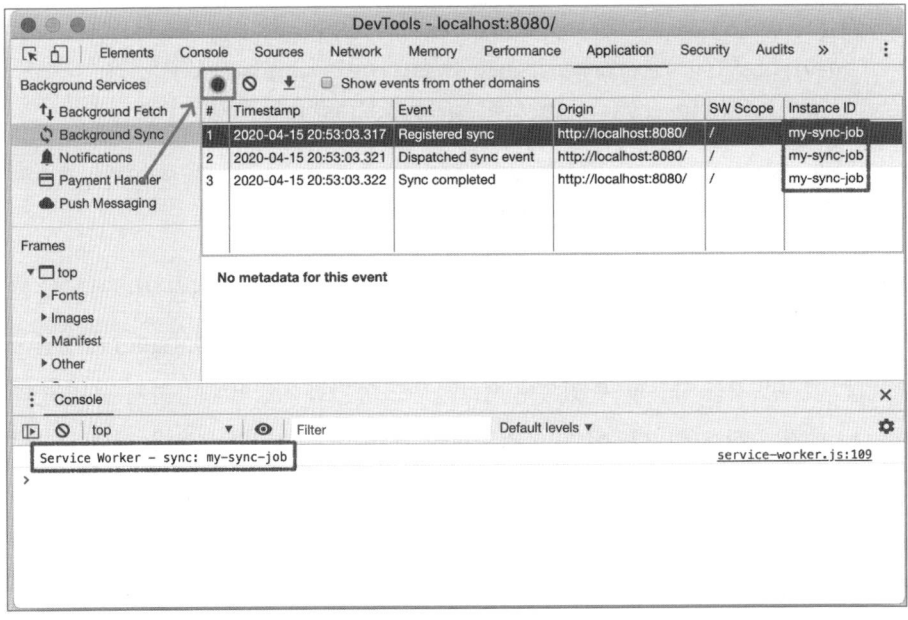

[그림 8-3] 백그라운드 동기화 이벤트 확인

페이지를 새로고침하여 여러분의 코드를 실행시키면, 태그가 my-sync-job인 백그라운드 동기화 작업이 잘 등록되고 수행된 모습을 확인할 수 있습니다. 백그라운드 동기화 작업은 기록된 내용과 동일하게 다음과 같은 흐름으로 진행됩니다.

1. Registered sync(백그라운드 동기화 작업 등록)
2. Dispatched sync event(서비스 워커 sync 이벤트 발생)
3. Sync completed(작업 성공)
4. Sync event failed(작업 실패)

온라인 상태에서 작업이 등록되었기 때문에 등록과 동시에 동기화 작업이 즉시 이루어졌습니다. 만약, 오프라인 상태라면 Registered sync 단계에 머물러 있다가 온라인 상태가 되었을 때 서비스 워커의 sync 이벤트를 발생시킬 것입니다.

 백그라운드 동기화 작업이 어떻게 수행되는지 어느 정도 감이 잡혔을 것입니다. 동기화 작업이 잘 동작하는지 확인하기 위해 workspace/js/index.js에 작성했던 아래의 코드는 제거합니다.

```js
// @ch8. 백그라운드 동기화 작업 등록 테스트
if ('serviceWorker' in navigator && 'SyncManager' in window) {
  navigator.serviceWorker.ready.then((registration) => {
    registration.sync.register('my-sync-job');
  });
}
```

백그라운드 동기화에 대해 알아보았으니 본격적으로 Paper의 동기화 기능을 구현해 보겠습니다.

8.1.3 Paper에 적용하기

Paper에 바로 기능을 구현하지 않고, 지금까지 알아본 백그라운드 동기화 기능을 어떠한 방식으로 구현해갈지 미리 살펴보는 시간을 가져보도록 하겠습니다. 구현할 기능의 전체적인 모습은 [그림 8-4]와 같으며, 오프라인 상태에서 수행한 게시물 작성, 게시물 삭제, 좋아요 표시와 같은 작업 내용이 서버로 잘 전달될 수 있도록 동기화 기능을 구현할 것입니다.

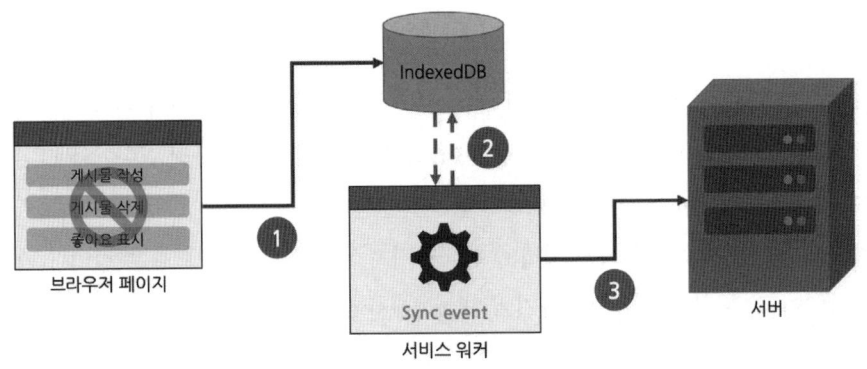

[그림 8-4] Paper의 백그라운드 동기화

오프라인 상태에서 게시물 작성, 삭제, 좋아요 표시 작업을 수행할 경우 해당 작업에 대한 데이터를 IndexedDB에 저장합니다. 이후 사용자의 네트워크 상태가 온라인이 되어 서버로 업로드할 수 있으면 서비스 워커의 sync 이벤트가 발생하고, IndexedDB에 저장되어 있는 작업 데이터를 조회합니다. 조회한 작업 내용을 기준으로 서버로 데이터를 전달하여 웹 페이지와 서버 간의 데이터가 서로 일치할 수 있도록 동기화 작업을 수행합니다.

이와 같이 작업 큐^{Queue}를 IndexedDB에 구현하여 작업을 저장해두고 꺼내와 작업을 처리합니다. 완료된 작업은 IndexedDB에서 삭제하고, 실패한 경우 그대로 유지하여 추후 다시 시도할 수 있게 합니다. IndexedDB에 저장될 작업 데이터는 다음과 같은 모습으로 저장될 것이며, 작업 데이터마다 고유한 ID 값이 존재합니다.

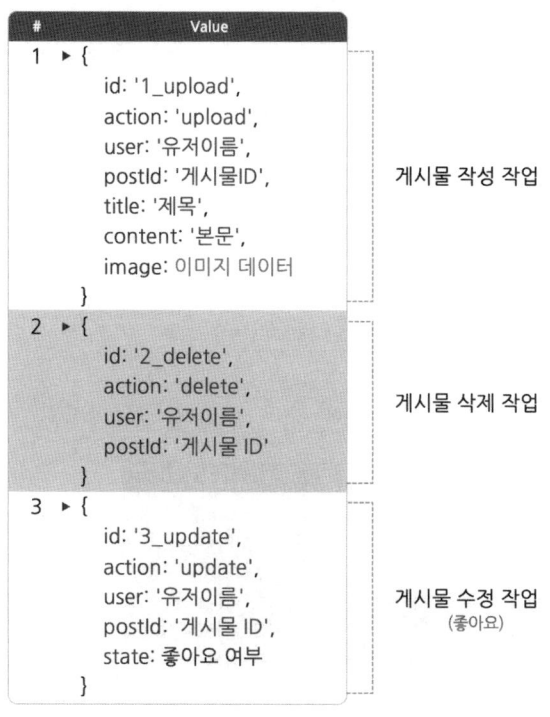

[그림 8-5] 작업 데이터 구성

작업 ID 외에 새로 추가할 게시물의 데이터, 삭제할 게시물의 ID, 좋아요 상태 등의 정보도 함께 포함되어 있습니다. 또한, 어떤 사용자가 작업을 진행했는지 구분하기 위해 사용자 이름(user)도 함께 저장하며, action 값을 통해 작업의 유형(추가, 삭제, 수정)을 구분합니다. 작업의 action 값은 다음과 같이 정의하여 구현해보겠습니다.

1. upload: 게시물 작성
2. delete: 게시물 삭제
3. update: 게시물 수정(좋아요)

IndexedDB에 추가된 작업 데이터는 [그림 8-6]과 같이 대기 중인 작업 목록에 표시하고 사용자가 원하는 경우 동기화 작업을 취소할 수 있도록 구현할 것입니다.

[그림 8-6] 대기 중인 작업 목록

사용자는 대기 중인 작업의 x 버튼을 눌러 대기 중인 백그라운드 동기화 작업을 삭제할 수 있습니다. 백그라운드 동기화 기능에 대한 큰 그림을 살펴보았으니, 이제 직접 구현할 일만 남았습니다. 본격적으로 계획했던 기능들을 함께 구현해보겠습니다.

8.2 동기화 작업을 위한 저장소 만들기

백그라운드 동기화 작업을 수행하기 위해 데이터를 임시로 저장하기 위한 새로운 저장소가 필요합니다. 현재의 Paper에는 게시물 데이터를 저장하기 위한 post 객체 저장소만 존재하지만, 작업 데이터를 저장하기 위한 job 객체 저장소를 새로 생성하여 데이터를 관리하려고 합니다.

8.2.1 IndexedDB에 작업 객체 저장소 만들기

백그라운드 동기화를 위한 작업 데이터는 고유하게 식별하기 위한 id와 어떤 사용자가 작업을 했는지 나타내는 user 값이 존재했습니다. 특정 ID의 작업 데이터를 삭제하거나, 특정 사용자의 작업만 선정하여 조회하기 위해 id와 user을 색인으로 생성하려고 합니다.

이전에 구현했었던 workspace/js/paper-store.js 코드에 코드를 추가하여 새로운 객체 저장소를 생성하고 작업 데이터를 조작할 수 있는 기능을 구현해보겠습니다. 먼저, 다음과 같이 _openDatabase() 메소드 내에 작업 데이터를 저장하기 위한 새로운 객체 저장소를 생성 코드를 추가합니다.

```
request.onupgradeneeded = (event) => {
  const db = event.target.result;
  
  ...
  
  // 기존 데이터베이스 버전이 2보다 작은 경우
  if (event.oldVersion < 2) {
    console.log('IndexedDB 버전 업데이트: 2');
    const jobStore = db.createObjectStore('job', {
      keyPath: 'id'
    });
    
    jobStore.createIndex('job_owner', 'user');
  }
};
```

객체 저장소의 이름은 job이며, keyPath가 id이기 때문에 기본키로 색인된 id 값을 사용할 수 있습니다. id 값 이외에 사용자 이름을 검색할 수 있도록 user 속성을 keyPath로 한 job_owner라는 색인을 추가한 것을 확인할 수 있습니다. 위의 코드는 데이터베이스의 버전이 2로 변경될 때 호출되기 때문에 다음과 같이 데이터베이스 버전을 1에서 2로 변경합니다.

```
class paperIndexedDB {
  constructor () {
    this._VERSION = 2;
  }
  ...
}
```

이처럼 IndexedDB의 버전을 통해 데이터베이스를 관리할 수 있고, 안전하게 확장하거나 수정할 수 있습니다. 여기까지 코드를 작성한 후 웹 페이지를 새로고침하면 다음과 같이 새로운 job 객체 저장소가 생성될 것입니다.

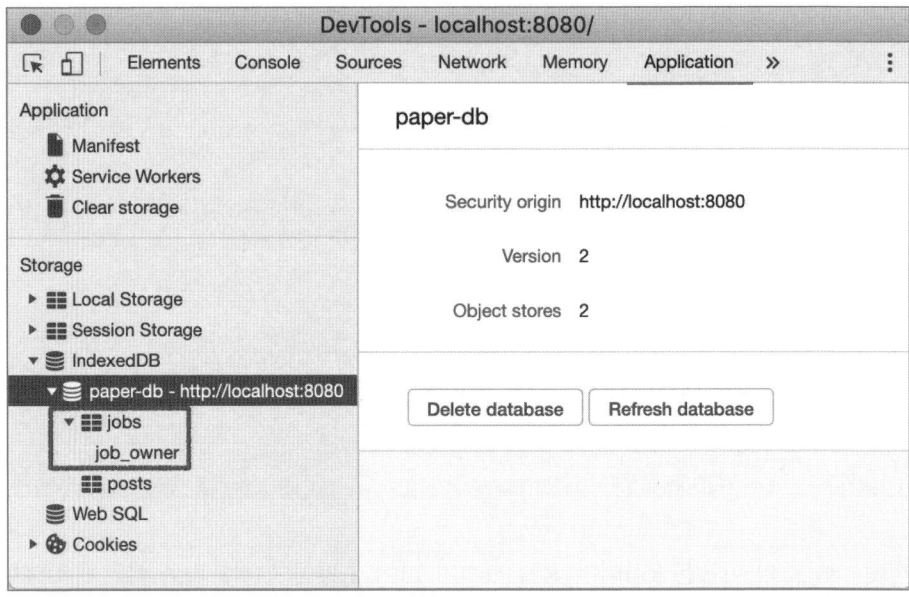

[그림 8-7] 생성된 작업 객체 저장소

데이터를 저장하기 위한 객체 저장소를 생성했으니 작업 추가, 조회, 삭제 기능을 구현해보겠습니다. 이전에 구현했던 게시물 데이터 조작 기능과 거의 동일하니 쉽게 구현할 수 있을 것입니다.

8.2.2 작업 추가 기능 구현하기

작업 데이터를 추가하기 위한 addJob() 메소드를 구현해보려고 합니다. addJob() 메소드는 첫 번째 인자로 저장할 데이터를 받으며, 이를 job 객체 저장소에 새로 저장합니다. 객체 저장소에 새로운 데이터를 추가하는 방법은 다음과 같이 이전에 구현했던 게시물 저장 기능과 동일합니다.

```javascript
class PaperStore {
  ...

  addJob (job) {
    return new Promise((resolve, reject) => {
      this._openDatabase().then((db) => {
        job.id = job.postId + '_' + job.action; // 작업 ID는 별도로 생성

        const transaction = db.transaction('job', 'readwrite');
        const jobObjectStore = transaction.objectStore('job');
        jobObjectStore.put(job);

        transaction.oncomplete = (event) => {
          resolve(event);
        };

        transaction.onerror = (event) => {
          reject(event);
        };
      }).catch((err) => {
        reject(err);
      });
    });
```

```
        });
    }
}
```

addJob() 메소드는 게시물 저장 기능과 동일하게 프로미스를 반환하며 구현되어 있는 코드 역시 동일합니다. 먼저, 데이터베이스 연결 객체를 받아온 후 작업 데이터를 job 객체 저장소에 저장합니다. 데이터를 객체 저장소에 저장하기에 앞서 작업 ID[1]를 별도로 생성하는 코드를 확인할 수 있는데, 게시물 ID와 작업 유형을 하나로 합친 1_delete와 같은 형식의 값을 ID로 사용합니다. 이는 동일한 게시물에 대한 작업은 중복하지 않고 1회만 수행할 수 있도록 하기 위해서입니다.

게시물 데이터 저장 기능과 한 가지 다른점은 객체 저장소의 add() 메소드 대신 put() 메소드를 사용했다는 점입니다. add() 메소드는 추가할 데이터와 동일한 키를 가진 데이터가 이미 존재한다면 에러가 발생하지만, put() 메소드는 추가할 데이터와 동일한 키를 가진 데이터가 존재하지 않는다면 새로 추가하고, 존재하더라도 기존의 데이터를 새로 갱신합니다.

ID가 1인 게시물을 오프라인에서 삭제한다면, ID가 1_delete인 작업 데이터가 생성될 것입니다. 또 다시 동일한 게시물을 삭제한다면, ID가 1_delete인 작업 데이터가 이미 존재하기 때문에 새로 추가하지 않고 기존의 데이터를 덮어쓰우게 됩니다. 이처럼 동일한 게시물에 대한 작업은 한 번만 수행할 수 있도록 하기 위해 put() 메소드를 활용합니다.

8.2.3 작업 조회 기능 구현하기

작업 데이터 추가 기능이 구현되었으니, 조회할 수 있는 getJob() 메소드와 getJobs() 메소드를 구현해보겠습니다. getJob() 메소드는 첫 번째 인자로 작업 ID 값을 받아 일치하는 작업 데이터(단일)를 반환합니다. getJobs() 메소드는 특정 사용자의 작업 데

---

1 중복될 확률이 매우 낮고 비교적 간단히 값을 생성할 수 있기 때문에, 밀리초(ms)값을 ID로 사용합니다.

이터(다중)만 조회할 수 있도록 첫 번째 인자로 사용자 이름을 받아 작업 데이터를 조회하는 기능을 수행합니다. 먼저, 하나의 작업 데이터를 검색하여 제공하는 getJob() 메소드를 구현해보겠습니다.

```javascript
class PaperStore {
  ...

  getJob (jobId) {
    return new Promise((resolve, reject) => {
      this._openDatabase().then((db) => {
        const getRequest = db.transaction('job', 'readonly')
          .objectStore('job')
          .get(jobId);

        getRequest.onsuccess = () => {
          resolve(getRequest.result);
        };

        getRequest.onerror = (event) => {
          reject(event);
        };
      }).catch((err) => {
        reject(err);
      });
    });
  }
}
```

구현된 getJob() 메소드는 데이터베이스 연결 객체를 받아온 후 객체 저장소의 get() 메소드를 통해 id 값이 jobId에 해당하는 데이터를 조회합니다. job 객체 저장소의 기본키는 id이기 때문에 id 값을 기준으로 데이터를 검색합니다. 특정 사용자의 모든 작업 데이터를 조회하는 getJobs() 메소드는 다음과 같이 구현합니다.

```
class PaperStore {
  ...

  getJobs (user) {
    return new Promise((resolve, reject) => {
      this._openDatabase().then((db) => {
        const jobList = [];
        const cursor = db.transaction('job', 'readonly')
          .objectStore('job')
          .index('job_owner')
          .openCursor(IDBKeyRange.only(user));

        cursor.onsuccess = (event) => {
          const cursor = event.target.result;
          if (cursor) {
            jobList.push(cursor.value);
            cursor.continue();
          } else {
            resolve(jobList);
          }
        };

        cursor.onerror = (event) => {
          reject(event);
        };
      }).catch((err) => {
        reject(err);
      });
    });
  }
}
```

게시물 조회 기능과 완전히 동일하지만 한 가지 조건이 추가되었습니다. job 객체 저장소의 job_owner 색인에 해당하는 user 값과, getJobs() 메소드의 첫 번째 인자로 전달된 user 값이 일치하는 데이터만 조회합니다. 다시 말해, 저장되어 있는 작업 데이터의 이름이 getJobs()의 첫 번째 인자로 전달된 이름과 일치하는 데이터만 조회합니다. 작업 데이터 조회 기능까지 구현되었으니 마지막으로 작업 데이터 삭제 기능을 구현해보겠습니다.

8.2.4 작업 삭제 기능 구현하기

작업ID에 해당하는 작업 데이터를 삭제하기 위한 deleteJob() 메소드를 구현합니다. deleteJob() 메소드는 첫 번째 인자로 키 값인 작업의 ID 값을 받아 해당하는 데이터를 삭제합니다.

```
class PaperStore {
  ...

  deleteJob (key) {
    return new Promise((resolve, reject) => {
      this._openDatabase().then((db) => {
        const transaction = db.transaction('job', 'readwrite');
        const jobObjectStore = transaction.objectStore('job');
        jobObjectStore.delete(key);

        transaction.oncomplete = (event) => {
          resolve(event);
        };

        transaction.onerror = (event) => {
          reject(event);
        };
      }).catch((err) => {
```

```
        reject(err);
      });
    });
  }
}
```

이렇게 작업 데이터를 추가하고 조회하고 삭제하는 기능을 모두 구현해보았습니다. 데이터 조작 기능 구현이 완료되었으니, 오프라인 상태에서 수행한 작업은 IndexedDB에 저장되고, 온라인 상태가 되었을 때 동기화 작업을 수행할 수 있도록 구현해보겠습니다.

8.3 백그라운드 동기화 기능 구현하기

백그라운드 동기화 작업을 수행하기 위해선 첫 번째로 서비스 워커의 SyncManager에 작업을 등록해야 합니다. 현재 Paper는 게시물 추가, 수정, 삭제 기능에 에러 핸들러가 존재하기 때문에 문제가 발생했을 때 작업을 등록하도록 구현할 수 있습니다. 네트워크 문제만이 아니라, 기타 문제가 발생했을 때에도 백그라운드 동기화를 통해 작업을 수행할 수 있기 때문에 작업에 대한 신뢰도를 향상시킬 수 있을 것입니다.

8.3.1 작업 목록 확인 기능 구현하기

첫 번째로 IndexedDB에 존재하는 작업 목록을 사용자에게 보여줄 수 있는 기능을 구현해보려고 합니다. workspace/js/index.js 파일에 비어 있는 updateJobList() 함수가 있는데, 다음과 같이 코드를 작성합니다.

```
// 동기화 작업 목록 업데이트
function updateJobList () {
```

```
  // @ch8. IndexedDB 작업 데이터 조회 및 화면에 표시
  return paperDB.getJobs(userName).then((jobs) => {
    app.renderJobList(jobs, onCancel);
  });
}
```

PaperStore 클래스에 구현했던 getJobs() 메소드를 통해 사용자의 작업 목록을 모두 조회합니다. renderJobList() 메소드는 미리 구성해둔 메소드이며, 첫 번째 인자로 전달된 작업 목록을 사용자가 볼 수 있도록 웹 페이지에 표시합니다. 두 번째 인자로 전달한 onCancel 함수는 사용자가 대기 중인 작업을 취소할 때 호출되는 콜백 함수이며, 취소한 작업의 ID를 인자로 받게 됩니다. onCancel 함수는 추후 작업을 삭제하는 기능을 구현할 때 살펴보겠습니다.

Paper가 로드되었을 때 게시물 목록만이 아니라, 대기 중인 백그라운드 동기화 작업도 화면에 표시될 수 있도록 초기 로드 코드에 다음과 같이 updateJobList() 함수를 추가합니다.

```
// Paper 초기 로딩
(function init () {
  Promise.all([
    updatePostList(),
    updateJobList() // 추가!
  ]);
})();
```

이제 문제가 발생했을 때 작업 데이터를 IndexedDB에 저장하고, 서비스 워커에서 이를 불러와 백그라운드 동기화 작업을 처리하는 기능만 남아 있습니다.

8.3.2 백그라운드 동기화 작업 등록하기

먼저, 백그라운드 동기화 작업을 등록하기 위한 기능을 구현해야 합니다. 백그라운드 동기화 작업 등록 시 요구되는 태그의 값은 [그림 8-8]과 같이 job-{사용자 이름} 형식으로 생성하여 SyncManager에게 등록합니다.

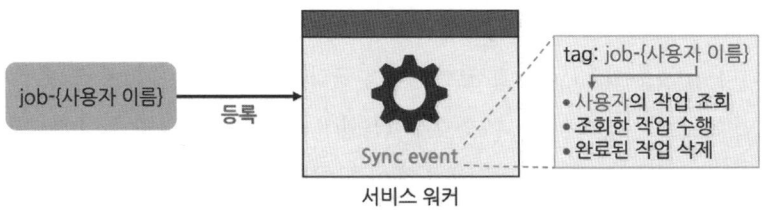

[그림 8-8] 백그라운드 동기화 등록 태그

만약 사용자의 이름이 user라면, 백그라운드 동기화에 등록될 태그는 job-user가 될 것입니다. 태그 값에 사용자 이름을 포함한 이유는 서비스 워커의 sync 이벤트가 발생하여 백그라운드 동기화 작업을 수행할 때, 태그 값을 기준으로 어떤 사용자의 작업을 수행할지 결정하기 위해서입니다. 사용자의 이름만 알고 있다면 앞서 구현한 getJobs() 메소드를 통해 특정 사용자의 작업 데이터만 선택하여 조회할 수 있습니다. 그럼, 소스코드의 workspace/js/index.js 파일을 수정하여 새로운 백그라운드 동기화 작업을 등록할 requestBackgroundSync() 함수를 구현해보겠습니다.

```javascript
// 백그라운드 동기화 작업 요청
function requestBackgroundSync () {
  // @ch8. 백그라운드 동기화 작업 등록
  if ('serviceWorker' in navigator && 'SyncManager' in window) {
    navigator.serviceWorker.ready.then((registration) => {
      registration.sync.register('job-' + userName);
    });
  }
}
```

requestBackgroundSync() 함수는 먼저 사용자의 브라우저가 서비스 워커와 백그라운드 동기화 기능을 지원하는지 조건문을 통해 확인합니다.

백그라운드 동기화를 지원하는 브라우저인 경우 현재 활성화되어 있는 서비스 워커의 등록 객체를 가져온 후 서비스 워커 등록 객체의 SyncManager를 통해 새로운 동기화 작업을 등록합니다. 동기화 작업 등록을 위한 requestBackgroundSync() 함수 구현이 완료되었으니 게시물 추가, 수정(좋아요), 삭제 중 문제가 발생했을 때 IndexedDB에 작업 데이터를 추가할 수 있도록 구현해보겠습니다. 먼저, 게시물 작성 시 문제가 발생한 경우 작업 데이터를 추가하기 위해 다음과 같이 코드를 추가합니다.

```
// 게시물 작성 버튼
submitButton.addEventListener('click', () => {
  if (paperTitle.value && paperContent.value) {
    ...

    uploadPost(title, content, image)
      .then(...)
      .catch(() => {
        // @ch8. 게시물 업로드 작업 등록
        const jobData = {
          postId: +new Date(),
          user: userName,
          title,
          content,
          image,
          action: 'upload'
        };

        paperDB.addJob(jobData).then(() => {
          requestBackgroundSync();
          updateJobList();
```

```
            });
        })
        .finally(...);
    } else {
        ...
    }
});
```

uploadPost() 함수는 프로미스를 반환하며, 작업 도중 예외가 발생한 경우, catch() 메소드의 콜백 함수가 호출되기 때문에 비어있던 콜백 함수 내에 게시물 작업을 등록할 수 있도록 코드를 작성합니다.

콜백 함수 내의 jobData는 IndexedDB에 추가할 작업 데이터이며, 추후 백그라운드 동기화 작업을 통해 서버로 업로드될 게시물 데이터가 포함되어 있습니다. 게시물 ID[2] 와 게시물을 작성한 사용자 이름, 제목, 내용, 첨부한 이미지 파일로 구성되어 있으며 작업의 유형을 나타내는 action 값이 존재합니다. 업로드 작업임을 나타내기 위해 유형을 upload로 지정합니다.

작업 데이터는 이전에 구현했던 PaperStore 클래스의 addJob() 메소드를 통해 추가할 수 있습니다. 데이터가 성공적으로 추가되면 requestBackgroundSync() 함수를 호출하여 새로운 백그라운드 작업을 SyncManager에게 등록하고, updateJobList() 함수를 호출하여 대기 중인 작업 목록을 웹 페이지에 표시합니다.

기능이 잘 동작하는지 한 번 확인해보겠습니다. 개발자 도구를 통해 네트워크 상태를 오프라인으로 변경하고 게시물을 새로 하나 작성해보겠습니다. 비록 네트워크 연결이 끊겨있어 작성한 게시물을 서버로 업로드하진 못했지만, IndexedDB에 새로운 작업 데이터로 추가된 모습을 확인할 수 있습니다. IndexedDB는 일반적인 자바스크립트에서 사용하는 대부분의 객체를 저장할 수 있기 때문에 게시물에 첨부한 이미지 데이터도 함께 저장할 수 있습니다. 잘 동작하는 것을 확인했으니, 나머지 수정

---

2 게시물 ID 값으로 +new Date() 값을 사용했는데, 이는 1970년 1월 1일을 기준으로 현재 시점까지의 시간을 밀리초 (ms)로 나타낸 값입니다.(예: 1587377454093)

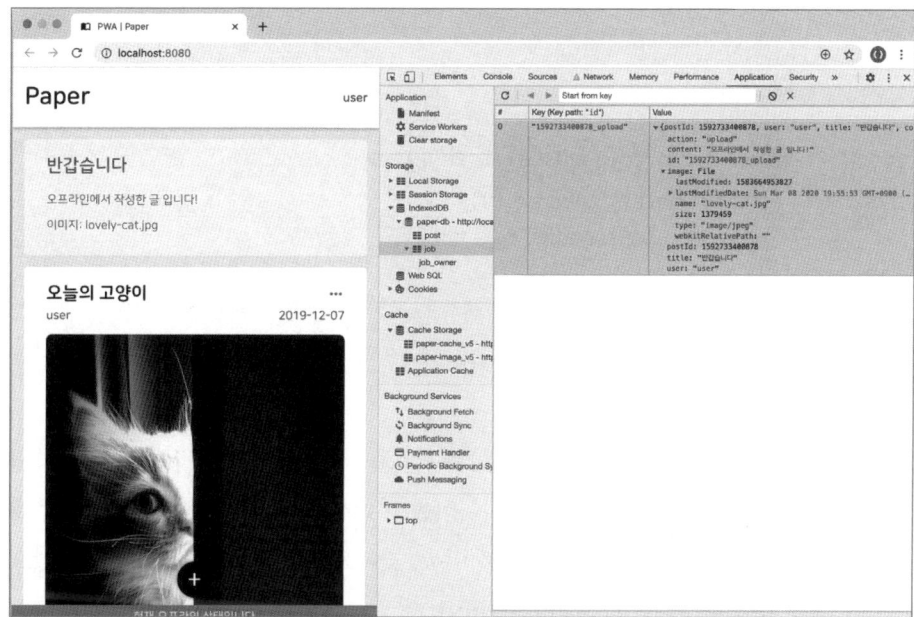

[그림 8-9] 대기 중인 작업 데이터

(좋아요)와 삭제 작업을 추가할 수 있도록 마무리하겠습니다. 좋아요 기능을 담당하는 onFavorite() 함수의 코드를 수정하여 문제가 발생했을 때 백그라운드 동기화 작업을 추가할 수 있도록 다음과 같이 코드를 작성합니다.

```
// 좋아요 핸들러
function onFavorite (id, state) {
  updatePost(id, state)
    .then(...)
    .catch(() => {
      // @ch8. 게시물 업데이트 작업 등록
      const jobData = {
        postId: id,
        user: userName,
        state,
```

8장 Sync, 백그라운드 동기화 **235**

```
      action: 'update'
    };

    paperDB.addJob(jobData).then(() => {
      requestBackgroundSync();
      paperDB.updatePost(id, state);
    });
  });
}
```

이 역시 프로미스 기반으로 동작하기 때문에 catch() 메소드의 콜백 함수를 수정합니다. jobData는 이전과 동일하게 작업 데이터를 의미하며 좋아요 데이터를 수정할 대상 게시물의 ID와 작업을 수행한 사용자 이름, 좋아요 상태 값(참/거짓)을 포함하고 있으며 작업의 유형을 나타내는 action 값은 update로 지정되어 있습니다.

작업 데이터를 새로 추가한 후 백그라운드 동기화 작업을 등록합니다. 작업을 등록한 후 게시물 작성과는 다르게 대기 중인 작업 목록을 표시하지 않는 대신 updatePost() 메소드를 통해 저장된 게시물의 좋아요 상태를 미리 업데이트합니다. 변경 상태를 미리 반영하여 사용자에게 좋아요 상태가 변경된 것처럼 보이게 되며, 이후 백그라운드 동기화 작업을 통해 서버의 실제 데이터에도 함께 반영될 것입니다. 마지막으로, 게시물 삭제 기능입니다. 삭제 기능은 onDelete() 함수를 통해 이루어지므로 다음과 같이 코드를 수정합니다.

```
// 게시물 삭제 이벤트 핸들러
function onDelete (id) {
  ...

  deletePost(id)
    .then(...)
    .catch(() => {
```

```
    // @ch8. 게시물 삭제 작업 등록
    const jobData = {
      postId: id,
      user: userName,
      action: 'delete'
    };

    paperDB.addJob(jobData).then(() => {
      requestBackgroundSync();
      updateJobList();
    });
  })
  .finally(...);
}
```

게시물 삭제의 경우 게시물 작성과 동일합니다. jobData에는 삭제하기 위한 게시물의 ID와 삭제 작업을 수행한 사용자의 이름이 존재하며 작업 유형인 action은 delete로 지정되어 있습니다. 게시물 삭제의 경우 게시물 작성과 동일하게 작업 데이터를 추가한 후 백그라운드 동기화 작업을 등록하고 대기 중인 작업을 웹 페이지에 표시합니다. 이제 게시물을 작성하거나 삭제, 좋아요를 누르는 도중 문제가 발생하여 수행하지 못한 경우 작업 큐에 백그라운드 동기화를 위한 데이터가 새로 추가될 것입니다. 마지막으로, 남은 작업 삭제 기능을 구현하고 본격적으로 백그라운드 동기화 작업 수행 기능까지 마무리해보겠습니다.

8.3.3 백그라운드 동기화 작업 삭제하기

작업 삭제 기능 역시 미리 구현했던 PaperStore 클래스의 deleteJob() 메소드를 통해 간단하게 구현할 수 있습니다. 웹 페이지에 표시되는 대기 중인 작업 항목의 x 버튼을 누르면 onCancel() 함수가 호출되며 작업의 ID가 함께 전달됩니다. 다음과 같이, 빈 onCancel() 함수에 코드를 작성합니다.

```
// 동기화 작업 취소 핸들러
function onCancel (jobId) {
  // @ch8. 작업 삭제
  paperDB.deleteJob(jobId);
}
```

작업 ID만 있다면, 이와 같이 간단하게 삭제할 수 있습니다. 지금까지 백그라운드 동기화 작업을 수행하기 위한 작업 등록 및 삭제 기능이 모두 구현되었습니다. 본격적으로 백그라운드 동기화 기능을 서비스 워커에 구현해보겠습니다.

8.3.4 백그라운드 동기화 작업 수행하기

앞서 SyncManager에게 등록한 백그라운드 동기화 작업은 서비스 워커의 sync 이벤트를 통해 전달됩니다. 전달된 이벤트에는 등록할 때 사용한 태그 값이 포함되어 있기 때문에 어떤 사용자가 작업을 등록했는지 알 수 있습니다. 사용자의 작업 데이터를 조회하고, 작업 유형action에 따라 적절한 처리를 수행하는 기능을 구현해보겠습니다. 먼저, 다음과 같이 workspace/service-worker.js 소스코드에 코드를 추가합니다.

```
importScripts('/js/paper-store.js');

...

self.addEventListener('sync', (event) => {
  console.log('Service Worker - sync:', event.tag);

  if (event.tag.includes('job-')) {
    const paperDB = new PaperStore();
    const user = event.tag.split('-').pop();
  }
});
```

먼저 서비스 워커 소스코드 최상단에 importScript()를 통해 외부 소스코드를 불러옵니다. importScript()는 웹 워커에서 사용할 수 있는 메소드 중 하나로, 외부의 소스코드를 로드하기 위해 사용합니다. 구현했던 PaperStore 클래스를 서비스 워커 내에서 사용하기 위해 /js/paper-store.js 경로의 소스코드를 로드합니다. 아래 sync 이벤트 핸들러에 작성한 코드를 살펴보면 includes() 메소드를 사용하여 태그에 job-이라는 문자열이 포함되어 있는지 확인하고, 포함되어 있을 때 조건문 내부의 코드를 실행하도록 구현되어 있습니다.

이후, 태그 값을 - 문자를 기준으로 자른 후 가장 뒤의 요소를 꺼내 사용자의 이름을 user 변수에 저장합니다. 예를 들어, 등록했던 태그 값이 job-james라면, james가 변수에 할당됩니다. 태그 값에서 사용자의 이름을 추출했으니, 다음과 같이 대기 중인 작업을 처리하도록 구현할 수 있습니다.

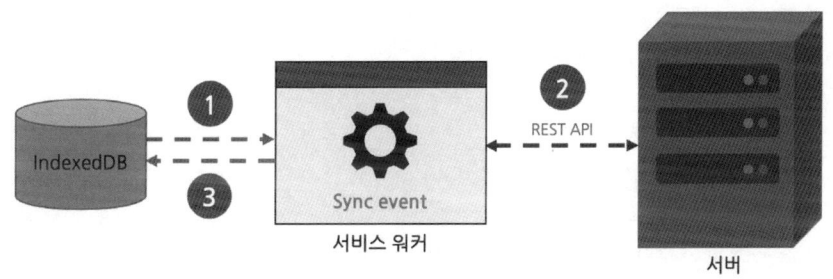

[그림 8-10] 백그라운드 동기화 작업 수행

먼저 IndexedDB에 저장되어 있는 사용자의 작업 데이터를 조회하고, 작업 유형^{action}을 구분하여 새로운 게시물을 업로드하거나 삭제 또는 수정(좋아요) 작업을 수행합니다. 이러한 기능은 모두 서버에 구현되어 있는 REST API[3]를 통해 이루어지며, 서버에게 요청을 보내고 결과를 받습니다. 작업이 정상적으로 처리된 경우 IndexedDB에 저장되어 있던 작업 데이터를 삭제하고, 실패한 경우 이후 다시 시도할 수 있도록 대기

---

3 3.1. Paper 파악하기 장에서 서버에 구현되어 있는 REST API에 대한 내용을 확인할 수 있습니다.

중인 작업 데이터를 그대로 유지합니다. 유형^{action}이 upload인 작업을 수행하는 코드는 다음과 같이 구현할 수 있습니다.

```javascript
self.addEventListener('sync', (event) => {
  console.log('Service Worker - sync:', event.tag);

  if (event.tag.includes('job-')) {
    const paperDB = new PaperStore();
    const user = event.tag.split('-').pop();

    event.waitUntil(
      // user의 대기 중인 작업 조회
      paperDB.getJobs(user).then((jobs) => {
        return Promise.all(jobs.map((job) => {
          const action = job.action;
          console.log('Service Worker - job:', action);

          // 업로드 작업
          if (action === 'upload') {
            // 폼 데이터
            const formData = new FormData();
            formData.append('title', job.title);
            formData.append('content', job.content);
            formData.append('image', job.image);

            // 서버로 요청 보내기
            return fetch('/api/posts', {
              method: 'POST',
              headers: {
                'X-Paper-User': encodeURI(job.user)
              },
              body: formData
```

```
        }).then(() => {
          // 성공한 경우 작업 데이터 삭제
          paperDB.deleteJob(job.id);
        });
      }
    })).then(() => {
      // 모든 작업 완료
      console.log('Service Worker - Job finished!');
    });
  })
 );
 }
});
```

코드를 살펴보면, getJobs() 메소드를 통해 사용자의 작업 데이터를 모두 조회하고 action 값이 upload인지 확인합니다. 조건이 일치하는 경우 작업 데이터에 포함되어 있던 게시물의 제목, 내용, 이미지를 기준으로 서버로 업로드할 폼Form 데이터를 생성합니다.

준비된 게시물 데이터는 이전에 사용했었던 프로미스 기반의 fetch() 메소드를 통해 서버로 업로드하며 성공적으로 작업이 완료되었을 때 작업 데이터를 삭제합니다. 또한, 대기 중인 작업이 여러 개인 경우 한 번에 처리하기 위해 5.4.2. 불필요한 캐시 삭제하기 장에서 확인했던 것과 같이 프로미스를 하나의 배열로 매핑하여 일괄 처리합니다. fetch() 메소드로 요청보내는 부분의 코드를 더 자세히 살펴보도록 하겠습니다.

```
// 서버로 요청 보내기
return fetch('/api/posts', {
  // HTTP Method
  method: 'POST',
  // 헤더
  headers: {
```

```
    'X-Paper-User': encodeURI(job.user)
  },
  // 본문
  body: formData
}).then(() => {
  // 성공한 경우 작업 데이터 삭제
  paperDB.deleteJob(job.id);
});
```

위의 코드는 POST /api/posts에 해당하는 REST API를 호출하며, 인증 정보 전달을 위해 항상 X-Paper-User라는 헤더Header에 사용자 이름을 포함하고, 본문Body 데이터로 게시물 데이터를 추가하여 서버로 전달합니다.

fetch() 메소드는 첫 번째 인자로 요청을 보내기 위한 URL을 받고 두 번째 인자로 요청 옵션을 지정할 수 있습니다. 요청 옵션에는 GET, POST와 같은 HTTP Method만이 아니라, 헤더, 본문 등의 데이터를 추가할 수 있기 때문에 게시물 데이터를 본문에 추가하여 서버에게 요청을 보낼 수 있습니다. 또한, Paper는 X-Paper-User라는 사용자 정의 헤더에 사용자 이름의 존재 여부를 기준으로 인증했다고 판단하므로 작업 데이터에 포함되어 있던 사용자 이름인 job.user를 헤더 값에 추가합니다.

 TIP

> 헤더 값은 ByteString만 사용 가능하기 때문에 아스키코드 범위를 벗어나는 한국어, 일본어 등으로 이루어진 사용자 이름을 지원하기 위해 encodeURI() 함수로 인코딩된 값을 사용합니다.

백그라운드 동기화 기능이 잘 동작되는지 확인해보고자, 오프라인 상태에서 게시물을 하나 작성하고 온라인 상태로 변경해보겠습니다.

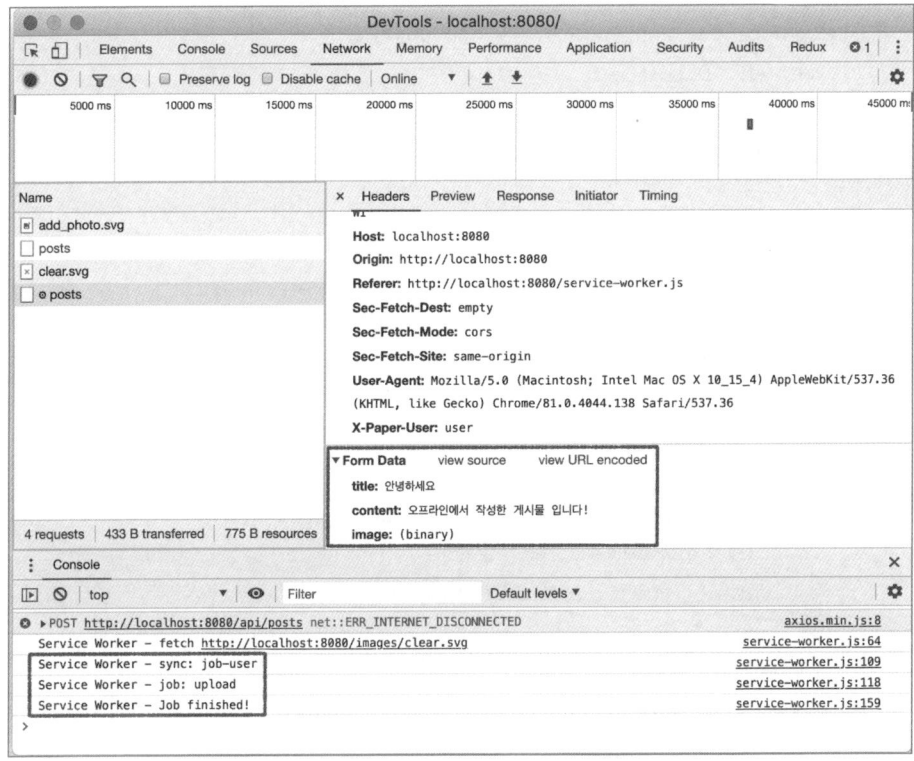

[그림 8-11] 백그라운드 동기화로 업로드된 게시물

오프라인 상태에서 업로드를 시도했을때 예외가 발생하여 IndexedDB로 새로운 작업 데이터가 추가되었습니다. 이후, 네트워크 상태가 온라인으로 변경되었을 때 서비스 워커의 sync 이벤트가 발생하여 정상적으로 백그라운드 동기화 작업이 수행된 모습을 확인할 수 있습니다. 만약, 브라우저가 닫힌 상황이더라도 동일하게 백그라운드 동기화 작업이 동작할 것입니다. 이제 나머지 게시물 삭제, 수정(좋아요) 기능도 비슷한 방법으로 다음과 같이 구현합니다.

```
// 업로드 작업
if (action === 'upload') {
  ...
} else if (action === 'delete') {
```

8장 Sync, 백그라운드 동기화 **243**

```
    return fetch('/api/posts/' + job.postId, {
      method: 'DELETE',
      headers: {
        'X-Paper-User': encodeURI(job.user)
      }
    }).then(() => {
      paperDB.deleteJob(job.id);
    });
  } else if (action === 'update') {
    return fetch('/api/posts/' + job.postId, {
      method: 'PUT',
      headers: {
        'X-Paper-User': encodeURI(job.user),
        // JSON 데이터에 맞게 컨텐츠 타입 지정
        'Content-Type': 'application/json'
      },
      // 본문
      body: JSON.stringify({
        state: job.state // 작업 데이터에 저장되어있던 좋아요 상태
      })
    }).then(() => {
      paperDB.deleteJob(job.id);
    });
  }
}
```

삭제와 수정 작업인 경우의 action 값은 각각 delete와 update로 정의했기 때문에 이에 따라 새로운 조건문 2개를 더 추가했습니다. 삭제 작업의 경우 DELETE /api/posts/:id 에 해당하는 REST API를 호출하여 수행할 수 있으며 :id는 삭제하고자 하는 게시물의 ID이기 때문에 작업 데이터에 존재하는 게시물 ID인 job.postId를 사용합니다. 수정 작업의 경우 PUT /api/posts/:id에 해당하는 REST API를 호출하여 수행하며, 게시물 삭제와 동일하게 좋아요 상태를 수정하고자 하는 게시물의 ID를 URL에

포함합니다.

또한, 수정 작업 데이터에 존재하던 좋아요 상태 job.state가 포함된 JSON 데이터를 본문body에 추가하여 함께 서버로 요청합니다. JSON 데이터(자바스크립트 객체)는 fetch() 메소드의 본문에 추가할 수 없으므로, JSON.stringify()를 통해 JSON 데이터를 문자열로 변환한 후 Content-Type 헤더에 application/json을 추가하여 전달된 데이터는 JSON 타입임을 명시하여 요청해야 합니다.

새로 추가한 데이터 삭제와 수정 기능 역시 X-Paper-User 헤더를 통해 사용자 인증을 수행합니다. 게시물 삭제 및 수정 작업이 정상적으로 수행되었다면, 대기 중인 게시물 데이터를 삭제합니다. 이처럼, 웹 환경에서도 네이티브 앱에서만 구현할 수 있었던 백그라운드 동기화 기능을 구현하고 사용할 수 있게 되었습니다.

8.4 백그라운드 동기화 개선하기

백그라운드 동기화 기능을 통해 사용자에게 더 나은 웹 환경을 제공할 수 있게 되었습니다. 하지만 이 역시 브라우저와 플랫폼에 따라 지원하지 않는 경우가 있기 때문에 완벽하다고 이야기하기는 어렵습니다. 백그라운드 동기화 기능을 지원하지 않는 경우에도 작업 데이터는 IndexedDB에 잘 저장되지만, 네트워크 상태가 다시 온라인으로 변경되었을 때 백그라운드 동기화 작업이 수행되지 않기 때문에 작업 데이터만 쌓여갑니다.

백그라운드 동기화를 지원하지 않는 사용자인 경우 작업 데이터를 저장하는 대신 "네트워크에 연결해주세요"와 같은 팝업 메시지를 표시하거나, Paper 페이지를 로드할 때 저장된 작업을 수행하도록 구현하는 등 다양한 방법으로 해결할 수 있습니다. 두 번째 방법에 해당하는 기능을 Paper에 구현하여 지원하지 않는 브라우저에서도 오프라인에서 수행한 작업을 처리할 수 있도록 추가로 기능을 구현해보도록 하겠습니다.

8.4.1 지원하지 않는 브라우저 대응하기

workspace/js/index.js 소스코드에 다음과 같이 비어있는 doJobs() 함수가 존재합니다. 해당 함수에 백그라운드 동기화 기능을 지원하지 않는 경우에만 저장되어 있던 작업을 수행할 수 있도록 구현해보겠습니다.

```
// 대기 중인 작업 수행
function doJobs () {
  // @ch8. 대기 중인 작업 수행
}
```

비록 서비스 워커의 sync 이벤트 내에서 수행하는 백그라운드 동기화는 아니지만, 기능을 지원하지 않는 사용자의 오프라인 기능을 제한하기보다는 수행했던 작업들을 그대로 저장해두고 웹 페이지가 로드될 때 저장된 작업을 함께 처리할 수 있도록 구현하여 오프라인 사용성을 어느 정도 유지시키는 것이 주 목적입니다. 작업 데이터를 조회하여 게시물 업로드, 수정, 삭제 기능을 수행하는 기능은 서비스 워커에 구현했던 방식과 매우 유사합니다. 다음과 같이 함수에 코드를 작성합니다.

```
// 대기 중인 작업 수행
function doJobs () {
  // 백그라운드 동기화 기능을 지원하는 경우 함수 종료
  if ('serviceWorker' in navigator && 'SyncManager' in window) {
    return;
  }

  paperDB.getJobs(userName).then((jobs) => {
    Promise.all(jobs.map((job) => {
      const action = job.action;

      if (action === 'upload') {
```

```
        return uploadPost(job.title, job.content, job.image).
then(() => {
      paperDB.deleteJob(job.id);
    });
  } else if (action === 'delete') {
    return deletePost(job.postId).then(() => {
      paperDB.deleteJob(job.id);
    });
  } else if (action === 'update') {
    return updatePost(job.postId, job.state).then(() => {
      paperDB.deleteJob(job.id);
    });
  }
})).then(() => {
    // 작업이 완료된 경우 게시물 목록을 다시 로드하고,
    // 대기 중인 작업 목록을 갱신합니다.
    updatePostList();
    updateJobList();
  });
});
}
```

작성한 코드를 살펴보면, 백그라운드 동기화 기능을 지원하는 경우 함수에서 빠져나오도록 구현되어 있습니다. 이러한 조건을 추가하여 백그라운드 동기화 기능을 지원하는 경우 서비스 워커에서만 동기화 작업을 수행하고, 그렇지 않은 경우에는 doJobs() 함수를 통해서만 작업을 수행하도록 구현할 수 있습니다. 이는 서비스 워커의 sync 이벤트에서 수행되는 동기화 작업과 doJobs() 함수에서 수행하는 동기화 작업이 중복되지 않도록 미리 방지합니다.

이 외에는 서비스 워커에 구현했던 코드와 매우 유사하며, 서비스 워커에 구현했던 것처럼 fetch() 메소드를 사용하여 구현하는 대신 이미 구현되어 있던 uploadPost(), deletePost(), updatePost() 함수를 활용합니다. doJobs() 함수 구현이 마무리되었으

니 Paper를 로드할 때 대기 중인 작업을 처리할 수 있도록 다음과 같이 코드를 추가합니다.

```
// Paper 초기 로딩
(function init () {
  Promise.all([
    updatePostList(),
    updateJobList(),
    doJobs() // 추가!
  ]);
})();
```

이제 백그라운드 동기화 기능을 지원하지 않는 경우에도 오프라인 상태에서 수행했던 작업을 어느 정도 처리할 수 있게 되었습니다. 지금까지 구현했던 모든 기능은 완벽하게 동작하지만, 일부 미흡한 부분을 찾아볼 수 있습니다.

오프라인 상태에서 게시물을 작성하거나 삭제한 경우, 대기 중인 작업 목록에 작업이 잘 표시되지만, 이 상태에서 온라인 상태가 되어 서비스 워커에서 동기화 작업이 수행될 경우 대기 중인 작업 목록은 갱신되지 않습니다. 얼핏 보면, 작업이 수행되지 않았거나 실패한 것처럼 보일 수 있지만 눈에 보이는 것만 반영되지 않았을 뿐 실제 작업은 수행되었으며, 따라서 페이지를 새로고침하면 해결되기는 합니다. 다만, 이렇게 사소한 문제로 인해 사용자 입장에서는 제대로 동작하지 않았다고 느낄 수 있으므로 이 문제를 개선하면 더 나은 Paper가 될 수 있을 것입니다.

서비스 워커에서 동기화 작업을 마쳤을 때 웹 페이지에게 어떤 신호를 전달하여 대기 중인 작업 목록을 갱신할 수 있도록 하면 쉽게 해결할 수 있을 것입니다. 이에 대한 내용은 바로 다음 장인 9. 서비스 워커와 클라이언트 간 메시지 주고받기에서 자세히 알아보고 기능을 개선해보겠습니다.[4]

---

4 8장의 소스코드: https://github.com/leegeunhyeok/paper/tree/ch8

CHAPTER
09

서비스 워커와 클라이언트 간 메시지 주고받기

9장 서비스 워커와 클라이언트 간 메시지 주고받기

이번 장에서는 서비스 워커와 클라이언트(웹 페이지)간 메시지 통신 방법에 대해 알아보고, 일부 보완이 필요했던 Paper의 기능을 개선해보겠습니다.

9.1 Paper의 문제 파악하기

지금까지 다양한 기능을 구현하여 Paper의 사용성과 기능이 눈에 띄게 개선되었습니다. 그러나 여전히 몇 가지 미흡한 부분도 존재하기 때문에 이번 장을 통해 문제를 해결해보겠습니다. 해결해야 될 사항은 다음과 같이 2가지 문제가 존재합니다.

1. 백그라운드 동기화 작업이 완료되어도 대기 중인 작업 목록이 갱신되지 않는 문제
2. 삭제된 게시물의 이미지 데이터가 캐시 스토리지에 계속 유지되는 문제

첫 번째 문제는 앞선 장에서 구현했던 백그라운드 동기화와 관련된 문제입니다. 오프라인 상태에서 게시물을 작성하거나 삭제한 경우 대기 목록에 잘 표시되지만, Paper가 열린 상태로 네트워크 상태가 온라인으로 변경되어 백그라운드 동기화 작업이 수행된 경우에도 대기 목록이 갱신되지 않아 아무런 작업이 수행되지 않은 것과 같은 모습을 보이고 있습니다. 이는 페이지를 새로 고침하면 해결되는 문제지만 약간 아쉬운 모습을 보여주고 있습니다.

두 번째 문제는 게시물의 이미지 데이터가 캐시 스토리지에 계속 쌓여가는 것입니다. 이 문제는 5.5.7. 그 외의 활용 장의 말미에 언급했던 문제이기도 합니다. 오프라인 상태에서 게시물 데이터를 사용자에게 제공하기 위해 이미지 데이터를 동적으로 캐싱하지만, 게시물이 삭제된 경우에도 캐시 스토리지에 캐싱되어 있던 이미지 데이터는 그대로 유지되는 문제가 있었습니다. 이는 사용자 기기의 불필요한 공간을 차지하기 때

문에 반드시 개선해야 할 문제 중 하나입니다. 각각의 두 문제는 다음과 같은 방법을 통해 개선해보겠습니다.

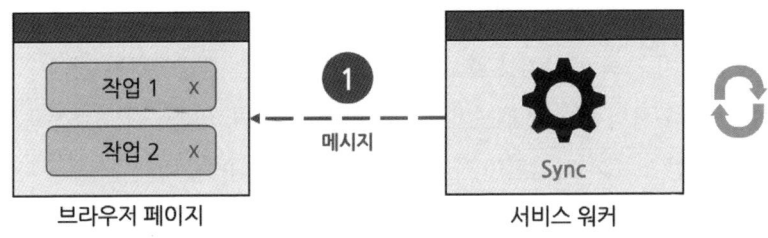

[그림 9-1] 작업 목록 갱신하기

페이지가 열린 상태로 네트워크 상태가 온라인으로 변경되어 백그라운드 동기화 작업이 수행된 경우, 서비스 워커의 sync 이벤트 핸들러에서 열린 웹 페이지로 메시지를 전달하여 작업 목록을 갱신할 수 있도록 기능을 구현하겠습니다. 두 번째 문제는 다음과 같이 웹 페이지에서 서비스 워커로 메시지를 전달하여 불필요한 데이터를 제거하도록 구현하겠습니다.

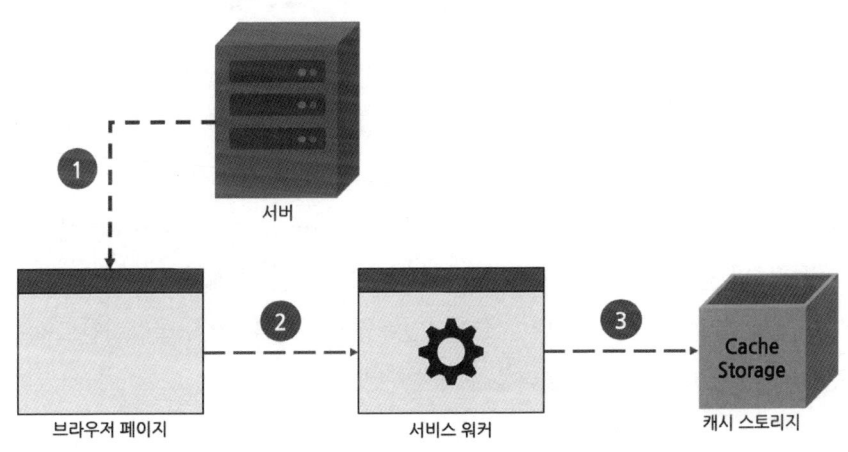

[그림 9-2] 이미지 캐시 정리하기

삭제된 게시물의 이미지 데이터는 캐시 스토리지에 유지되어야 할 이유가 없으므므, Paper를 로드할 때 불러오는 게시물 목록의 이미지 정보를 서비스 워커로 전달하여 목록에 존재하지 않는 이미지를 캐시 스토리지에서 제거하도록 구현하겠습니다.

앞으로 진행할 내용에 대해 그림으로 살펴보았는데 두 해결 방안의 공통점은 서비스 워커와 웹 페이지 간의 메시지를 주고받으며 특정 작업을 수행한다는 것입니다. 서비스 워커는 브라우저의 메인 스레드가 아닌 분리된 별도의 스레드에서 작동해서 웹 페이지의 일반적인 코드와 직접적인 상호작용이 불가능합니다.

이러한 이유로 서로 메시지를 주고받아 상호작용할 수 있도록 구현합니다. 여기서 메시지는 대상에게 전달되는 데이터를 의미하며 일반적인 문자열이나 숫자만이 아니라, 다양한 자바스크립트의 객체를 전달할 수 있습니다.

앞으로 메시지 전달에 대한 내용을 하나씩 살펴볼 예정이며, 클라이언트[Client]라는 단어를 종종 보게 될 것입니다. 클라이언트는 서비스 워커가 제어하고 있는 웹 페이지를 나타내는 말이므로 쉽게하게 이해할 수 있을 것입니다.

9.2 서비스 워커에서 웹 페이지로 메시지 보내기

첫 번째로 해결할 문제는 백그라운드 동기화 작업이 완료되었을 때 웹 페이지에게 메시지를 보내 대기 중인 작업 목록을 갱신할 수 있도록 요청을 보내는 것입니다. 백그라운드 동기화 작업이 완료되었다면, 서비스 워커에서 웹 페이지로 특정 메시지를 전달해 웹 페이지가 대기 중인 게시물 목록을 갱신하는 updateJobList() 함수를 호출하도록 구현하면 쉽게 해결할 수 있습니다. 서비스 워커에서 웹 페이지로 메시지를 전달하려면, 먼저 전달하고자 하는 대상 클라이언트를 알아야 합니다. 클라이언트 목록은 서비스 워커에서 다음과 같이 불러올 수 있습니다.

```
self.clients.matchAll().then((clients) => {
  ...
});
```

clients의 matchAll() 메소드는 프로미스 기반이며, 해당 서비스 워커가 제어하고 있는 모든 클라이언트를 배열에 담아 제공합니다. 이제 배열에 담긴 각각의 클라이언트에게, 또는 특정 클라이언트에게 메시지를 보낼 수 있습니다.

```
clients.forEach((client) => {
  client.postMessage(전달할 데이터);
});
```

클라이언트에게 메시지를 보내는 방법은 클라이언트의 postMessage() 메소드를 사용하여 쉽게 전달할 수 있습니다. postMessage()는 첫 번째 인자로 메시지 데이터를 받아 상대방에게 전달합니다. 서비스 워커에서 전달한 메시지는 웹 페이지에서 다음과 같이 message 이벤트를 통해 받을 수 있습니다.

```
navigator.serviceWorker.addEventListener('message', (event) => {
  console.log(event.data); // 서비스 워커에서 전달한 메시지
}
```

메시지 데이터는 이벤트 객체의 data 속성에 담겨 전달되기 때문에 쉽게 메시지를 받아볼 수 있습니다. 지금까지, 서비스 워커에서 클라이언트로 메시지를 전달하고, 받아보는 방법에 대해 간략히 알아보았습니다. 본격적으로 Paper에 적용하기에 앞서 한 가지 규칙을 미리 정하고 진행해보겠습니다.

백그라운드 동기화 작업이 마무리된 경우 job-finished라는 문자열 값을 웹 페이지에게 전달하고, 웹 페이지는 이 값을 확인하여 updateJobList() 함수를 호출하여 대기 중인 작업 목록을 갱신하도록 구현해보겠습니다. 먼저, 백그라운드 작업이 완료되

었을 때 클라이언트에게 메시지를 전송하는 코드를 workspace/service-worker.js
에 다음과 같이 작성해보겠습니다.

```
self.addEventListener('sync', (event) => {
  console.log('Service Worker - sync:', event.tag);
  if (event.tag.includes('job-')) {
    ...

    event.waitUntil(
      paperDB.getJobs(user).then((jobs) => {
        return Promise.all(jobs.map((job) => {
          ...
        })).then(() => {
          console.log('Service Worker - Job finished!');

          // 작업이 모두 완료되었을 때, 모든 클라이언트에게 메시지 보내기
          self.clients.matchAll().then((clients) => {
            clients.forEach((client) => {
              client.postMessage('job-finished');
            });
          });
        });
      })
    );
  }
});
```

앞선 장에서 구현했던 백그라운드 동기화 작업이 모두 완료된 경우, 모든 클라이언트를 가져온 후 각각의 클라이언트에게 job-finished 라는 메시지를 전송합니다. 작업을 모두 마쳤다는 메시지를 웹 페이지에게 전달했으니, 서비스 워커에서 수행할 일은 끝났습니다. 이제 웹 페이지에서 메시지를 받아 대기 중인 작업 목록을 갱신

하도록 구현하면 됩니다. 서비스 워커의 메시지를 웹 페이지에서 수신할 수 있도록 workspace/js/index.js 하단에 다음과 같은 코드를 작성합니다.

```
// @ch9. 서비스 워커 메시지 이벤트 핸들러 구현
if ('serviceWorker' in navigator) {
  navigator.serviceWorker.addEventListener('message', (event) => {
    if (event.data === 'job-finished') {
      updatePostList();
      updateJobList();
    }
  });
}
```

만약 서비스 워커를 지원하지 않는 브라우저를 통해 Paper를 사용할 수 있으니, 관련 기능을 제공하기에 앞서 조건문을 통해 지원 여부를 확인합니다. 지원하는 브라우저인 경우 message 이벤트 리스너를 구현하여 서비스 워커가 전달한 메시지를 받을 수 있도록 구현합니다.

서비스 워커에서 전달한 메시지는 이벤트 객체의 data 속성에 있기 때문에 해당 값이 job-finished인지 확인하여 게시물 목록과 대기 중인 작업 목록을 갱신합니다. 이제, Paper가 열린 상태로 백그라운드 동기화 작업이 완료된 경우에도 게시물 목록과 대기 중인 작업 목록을 자동으로 갱신하게 될 것입니다. 오프라인 상태에서 게시물을 작성하거나 삭제하여 작업을 등록한 후 네트워크 상태를 온라인으로 변경해보겠습니다.

[그림 9-3]과 같이 백그라운드 작업이 완료된 후 게시물 목록과 대기 중인 작업 목록이 새로 갱신되는 모습을 볼 수 있습니다. 지금까지, 서비스 워커와 웹 페이지 간의 메시지 전달 기능을 구현하여 첫 번째 문제를 해결했습니다. 남은 두 번째 문제는 지금의 상황과 반대로, 웹 페이지에서 서비스 워커로 메시지를 전달하는 방법에 대해 알아보고 해결해보도록 하겠습니다.

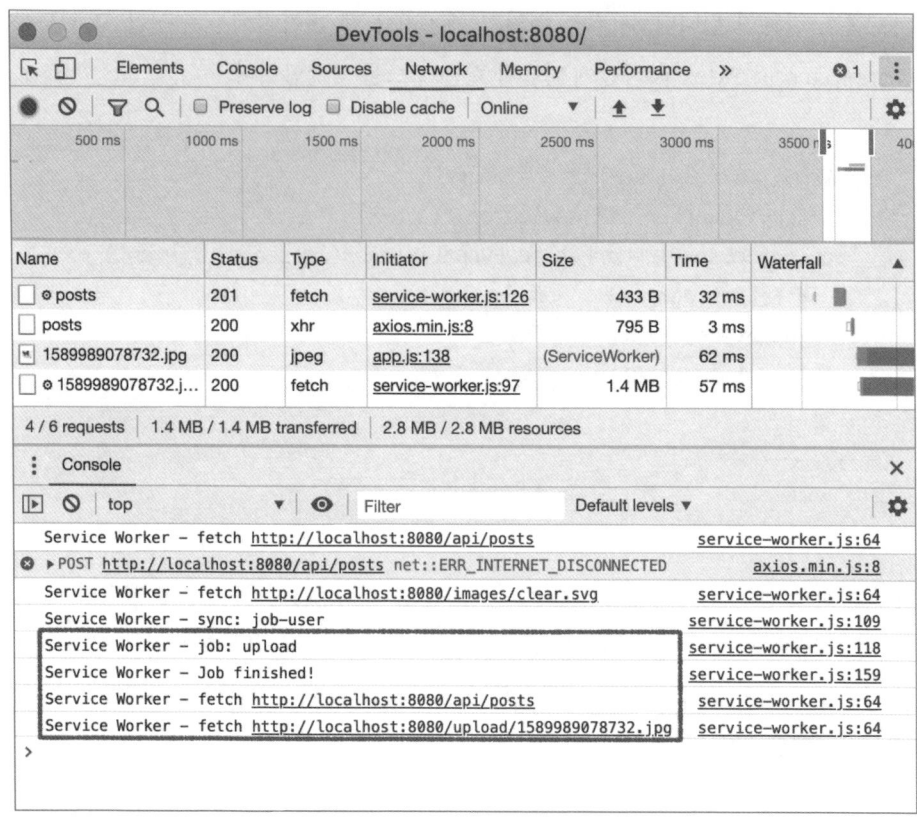

[그림 9-3] 백그라운드 동기화 후 웹 페이지 업데이트

9.3 웹 페이지에서 서비스 워커로 메시지 보내기

두 번째로 해결할 사항은 게시물이 삭제되었더라도, 캐시 스토리지에 게시물 이미지가 그대로 유지된다는 문제입니다. Paper를 로드할 때 불러오는 게시물 데이터는 다음과 같이 구성되어 있으며 image 속성에 게시물 이미지 경로가 포함되어 있습니다. 게시물 목록에 포함되어 있는 이미지만 캐시 스토리지에 유지하고, 해당되지 않는 이미지는 제거하도록 구현해보겠습니다.

```
{
    "id": 1,
    "author": "user",
    "title": "오늘의 고양이",
    "date": "2019-12-06",
    "content": "오늘은 귀여운 고양이를 만났다.",
    "image": "/upload/cat_1.jpg", // 게시물 이미지
    "favorite": [
        "user"
    ]
}
```

삭제할 이미지와 유지할 이미지를 그림으로 나타내면 다음과 같습니다.

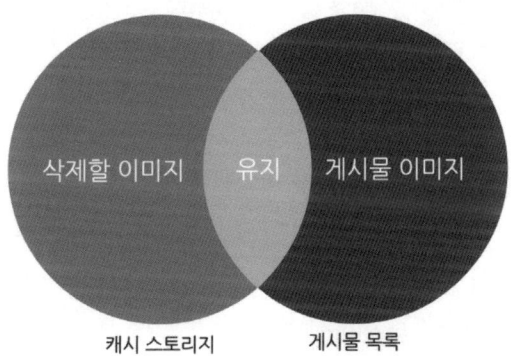

[그림 9-4] 삭제할 이미지 데이터

기존 캐시 스토리지에 존재하던 이미지 데이터 중 실제 게시물 목록에 포함되지 않은 이미지는 캐시 스토리지에서 제거합니다. 기능을 구현하기에 앞서 웹 페이지에서 서비스 워커로 메시지를 전달하는 방법을 간단히 살펴보겠습니다. 웹 페이지에서 서비스 워커로 메시지를 전달하는 방식은 이전과 매우 유사합니다.

```
navigator
  .serviceWorker
  .controller
  .postMessage(전달할 데이터);
```

먼저, controller 속성을 통해 서비스 워커에 접근합니다. 이는 현재 활성화^{active} 상태의 서비스 워커를 반환하며, 활성화되어 있는 서비스 워커가 존재하지 않을 경우 null을 반환합니다. 서비스 워커에도 메시지 전달을 위한 postMessage() 메소드가 구현되어 있기 때문에 해당 메소드를 사용하여 서비스 워커로 메시지를 전달할 수 있습니다. 서비스 워커에서는 웹 페이지에서 전달한 메시지를 다음과 같이 message 이벤트를 통해 받을 수 있습니다.

```
self.addEventListener('message', (event) => {
  console.log(event.data);
});
```

서비스 워커에서 웹 페이지로 메시지를 전달하던 방식과 거의 동일한 모습을 확인할 수 있습니다. 어디에서 어디로 보내는지에 대한 부분만 다를 뿐 구현하는 코드는 동일합니다. 웹 페이지에서 서비스 워커로 메시지를 전달하는 방법을 간략히 알아보았으니, 두 번째 문제를 해결해보겠습니다.

본격적으로 Paper에 기능을 구현하기에 앞서, 한 가지 규칙을 정하겠습니다. Paper가 로드될 때 게시물 목록을 불러온 후 이미지 경로만 추출하여 [그림 9-5]와 같은 데이터 형식으로 서비스 워커에게 메시지를 전달하도록 구현해보겠습니다.

전달할 메시지 형식에는 2가지 값이 존재합니다. 첫 번째 값은 action이며, 백그라운드 동기화의 태그와 비슷한 목적으로 사용하려고 합니다. 추후 action 값에 따라 다양한 작업을 처리하도록 구현할 수 있으며, 이번 실습에서는 sync-image라는 값만 정해두고 사용하도록 하겠습니다.

두 번째 값은 payload입니다. action 값은 작업의 유형을 나타내기 위한 구분 값

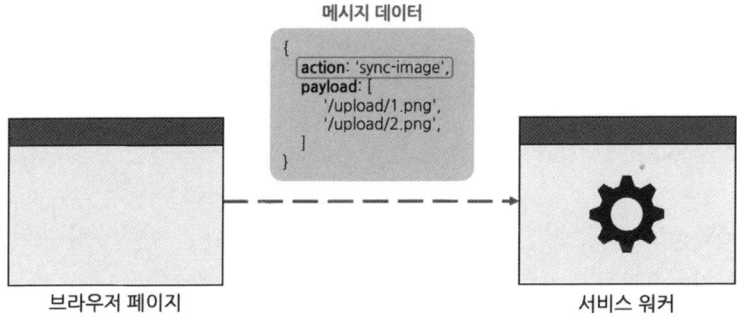

[그림 9-5] 서비스 워커로 전달할 메시지 데이터

이라고 한다면, payload는 작업을 처리하기 위해 필요한 추가적인 데이터입니다. payload에 게시물에 목록에 존재하던 이미지 데이터를 전달하여 서비스 워커가 어떤 이미지 캐시 데이터를 제거해야 할지 판단할 수 있게 합니다.

본격적으로 기능을 구현해보겠습니다. 먼저, workspace/js/index.js 소스코드에 비어있던 toServiceWorker() 함수를 다음과 같이 구현합니다.

```
// 서비스 워커에게 메시지 전달
function toServiceWorker (action, payload) {
  // @ch9. 메시지 전달을 통해 서비스 워커에게 작업 요청

  // 서비스 워커를 지원하고, 활성화된 서비스 워커가 존재할 경우 작업 진행
  if (
    'serviceWorker' in navigator &&
    navigator.serviceWorker.controller
  ) {
    // 서비스 워커에게 전달할 메시지 데이터
    const messageData = { action, payload };

    // 서비스 워커에게 메시지 전달
    navigator
```

```
        .controller
        .postMessage(messageData);
    }
}
```

toServiceWorker() 함수는 서비스 워커로 메시지를 보내기 위한 함수이며, 반복적인 코드를 최소화하고자 만들어진 함수입니다. 이번 기능 역시 지원하지 않는 브라우저가 존재할 수 있기 때문에 관련 기능을 사용하기에 앞서 조건문을 통해 지원 여부를 확인합니다.

브라우저가 관련 기능을 지원하는 경우 활성화되어 있는 서비스 워커가 존재하는지 확인하고, postMessage() 메소드를 통해 메시지 데이터인 messageData를 서비스 워커로 전달합니다. Paper의 게시물 목록이 로드된 후 서비스 워커로 이미지 경로를 전달해야 하므로, 다음과 같이 기존의 updatePostList() 함수에 코드를 추가합니다.

```
// 게시물 목록 업데이트
function updatePostList () {
  ...

  return axios.get('/api/posts')
    .then((response) => {
    ...

      paperDB.clearPost().then(() => {
      ...

        // 게시물 데이터의 image 값만 추출하여 새로운 배열로 매핑
        const images = posts.map((post) => post.image);

        // action: sync-image
        // payload: images
```

```
          toServiceWorker('sync-image', images);
      });
    })
    .catch(...);
}
```

 게시물 목록 중 필요한 데이터인 이미지 경로를 추출하기 위해 배열의 map() 메소드를 사용합니다. 위 코드는 게시물 데이터의 image 값만 추출하여 새로운 배열을 반환합니다. 이미지 목록이 준비되었으니, 방금 구현한 toServiceWorker() 함수를 통해 action 값이 sync-image이고, payload 값은 이미지 경로 리스트인 메시지 데이터를 서비스 워커로 전달합니다.

이제, Paper에 접속하여 게시물 목록을 불러올 때마다 서비스 워커에게 메시지 데이터가 전달될 것입니다. 전달된 메시지를 받아 작업을 수행할 수 있도록 다음과 같이 서비스 워커에 코드를 추가합니다.

```
self.addEventListener('message', (event) => {
  const { action, payload } = event.data;
  console.log('Service Worker - message:', action);

  if (action === 'sync-image') {
    // 작업 수행
  }
});
```

서비스 워커도 message 이벤트를 통해 메시지를 받기 때문에 이벤트 핸들러를 구현합니다. 웹 페이지가 전달한 메시지 데이터 역시 이벤트 객체의 data 속성에 포함되어 있어서 메시지에 담겨 있는 action 값과 payload 값을 쉽게 가져올 수 있습니다.[1]

---

1 const { action, payload } = event.data는 '구조 분해 할당' 문법입니다.

비록 현재 action 값은 sync-image 하나만 사용하지만, 추후 다양한 작업을 처리할 수도 있기에 조건문을 통해 분기되도록 처리합니다. sync-image에 해당하는 작업은 캐시 스토리지에 존재하는 불필요한 이미지를 제거하는 것이기 때문에 다음과 같이 구현할 수 있습니다.

```
if (action === 'sync-image') {
  event.waitUntil(
    // 이미지 캐시 열기
    caches.open(IMAGE_CACHE_NAME).then((cache) => {
      // 모든 캐시 목록 조회
      return cache.keys().then((keys) => {
        // 캐시된 리소스의 URL을 추출하고,
        // 실제 게시물 이미지에 포함되지 않은 리소스만 필터링
        const deleteList = keys
          .map((request) => new URL(request.url).pathname)
          .filter((image) => !payload.includes(image));

        // 필터링된 이미지 캐시 제거
        return Promise.all(deleteList.map((image) => {
          return cache.delete(image).then((done) => {
            console.log('Service Worker - Sync image', image, done);
          });
        }));
      });
    })
  );
}
```

캐시 스토리지에 존재하는 게시물 이미지는 IMAGE_CACHE_NAME 이름의 캐시에 존재하기 때문에 해당 캐시를 열고 keys() 메소드를 사용하여 캐시되어 있는 리소스를 모두 가져옵니다. 이후, 가져온 캐시 리소스^{keys}들과 실제 게시물 이미지 목록^{payload}

을 비교하여 삭제할 데이터만 추출하는 작업을 수행합니다.

keys()로 반환된 캐시 리소스들은 Request 객체로 이루어진 배열이기 때문에 문자열 값으로 구성된 payload의 이미지 경로와 직접 비교할 수 없습니다. 이러한 문제를 해결하기 위해 Request 객체를 경로 문자열로 새롭게 매핑하는 방법에 대해 알아보겠습니다.

```
// Request의 url을 통해 URL 객체 생성 후 pathname 사용
keys.map((request) => new URL(request.url).pathname);
```

Request 객체의 url 속성만으로도 해당 리소스의 URL을 확인할 수 있지만, 프로토콜과 도메인이 함께 포함된 전체 URL(예: https://domain.com/upload/1.png) 형식으로 이루어져 있습니다.

payload 값 형식과 같이 가장 뒤에 있는 /upload/1.png 부분만 추출하기 위해 이전에 사용했던 URL 객체를 활용합니다. URL 객체의 pathname 속성을 참조하여 우리가 원하는 값을 쉽게 가져올 수 있습니다. 이렇게 가져온 값을 사용하여 새로운 배열로 매핑했기 때문에 매핑 전과 후의 데이터 모습은 다음과 같습니다.

```
// 매핑 전
[
  Request,
  Request,
  ...
]

// 매핑 후
[
  '/upload/1.png',
  '/upload/2.png',
  ...
]
```

매핑된 데이터는 이제 payload의 이미지 경로 문자열 값과 동일한 형식이므로, 직접 비교하여 불필요한 리소스를 찾아낼 수 있게 되었습니다. 예를 들어, 매핑된 데이터와 payload의 값이 다음과 같다고 가정해보겠습니다.

```
// 매핑된 데이터(캐시 스토리지의 이미지 경로) 샘플
[
  '/upload/1.png',
  '/upload/2.png',
  '/upload/a.png',
  '/upload/b.png',
]

// payload 샘플
[
  '/upload/1.png',
  '/upload/2.png',
  '/upload/3.png'
]
```

위의 데이터를 통해 삭제할 게시물 이미지는 다음과 같이 찾아낼 수 있습니다.

```
매핑된 데이터.filter((image) => !payload.includes(image));

// 최종적으로 필터링된 데이터
[
  '/upload/a.png',
  '/upload/b.png'
]
```

캐시 스토리지에 존재하던 게시물 이미지(매핑된 데이터)가 실제 게시물 이미지 목록인 payload에 포함되어 있는지 확인해서 포함되어 있지 않은 데이터만 선별합니다. 이렇게 필터링된 데이터(코드의 deleteList)는 삭제할 이미지 데이터의 경로로 이루어져

있어서 해당 리소스를 캐시 스토리지에서 제거할 수 있도록 다음과 같이 기능을 구현할 수 있습니다.

```
return Promise.all(deleteList.map((image) => {
  // 필터링된 이미지 하나 하나 가져온 후 캐시에서 삭제
  return cache.delete(image).then((done) => {
    console.log('Service Worker - Sync image', image, done);
  });
}));
```

캐시의 delete() 메소드를 사용하여 캐시되어 있는 특정 리소스를 제거할 수 있으며, 리소스 제거를 시도한 후 성공 여부를 전달합니다. 위의 코드는 이미지 캐시에서 불필요한 데이터를 하나씩 삭제하고, 삭제 여부를 콘솔에 기록합니다. 기능이 잘 작동하는지 확인해보기 위해 이미지가 포함된 게시물을 몇 개 업로드한 후 삭제합니다. 그리고 페이지를 새로고침하여 캐시 스토리지에서 이미지가 제거되는지 확인합니다.

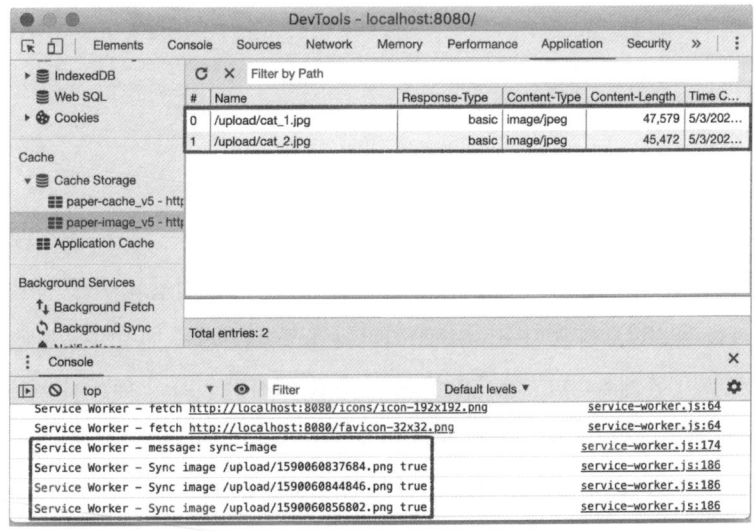

[그림 9-6] 삭제된 불필요한 이미지 캐시

게시물을 작성하니 게시물 이미지가 캐시 스토리지에 캐싱되었습니다. 이후 이미지가

포함되어 있던 게시물 몇 개를 삭제한 후 페이지를 새로고침하니 캐싱된 이미지 데이터도 함께 삭제된 것을 확인할 수 있습니다. 이제 불필요한 게시물 이미지 데이터 관리만이 아니라, 사용자의 저장 공간까지 관리할 수 있는 Paper로 거듭나게 되었습니다.

지금까지, 2가지 유형의 문제를 모두 개선해보았습니다. 계획했던 대로 잘 작동하지만, 지금까지 살펴본 메시지 전달 방식 외에 메시지 채널을 통해 서로 주고받는 방법에 대해서도 알아보도록 하겠습니다.

9.4 메시지 채널을 통해 메시지 주고받기

앞서 살펴보았던 메시지 전달 방식은 [그림 9-7]과 같이 단방향적인 특성을 띄고 있었습니다.

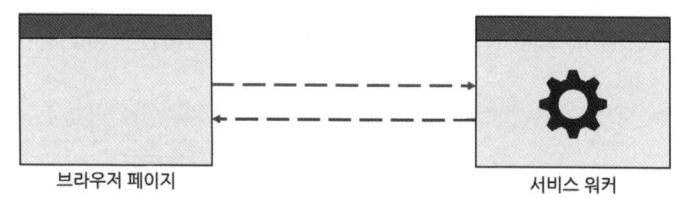

[그림 9-7] 단방향 메시지

웹 페이지 또는 서비스 워커에서 대상에게 메시지를 보내고, 응답을 되돌려받을 수 없었습니다. 예를 들어, 웹 페이지에서 서비스 워커에게 특정 작업을 위해 메시지를 보내고 결과를 돌려받으려면 다시 서비스 워커에서 웹 페이지에 메시지를 전달해야 하는 번거로움이 존재합니다. 이러한 문제는 채널 메시징 API의 메시지 채널Message Channel을 통해 해결할 수 있습니다. 메시지 채널은 지금의 웹 페이지와 서비스 워커와 같이 2개의 서로 다른 컨텍스트 간의 통신을 위해 사용합니다.

기존에 알아보았던 메시지 전달 방식과 유사하지만, 메시지 채널은 2개의 구멍이 있는 파이프와 같은 구조로 이루어져 있으며, 각각의 구멍을 포트Port라고 합니다.

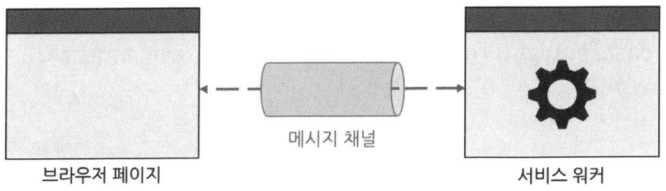

[그림 9-8] 메시지 채널

[그림 9-9] 메시지 채널의 포트

하나의 메시지 채널을 생성하고 한 쪽에서는 1번 포트를, 다른 한 쪽에서는 2번 포트를 통해 양방향 통신이 가능합니다. 이전에 구현했던 toServiceWorker() 함수를 메시지 채널을 사용하여 동작할 수 있도록 수정해보겠습니다.

```
// 서비스 워커에게 메시지 전달
function toServiceWorker (action, payload) {
  // @ch9. 메시지 전달을 통해 서비스 워커에게 작업 요청
  if (
    'serviceWorker' in navigator &&
    navigator.serviceWorker.controller
  ) {
    const messageData = { action, payload };

    // 새로운 메시지 채널 생성
    const channel = new MessageChannel();

    // 반대 포트(port2)에서 전달되는 메시지 수신
```

```
channel.port1.onmessage = (event) => {
  console.log('From Service Worker: ' + event.data);
};

navigator
  .serviceWorker
  .controller
  .postMessage(messageData, [channel.port2]); // 2번 포트 전달
  }
}
```

기존에 사용하던 messageData 변수의 변동 사항은 없으며, 새로운 메시지 채널을 생성한 코드가 추가되었습니다. 메시지 채널은 MessageChannel 클래스를 통해 생성할 수 있습니다. 생성된 객체에는 2가지 포트가 존재하며, 각각 port1, port2 속성으로 참조할 수 있습니다.

1번 포트에서 전달한 데이터는 2번 포트를 통해 받을 수 있고, 반대로 2번 포트에서 전달한 데이터는 1번 포트를 통해 받을 수 있습니다. 포트를 통해 메시지를 받는 방법은 이전 방식과 동일하게 message 이벤트 핸들러를 구현하여 받아볼 수 있습니다.

```
channel.port1.onmessage = (event) => {
  console.log('From Service Worker: ' + event.data);
};
```

toServiceWorker() 함수에 구현한 코드는 1번 포트를 웹 페이지에서 사용하고, 2번 포트를 서비스 워커로 전달하여 메시지를 주고받을 수 있도록 합니다. 서비스 워커에게 포트를 전달할 때에는 포트가 포함된 배열 형태로 postMessage() 메소드의 두 번째 인자로 전달합니다. 지금의 예제에선 하나의 포트를 전달하지만 원한다면 여러 메시지 채널의 포트를 배열에 담아 전달할 수 있습니다. 서비스 워커에서는 전달된 포트를 다음과 같이 받아볼 수 있습니다.

```
self.addEventListener('message', (event) => {
  const { action, payload } = event.data;
  const port = event.ports[0]; // 포트 배열의 첫 번째 요소
  console.log('Service Worker - message:', action);

  if (action === 'sync-image') {
    event.waitUntil(
      caches.open(IMAGE_CACHE_NAME).then((cache) => {
        return cache.keys().then((keys) => {
          ...

          return Promise.all(deleteList.map((image) => {
            ...
          })).then(() => {
            // 작업 완료 후 상대방에게 메시지 보내기
            port.postMessage('Image sync - completed');
          });
        });
      })
    );
  }
});
```

메시지 데이터는 이벤트 객체의 data를 통해 받았지만, 포트는 이벤트 객체의 ports 속성으로 받을 수 있습니다. ports 값은 배열이며, 지금은 하나의 포트만 전달했기 때문에 첫 번째 요소를 가져와 사용합니다.

불필요한 이미지 캐시 삭제 작업이 마무리되었을 때 웹 페이지로 메시지를 전달할 수 있도록 Promise.all 하단에 코드를 추가했으며, 포트의 postMessage() 메소드를 통해 메시지를 다른 포트에게 전달할 수 있습니다. 서비스 워커의 2번 포트에서 전달된 메시지는 1번 포트에 구현한 message 이벤트 핸들러로 전달되므로, 하나의 메시지 채널만으로 양방향 통신을 구현할 수 있습니다. 기능을 확인해보기 위해 이미지가 포

함된 게시물을 삭제한 후 새로고침 합니다.

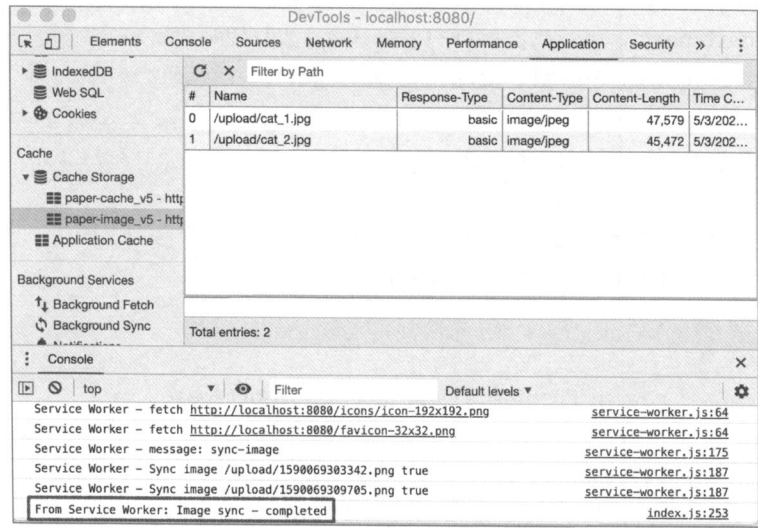

[그림 9-10] 메시지 채널을 통해 양방향 통신하기

서비스 워커에서 수행되는 이미지 캐시가 삭제 작업이 완료된 후 서비스 워커에서 전달한 메시지가 콘솔에 출력되는 모습을 확인할 수 있습니다. 이처럼 데이터를 주고받아야 하는 경우 메시지 채널을 유용하게 활용할 수 있습니다.

지금까지, 서비스 워커와 웹 페이지 간의 메시지를 주고받는 방법에 대해 알아보았습니다. 일반적인 웹 앱이었던 초기의 Paper에서, 이젠 오프라인 환경도 지원하고 백그라운드 동기화 불필요한 데이터 삭제 기능까지 갖추게 되었습니다. 현재 Paper를 사용해보면 꽤나 만족스럽지만, 누군가가 여러분이 작성한 게시물에 좋아요를 눌렀을 때 알림을 보내준다면 정말 편리할 것 같지 않나요?

기존에는 네이티브 환경에서만 구현이 가능했던 푸시 알림 기능을 웹 환경에서도 구현할 수 있게 되었습니다. 푸시 알림에 대한 자세한 내용은 다음 장에서 알아보겠습니다. 아울러, Paper의 좋아요 푸시 알림 기능에 대해서도 함께 구현해보겠습니다.[2]

---

2 9장의 소스코드: https://github.com/leegeunhyeok/paper/tree/ch9

CHAPTER 10

Push, 사용자에게 알림 보내기

10장 Push, 사용자에게 알림 보내기

이번 장에서는 푸시 알림에 대한 전반적인 이론을 살펴보고, Paper의 좋아요 푸시 알림 기능을 구현해보겠습니다.

10.1 푸시란?

오늘날 여러분이 사용하는 대부분의 앱에는 푸시 알림Push Notification 기능이 구현되어 있습니다. 대표적으로, 다른 사용자와 메시지를 주고받을 수 있는 메신저 앱을 예로 들 수 있습니다. 상대방이 내게 메시지를 보냈을 때 푸시 알림을 통해 메시지가 도착했다는 사실을 확인할 수 있고, 반대로 상대방에게 나의 행위(예: 게시물 좋아요)를 알릴 수 있는 수단이기도 합니다.

기존에는 이러한 푸시 알림 기능은 오직 네이티브 환경에서만 구현할 수 있었지만, 웹 기술이 점점 발전하게 되어 푸시 APIPush API가 새롭게 추가되었습니다. 푸시 API는 웹 페이지가 로드되어 있지 않은 상태라도 서버로부터 메시지를 받을 수 있는 기능을 제공합니다. 이를 통해 웹 환경에서도 언제든지 푸시 메시지를 받아 사용자에게 푸시 알림을 제공할 수 있는 기능을 구현할 수 있게 되었습니다. 푸시 알림 기능을 구현하기에 앞서, 푸시에 대한 기본적인 내용을 살펴본 후 Paper에 푸시 알림 기능을 추가해보도록 하겠습니다.

10.1.1 풀Pull과 푸시Push

먼저, 푸시Push 방식에 대해 알아보기 전에 푸시와 상반되는 풀Pull 방식부터 알아보도록 하겠습니다.

풀 방식은 클라이언트가 서버로 먼저 요청을 보내 원하는 데이터를 당겨오는Pull 방식이며, 웹 페이지를 로드할 때 불러오는 HTML, CSS, 이미지 리소스나 REST API를 통해 게시물 데이터를 가져오는 방법 등이 바로 이 방식이라고 볼 수 있습니다. 푸시 방식은 풀 방식과는 반대로 서버에서 클라이언트로 데이터를 밀어넣는Push 방식이며, 대표적인 활용 예시로 이번 장의 주제인 푸시 알림이 있습니다.

단어의 의미와 실제 동작하는 방식이 동일하기 때문에 쉽게 이해할 수 있습니다. 풀과 푸시의 기본적인 동작 방식은 [그림 10-1]과 같이 나타낼 수 있습니다.

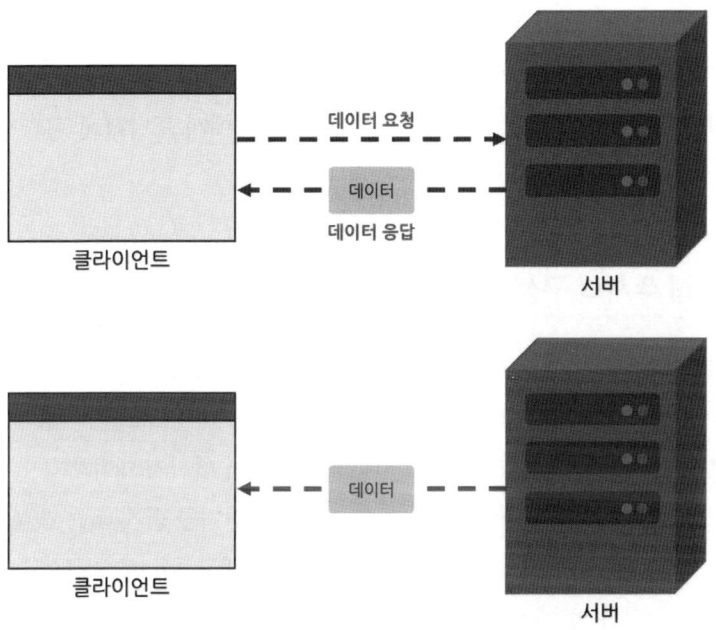

[그림 10-1] 풀(위)과 푸시(아래)

풀과 푸시 방식은 먼저 클라이언트에서 데이터를 서버에게 요청하거나, 서버에서 클라이언트로 데이터를 전달하는 등 어떤 대상으로부터 작업이 시작되는지를 기준으로 구분할 수 있습니다.

10.2 웹 푸시 살펴보기

앞서 풀과 푸시에 대해 간단히 알아보았습니다. 좋아요 알림과 같은 기능은 클라이언트가 서버에게 알림이 존재하는지 지속적으로 요청해서 물어보는 방식보다는 알림이 존재할 경우 서버에서 클라이언트로 한 번 보내주는 방식이 훨씬 효율적입니다. 이러한 이유로 대부분의 알림 기능은 푸시 방식을 활용하여 구현합니다.

풀과 푸시 방식의 차이점과 대략적인 작동 방식을 설명했는데, 그렇다면 웹 환경에서 푸시 알림은 어떻게 동작할까요? 단순히 서버에서 클라이언트로 데이터를 전달하기만 하면 되는 것일까요? 게시물 좋아요와 같이 특정 상황이 발생했을 때 실제 푸시 알림이 서버에서 클라이언트로 어떻게 전달되고 사용자에게 도달하게 되는지 조금 더 자세히 살펴보겠습니다.

10.2.1 웹 푸시의 구성 요소

푸시 알림을 보내고, 이를 브라우저가 받아 최종 사용자에게 알림을 보여주는 기능은 다양한 작업을 거쳐 수행됩니다. 웹 푸시를 이루는 주요 구성 요소는 사용자 에이전트 UA, User Agent 브라우저와 애플리케이션 서버 그리고 푸시 메시지(데이터)를 전송하는 푸시 서비스입니다. 사용자 에이전트, 즉 브라우저는 메시지를 받게 되는 대상이며 애플리케이션 서버는 클라이언트와 상호작용하며 기능을 제공하는 등 지금의 Paper 서버라고 할 수 있습니다. 현재 여러분의 서비스에는 이 2가지 구성 요소가 존재하는 상황입니다.

그렇다면 마지막 구성 요소인 푸시 서비스는 무엇을 의미하는 것일까요? 푸시 서비스는 푸시 메시지(데이터)를 사용자 에이전트로 전달하는 기능을 담당하며 이러한 기능을 여러분이 직접 구현하지 않고도 사용할 수 있도록 제공합니다. 대표적으로 구글의 FCM구 GCM, Firebase Cloud Messaging과 애플의 APNs Apple Push Notification Service 등이 있습니다.

푸시 서비스를 사용함으로써 애플케이션 서버의 기능과 푸시 알림 전송 기능을 분리할 수 있습니다. 푸시라는 개념은 비교적 쉽게 이해할 수 있을지 몰라도 직접 구현하기에는 많은 비용이 발생하기 때문에 주요 기능은 애플리케이션 서버를 통해 처리하고, 푸시 메시지 전달 기능은 푸시 서비스에게 위임하여 기능적으로 분리합니다.

대부분의 푸시 서비스는 안전한 푸시 메시지 전송을 위한 사용자 인증과 다양한 예외 상황 처리 그리고 다양한 부가 기능도 제공하기 때문에 효율적으로 푸시 알림 전송 기능을 구현할 수 있습니다. 지금까지 알아본 구성 요소들은 [그림 10-2]와 같이 나타낼 수 있으며, 간단한 푸시 메시지 전송 시나리오와 함께 살펴보겠습니다.

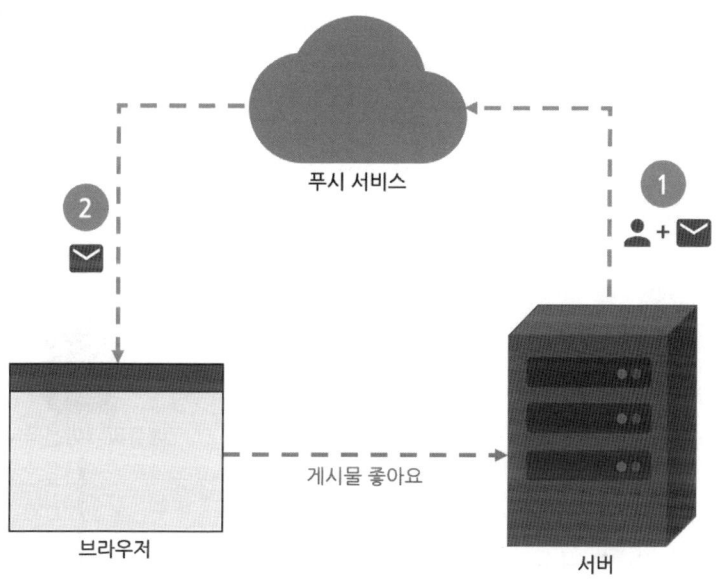

[그림 10-2] 웹 푸시의 주요 구성 요소

사용자가 게시물에 좋아요를 표시했거나 메시지를 보내는 등 푸시 알림을 전송할 상황이 발생하면 애플리케이션 서버는 어느 브라우저에게에게 어떤 푸시 메시지를 전송할지에 대한 데이터를 푸시 서비스로 전달합니다. 이처럼 푸시 알림을 받게될 대상 브라우저의 정보와 푸시 메시지를 푸시 서비스로 전달하면, 애플리케이션 서버가 할 일은 마무리됩니다. 이후에 일어나게 될 인증과 다양한 처리는 푸시 서비스에서 수행하기 때문입니다.

푸시 서비스는 인증 절차를 거친 후 애플리케이션 서버로부터 전달받은 푸시 메시지를 대상 브라우저에게 전달하며, 최종적으로 브라우저에서 푸시 메시지를 받아 알림 생성하게 됩니다. 그렇다면 푸시 알림을 받게될 브라우저의 정보는 어떻게 알 수 있으며 안전한 푸시 메시지 전송을 위한 인증은 어떻게 수행될까요?

웹 푸시를 위해 데이터를 주고받는 방법은 웹 푸시 프로토콜을 따르고 있으며, 인증에는 다양한 방법이 존재합니다.

10.2.2 웹 푸시 프로토콜

웹 푸시 프로토콜Web Push Protocol은 애플리케이션 서버나 브라우저가 푸시 서비스와 상호작용하기 위한 규약입니다. 이는 다음과 같은 푸시 아키텍처 구성 요소들간의 상호작용을 설명합니다.

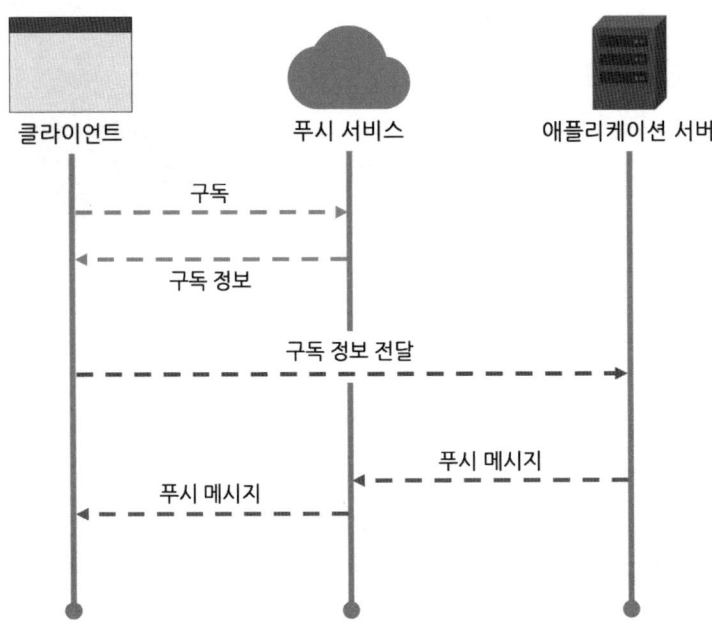

[그림 10-3] 웹 푸시 아키텍처

먼저, 웹 푸시 기능을 사용하기 위해선 사용자의 브라우저가 푸시 서비스를 구독
Subscription하는 과정이 필요합니다. 구독을 통해 사용자 브라우저의 정보가 푸시 서비스
에 등록되고, 푸시 서비스는 결과 값으로 구독에 대한 정보를 브라우저에게 전달합니다.

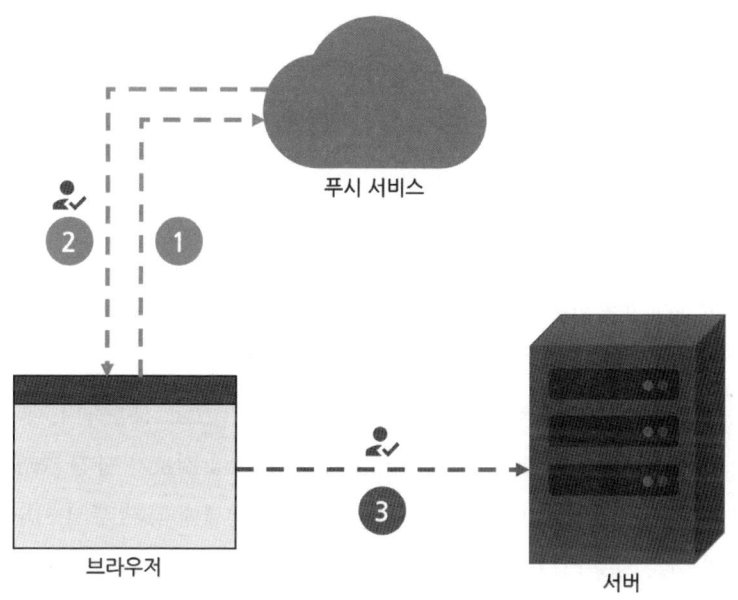

[그림 10-4] 푸시 서비스 구독

브라우저로 전달된 구독 정보는 애플리케이션 서버로도 전달해주어야 합니다. 왜냐
하면, 구독 정보는 어느 브라우저로 푸시 메시지를 전달하게 될지에 대한 정보로 사용
되기 때문입니다. 이후 애플리케이션 서버는 브라우저로부터 전달받은 구독 정보와
푸시 메시지를 푸시 서비스로 전달하여 지정된 브라우저에 푸시 메시지를 전달할 수
있습니다. 푸시 서비스 구독은 언제든지 취소하여 푸시 알림 기능을 비활성화할 수 있
으며, 구독을 취소할 경우 기존에 생성되었던 구독 정보는 푸시 서비스에서 제거되고
더이상 유효하지 않게 됩니다.

이처럼, 푸시 메시지를 받게 될 브라우저는 구독 정보를 통해 구분한다는 것을 알게 되
었습니다. 한 가지 더 궁금했던 안전한 푸시 메시지 전송을 위한 인증 과정은 웹 푸시

프로토콜에서 설명하고 있지 않습니다. 이러한 이유로 푸시 서비스의 비표준 방식을 사용하여 저마다 다양한 방법으로 구현했던 시절도 있었으며, 요즘에는 웹 푸시를 위한 VAPID 인증 방식을 사용하고 있습니다.

이를 통해 푸시 서비스마다 다른 방식으로 구현해야 했던 단점을 보완하고 있고, 브라우저들도 VAPID 인증에 대한 지원을 확대하고 있습니다. VAPID 인증 방식에 대한 내용을 조금 더 자세히 알아보도록 하겠습니다.

10.2.3 VAPID

브라우저에 구현된 웹 푸시 API는 일관성을 유지하고 안전한 푸시 메시지 전송을 위해 자발적인 응용프로그램 서버 식별 방식인 VAPID^{Voluntary Application Server Identification} 인증 방식을 지원하기 시작했습니다.

VAPID는 공개키 암호화 방식의 키 쌍(공개키와 비공개키)으로 검증하며, 애플리케이션 서버에서 푸시 서비스에게 푸시 요청을 보낼 때 일련의 정보가 담긴 JWT^{JSON Web Token}[1]를 함께 전달합니다. 전달되는 JWT에는 VAPID 명세에 따른 푸시 서비스 정보, 만료 시간과 같은 데이터가 포함되어있으며 여러분이 원하는 데이터를 추가할 수도 있습니다. VAPID 인증으로 어떻게 안전한 푸시 메시지 전송을 보장하게 되는지 알아보기에 앞서, 공개키 암호화에 대해 간단히 살펴보도록 하겠습니다.

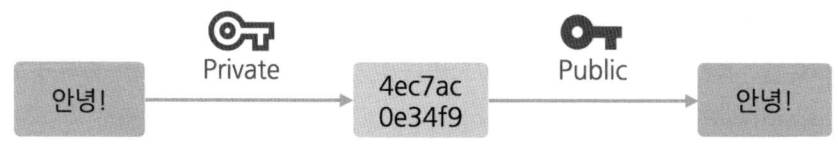

[그림 10-5] 공개키 암호화

---

1 JWT는 정보를 JSON 객체 형태로 주고받기 위해 표준 규약에 따라 서명하거나 암호화한 문자열(토큰)입니다.

공개키 암호화는 암호화하고 복호화할 때 사용하는 키 값이 일치하지 않는(비대칭키) 암호화 방식입니다. 공개키와 비공개키가 쌍으로 존재하며 공개키로 특정 데이터를 암호화한 경우, 암호화된 데이터는 비공개키만으로 복호화할 수 있습니다. 반대로 비공개키로 암호화한 경우엔 공개키만으로 복호화할 수 있습니다. 이러한 특성을 사용하여 전자 서명이나 다양한 보안 인증에서 활용되고 있는 암호화 기술입니다.

위의 특성을 이용하여 애플리케이션 서버에서 푸시 서비스에게 푸시 요청을 보낼 때 함께 전달되는 JWT을 VAPID 비공개키로 서명(암호화)하게 되며, 푸시 서비스에서는 공개키를 사용하여 요청에 대한 유효성을 검증합니다. 즉, 애플리케이션 서버에서 서명한 데이터를 푸시 서비스가 검증하는 절차를 수행하며 이처럼 VAPID의 키 쌍을 통해 푸시 서비스는 애플리케이션 서버를 식별하고, 전달받은 푸시 메시지 요청이 유효한지 검증할 수 있습니다. VAPID 인증 과정이 포함된 푸시 알림의 전체적인 흐름은 [그림 10-6]과 같습니다.

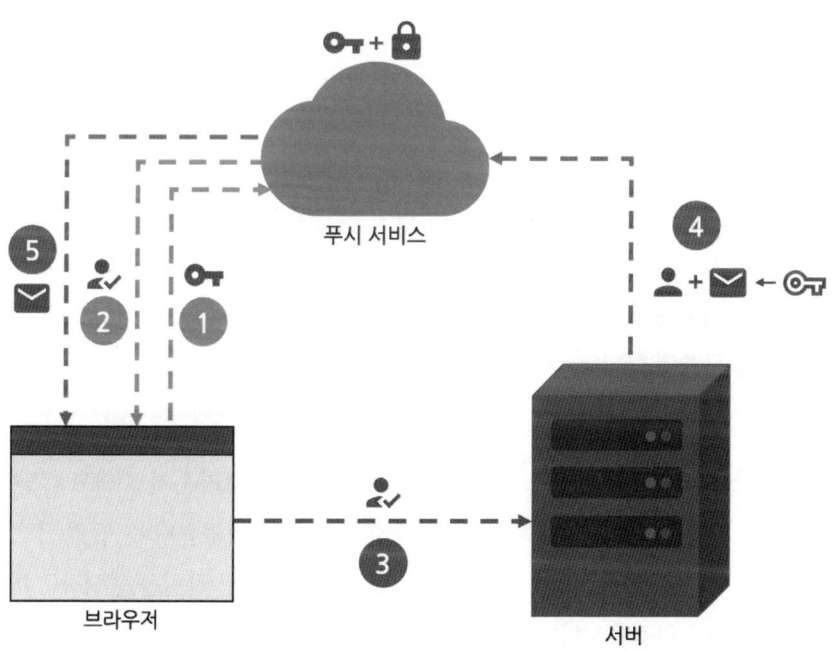

[그림 10-6] VAPID 인증과 푸시 알림

1. 클라이언트에서 구독할 때 공개키를 푸시 서비스로 함께 전달
2. 클라이언트 등록 후 구독 정보 전달
3. 푸시 서비스로부터 받은 구독 정보를 애플리케이션 서버로 전달
4. 푸시 메시지를 보낼 때 사용자 구독 정보와 메시지를 비공개키로 암호화한 후 푸시 서비스로 전달
5. 푸시 서비스에선 공개키를 사용하여 검증한 후 클라이언트로 푸시 메시지 전달

위와 같은 절차로 푸시 메시지 데이터를 주고받게 되며, 만약 데이터가 위조되었거나 키가 일치하지 않는 경우 푸시 메시지는 클라이언트에게 전송되지 않습니다. VAPID 는 인증을 통한 푸시 요청의 유효성 검증만이 아니라, 관리자에게 연락할 수 있는 수단을 제공합니다. 푸시 메시지를 전달할 때 포함되는 JWT에는 연락 받을 수 있는 관리자의 이메일이나 웹 페이지 주소에 해당하는 연락처 정보를 추가하며, 비정상적으로 많은 푸시 요청이 발생하거나 이상이 감지되었을 때 푸시 서비스에서 관리자에게 연락할 수 있도록 합니다.

> VAPID 인증 방식을 지원하지 않는 구버전 브라우저는 여전히 푸시 서비스 자체의 비표준 방식을 사용하여 기능을 제공합니다. 구글 GCM(현 FCM)을 예로 들면, VAPID 대신 자체 발급받은 API키와 gcm_sender_key 라는 값을 사용하여 인증을 수행합니다.

지금까지 알아본 대부분의 복잡한 기능은 푸시 서비스와 브라우저 그리고 다양한 라이브러리를 통해 처리하기 때문에 아주 깊게 이해할 필요는 없습니다. 웹 푸시 기능을 제공하기 위한 전반적인 흐름을 살펴보았으니, 브라우저에서 알림을 생성하는 방법에 대해 알아보도록 하겠습니다.

10.3 알림 API^{Notification API}

이전에 언급되었던 푸시 API^{Push API}는 웹 페이지가 로드되어 있지 않고도 푸시 메시지를 받기 위한 기능을 제공한다면, 알림 API^{Notification API}는 사용자에게 보이게 될 시스템 알림을 구성하기 위한 기능을 제공합니다.

푸시 알림 기능은 단순히 푸시 메시지를 받기만 해서 구현할 수 있는 것이 아니라, 푸시 API와 알림 API를 함께 사용하여 구현합니다. 생성하는 알림은 사용자의 플랫폼 및 운영체제에 따라 보이는 모습이 다를 수 있지만, 알림 API는 다양한 환경에서 호환되도록 범용적으로 구현되어 있습니다. 여러분은 알림 API를 사용하여 알림의 내용이나 아이콘과 같은 항목을 지정하여 새로운 알림을 생성할 수 있습니다.

 그렇지만 무작정 사용자에게 알림을 제공할 수 없고, 사용자가 알림 기능을 활성화하고 허가한 경우에만 알림을 표시할 수 있습니다. 먼저, 사용자로부터 알림 권한을 획득하고 권한 상태에 따라 웹 페이지를 제어하는 방법에 대해 알아보도록 하겠습니다.

10.3.1 알림 권한 요청하기

알림 API는 강력한 기능이지만, 사용자가 선택한 권한에 따라 허가되거나 거부될 수 있습니다. 사용자가 알림을 거부하면 아쉽게도 알림을 제공할 수 없지만, 권한 요청은 필수로 지나쳐야 할 과정 중 하나입니다.

알림 권한을 요청하기 전에, Paper에 구현되어있던 알림 버튼을 활성화해보겠습니다. workspace/js/index.js 소스코드에 존재하는 메시지 이벤트 핸들러 아래에 코드를 추가합니다.

```
// @ch9. 서비스 워커 메시지 이벤트 핸들러 구현
if ('serviceWorker' in navigator) {
  navigator.serviceWorker.addEventListener('message', ...);

// @ch9. 서비스 워커 메시지 이벤트 핸들러 구현
```

```
if ('serviceWorker' in navigator) {
  navigator.serviceWorker.addEventListener('message', ...);

  // 푸시 기능 지원 여부에 따라 알림 구독 버튼 보이기/숨기기 처리
  navigator.serviceWorker.ready.then((registration) => {
    if (registration.pushManager) {
      pushSupport = true;
      notificationControl.classList.remove('disabled');
    }
  });
}
```

workspace/index.html 파일에는 푸시 알림 기능을 위한 버튼 영역이 구현되어 있었지만, 기본적으로 보이지 않게(disabled 스타일 클래스) 숨겨져 있었습니다. 하지만 위의 코드를 추가함으로써, 사용자의 브라우저가 푸시 기능을 지원하는 경우 disabled 스타일 클래스를 제거하여 사용자가 볼 수 있도록 합니다.

푸시 기능을 지원하는지 확인하는 방법은 서비스 워커 등록 객체에 PushManager가 존재하는지에 대한 여부로 구분할 수 있습니다. PushManager를 통해 푸시 API의 기능을 사용할 수 있습니다. 푸시 기능을 지원하는 경우 pushSupport 변수의 값을 true로 설정합니다. pushSupport 변수의 값은 푸시 알림 지원 여부를 나타내는 값으로 활용할 예정입니다. 푸시 기능을 지원하는 브라우저에서 Paper에 접속하면 다음과 같이 '알림 켜기' 버튼이 보이는 것을 확인할 수 있습니다.

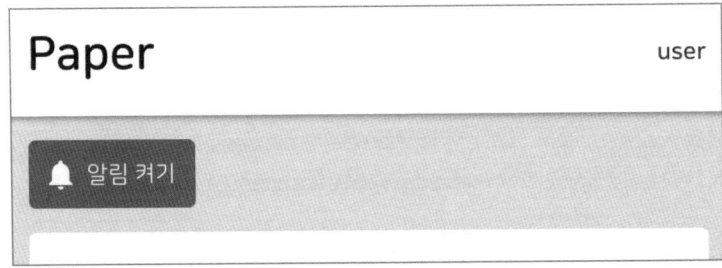

[그림 10-7] 알림 기능을 위한 버튼

지금은 숨겨져 있던 버튼이 보이기만 할 뿐 버튼을 클릭해도 아무런 동작을 수행하지 않습니다. 이제 사용자가 이 버튼을 눌렀을 때 푸시 알림을 제공해야 하므로, 알림을 생성하기 위한 권한을 요청하도록 구현해보겠습니다. workspace/js/index.js 소스 코드를 살펴보면 빈 알림 버튼 이벤트 핸들러가 보입니다. 해당 핸들러에 다음과 같이 코드를 추가합니다.

```
// 알림 버튼
notificationButton.addEventListener('click', () => {
// @ch10. 권한 확인 및 요청

  if (!pushSupport) {
    return;
  } else {
    Notification.requestPermission().then((permission) => {
      console.log('Push Permission:', permission);
      if (Notification.permission !== 'granted') {
        return;
      } else {
        // 알림 생성
        new Notification('Hello!');
      }
    });
  }
});
```

'알림 켜기' 버튼을 누르면 위의 코드가 실행됩니다. 먼저, 사용자의 브라우저가 푸시 기능을 지원하는지 확인하며 지원하지 않는 경우 아무런 작업을 수행하지 않습니다. 알림 권한은 Notification.permission을 통해 확인할 수 있으며, 다음과 같이 총 3가지 문자열 값으로 구분할 수 있습니다.

1. default(기본): 알림 권한을 요청하면, 사용자에게 팝업 메시지를 표시합니다.
2. denied(거부): 사용자가 거부한 상태입니다.
3. granted(허가): 사용자가 허가한 상태입니다.

만약, 브라우저가 알림 API를 지원하고 사용자가 알림을 거부하지 않았다면, Notification.requestPermission()을 통해 권한을 요청합니다. 해당 메소드는 프로미스를 반환하며, 결과 값으로 알림 권한 문자열 값을 제공합니다.
위 코드는 권한 요청 후 사용자로부터 허가받지 못한 경우(또는 이미 거부한 경우) 아무런 작업을 수행하지 않으며, 사용자가 허가한 경우에만 새로운 알림을 생성합니다. 알림 권한 요청과 알림이 잘 생성되는지 확인하기 위해 페이지를 새로고친 후 '알림 켜기' 버튼을 눌러보겠습니다.

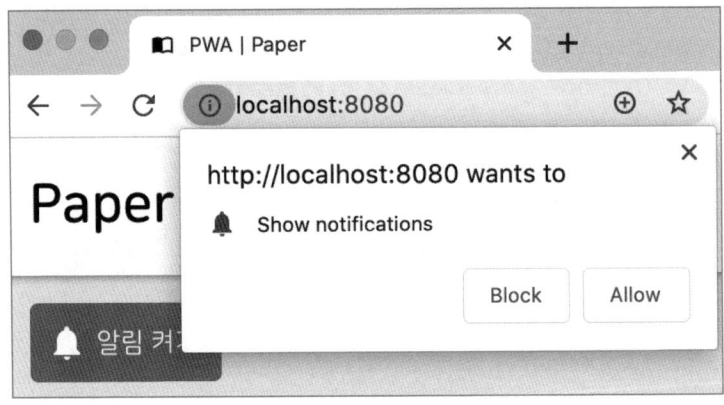

[그림 10-8] 알림 권한 요청

 TIP

만약 권한 요청 팝업이 표시되지 않는다면, 여러분이 이전에 알림을 허가하거나 거부했을 가능성이 있습니다. 다음과 같이 주소 표시줄의 정보 버튼을 눌러 권한을 수동으로 설정할 수 있습니다.

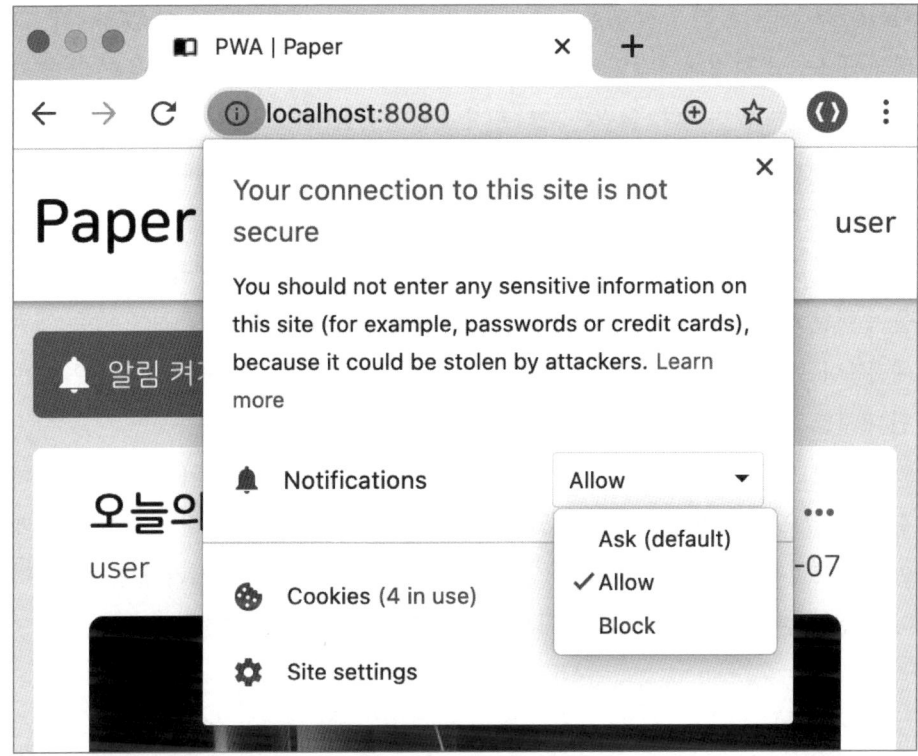

[그림 10-9] 수동으로 알림 권한 변경하기

알림 권한을 물어보는 과정에서 사용자는 차단denied하거나 허가granted할 수 있으며, 아무것도 선택하지 않고 취소한 경우 기본 상태default를 유지합니다. 알림 권한을 허가하면 새로운 알림을 생성하게 되고, 다음과 같이 알림 메시지가 시스템에 표시됩니다.[2]

[그림 10-10] 생성된 알림

---

2   플랫폼에 따라 알림의 모습은 조금씩 다를 수 있습니다(본 그림은 macOS의 알림 모습입니다).

이처럼 사용자로부터 알림 권한만 허가받는다면 알림을 쉽게 제공할 수 있습니다. 그런데 데스크탑 환경에서는 알림이 잘 생성되지만, 모바일 기기로 확인해보면 알림 기능이 작동하지 않습니다. 알림은 브라우저에서 알림 API를 사용하여 생성하나, 실제로 알림을 보여주는 역할은 브라우저가 아닌 운영체제에서 수행합니다.

만약, 여러분이 사용자에게 알림을 제공한 후 액션(알림 클릭 등)이 발생했을 때 특정 기능을 제공하려고 한다면 브라우저가 닫히더라도 알림에 대한 액션을 감지하고 동작을 수행할 수 있어야 합니다. 하지만 사용자가 알림에 대한 액션을 취하지 않은 채로 페이지나 브라우저를 닫으면, 알림이 웹 페이지의 수명보다 오래 유지되며 이후 아무런 대처를 할 수 없습니다.

이 문제는 브라우저의 백그라운드 환경에서 동작하는 서비스 워커의 도움을 받아 해결할 수 있으며, 모바일 환경에서도 알림을 제공할 수 있습니다. 서비스 워커는 웹 페이지나 브라우저가 닫혀도 작동하기 때문에 알림에 대한 작업을 처리하기 적합합니다. 다음과 같이 서비스 워커를 통해 알림을 생성하도록 코드를 수정합니다.

```javascript
// 알림 버튼
notificationButton.addEventListener('click', () => {
  // @ch10. 권한 확인 및 요청

  if (!pushSupport) {
    ...
  } else {
    Notification.requestPermission().then((permission) => {
      console.log('Push Permission:', permission);
      if (Notification.permission !== 'granted') {
        return;
      } else {
        // 서비스 워커 등록 객체를 통해 알림 생성
        navigator.serviceWorker.ready.then((registration) => {
          registration.showNotification('Hello!');
        });
      });
```

```
      }
    });
  }
});
```

서비스 워커 등록 객체의 showNotification() 메소드를 사용하여 알림을 생성할 수 있으며, 앞서 알아본 알림 API의 사용 방법과 동일합니다. 이제 데스크탑 환경만이 아니라, 모바일 환경에서도 알림을 생성할 수 있을 것입니다.

이제 알림 권한을 받고, 서비스 워커를 통해 알림을 생성할 수 있게 되었습니다. 임시로 생성해본 알림은 아무런 내용도 없고 제목만 있기 때문에 정보를 제공하기엔 적합해보이지 않습니다. 알림 API에는 다양한 옵션이 존재하기 때문에 여러분이 원하는 모습의 알림을 구성할 수 있습니다. 다양한 알림 구성 방법에 대해 알아보기에 앞서 사용자가 알림 권한을 거부했을 때 버튼을 비활성화 할 수 있도록 기능을 개선해보도록 하겠습니다.

10.3.2 알림 권한에 따라 버튼 제어하기

현재 Paper에 존재하는 '알림 켜기' 버튼을 누르게 되면 사용자에게 알림 권한을 묻고 사용자가 선택한 권한(허가, 거부)에 따라 알림을 표시하도록 구현했습니다. 만약, 사용자가 알림 권한을 거부할 경우 어떻게 될까요? 지금의 상태로는 아무런 반응도 없을 것입니다. 사용자가 권한을 거부하여 알림 기능을 사용할 수 없다는 것을 알리기 위해 "알림 기능이 비활성화 되었습니다" 또는 버튼을 비활성화시키는 등의 안내가 필요합니다.

이번에는 사용자가 권한을 거부한 경우, '알림 켜기' 버튼을 비활성화 시키고, "알림 차단됨"이라는 문구가 표시되도록 구현하고자 합니다. 먼저, workspace/js/index.js 소스코드에 비어있는 updatePushButton() 함수를 다음과 같이 구현합니다.

```
// 구독 상태에 따라 버튼 스타일 변경
function updatePushButton () {
  // @ch10. 푸시 구독 상태에 따라 버튼 갱신 기능 구현
  if (Notification.permission === 'denied') {
    notificationButton.textContent = '알림 차단됨';
    notificationButton.classList.add('denied');
    return;
  }
}
```

updatePushButton() 함수는 사용자가 권한을 요청한 이후에 호출되는 함수이며 권한 상태에 따라 버튼의 텍스트와 스타일을 변경합니다. 사용자가 권한을 거부했을 경우에 버튼의 텍스트를 "알림 차단됨"으로 변경하고, 미리 구성해둔 denied 스타일 클래스(버튼 비활성화)를 적용합니다. 웹 페이지가 로드되었을 때 권한 상태에 따라 버튼이 갱신될 수 있도록 기존에 구현했던 아래의 코드에 함수 호출 코드를 추가합니다.

```
// 푸시 기능 지원 여부에 따라 알림 구독 버튼 보이기/숨기기 처리
navigator.serviceWorker.ready.then((registration) => {
  if (registration.pushManager) {
    pushSupport = true;
    notificationControl.classList.remove('disabled');
    updatePushButton(); // 추가!
  }
});
```

또한, 사용자에게 권한을 요청한 이후에도 권한을 확인하여 버튼을 갱신하기 위해 아래의 코드에도 함수 호출 코드를 추가합니다.

```
// 알림 버튼
notificationButton.addEventListener('click', () => {
```

```
// @ch10. 권한 확인 및 요청

if (!pushSupport) {
  ...
} else {
  Notification.requestPermission().then((permission) => {
    console.log('Push Permission:', permission);
    updatePushButton(); // 추가!
      ...
  }
 }
});
```

이제 Paper가 로드되었을 때와 사용자에게 알림 권한을 요청한 이후에 권한 상태를 확인하여 버튼을 갱신합니다. 기능이 잘 동작하는지 확인해보기 위해 알림 권한을 '거부'로 설정하고 확인해보도록 하겠습니다.

[그림 10-11] 알림 권한 상태에 따라 버튼 제어하기

이와 같이 Notification.permission의 값을 구분하여 사용자에게 메시지를 제공하거나, 지금처럼 요소에 스타일을 적용하는 등의 처리를 간단히 수행할 수 있습니다. 지금은 알림 권한에 따라 버튼을 제어하고 있지만, 곧 푸시 서비스 구독 상태에 따라 '알림 켜기', '알림 끄기' 버튼이 표시되도록 기능을 확장해보겠습니다. 권한에 따라 버튼을 제어할 수 있게 되었으니, 다양한 알림 표현 방식에 대해 직접 살펴보도록 하겠습니다.

10.3.3 다양한 알림 형식

알림 API는 알림을 표시하는 것만이 아니라, 알림의 본문, 아이콘, 이미지 등 다양한 알림 모습을 구성할 수 있도록 다양한 옵션을 제공합니다. 많은 옵션들 중 대표적으로 많이 사용하는 옵션을 실제 안드로이드 기기[3]에서의 알림 모습과 함께 하나씩 살펴보도록 하겠습니다. 먼저, 알림을 생성할 때 첫 번째 인자로 문자열 값을 전달하여 알림의 제목을 설정할 수 있습니다. 이는 조금전 workspace/js/index.js에 구현한 코드와 동일한 모습입니다.

```
registration.showNotification('Hello!');
```

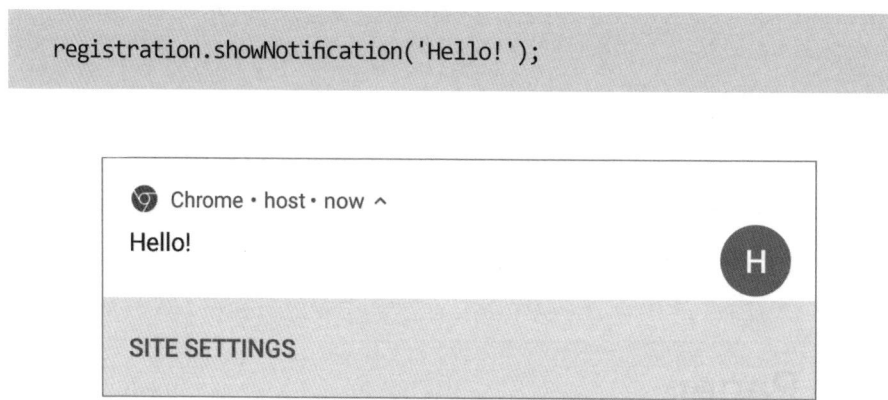

[그림 10-12] 알림 제목

위와 같이 첫 번째 인자로 전달한 값이 알림의 제목이 되며, 두 번째 인자로 다양한 옵션을 받을 수 있습니다. 이제 본격적으로 알림 옵션에 대해 알아보며 모든 옵션을 활용한 하나의 알림을 만들어보겠습니다.

[body]
두 번째 인자로 전달하는 옵션에 다음과 같이 알림의 본문body을 추가할 수 있습니다.

---

[3] 알림의 표현 범위와 모습은 브라우저나 플랫폼마다 다르게 보일 수 있습니다.

```
registration.showNotification('Hello!', {
  body: 'This is notification!'
});
```

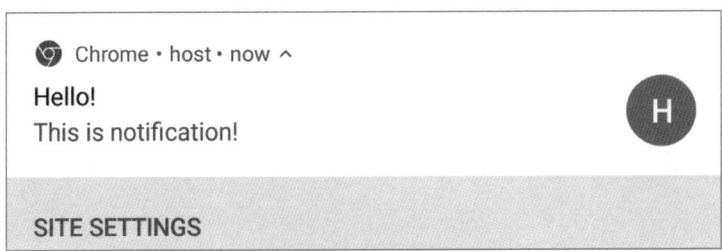

[그림 10-13] 알림 본문

[icon]

알림에 여러분이 원하는 아이콘 이미지를 추가하여 제공할 수 있습니다. 옵션 값으로는 표시될 아이콘 이미지의 URL을 추가할 수 있습니다.

```
registration.showNotification('Hello!', {
  ...,
  icon: '/icons/push-icon-192x192.png'
});
```

[그림 10-14] 알림 아이콘

10장 Push, 사용자에게 알림 보내기   **291**

[badge]

모바일 크롬 브라우저를 기준으로 알림을 생성하게 되면 기본 뱃지로 크롬 브라우저의 아이콘이 표시됩니다. 해당 뱃지를 여러분이 원하는 이미지로 지정할 수 있으며, 이때 지정하는 뱃지 이미지는 알파 채널로만 구성되어 있어야 합니다(보이는 부분을 제외하고 나머지가 모두 투명인 이미지).

옵션 값은 알림 아이콘과 동일하게 뱃지 이미지의 URL을 지정합니다.

```
registration.showNotification('Hello!', {
  ...,
  badge: '/icons/push-badge-72x72.png'
});
```

[그림 10-15] 상단바에 표시되는 알림 뱃지

[그림 10-16] 알림에 표시되는 알림 뱃지

[image]

알림에 글자와 아이콘 외에 이미지 자체를 추가할 수도 있습니다.

이미지 미리보기나 썸네일 등을 제공할 때 유용한 옵션이며, 알림과 함께 제공할 이미지의 URL을 지정합니다.

```
registration.showNotification('Hello!', {
  ...,
  image: '/upload/cat_1.jpg'
});
```

[그림 10-17] 알림 이미지

[actions]

사용자에게 알림을 제공함과 동시에 무언가를 선택하도록 액션을 지정해줄 수도 있습니다. 액션에는 행위에 대한 구분 값^{action}, 메뉴 제목^{title}, 메뉴 아이콘^{icon}이 포함됩니다. 사용자가 어떤 메뉴를 선택했는지 구분하는 방법은 action 값을 통해 확인할 수 있으며, 사용자가 선택할 수 있는 메뉴에 아이콘 이미지를 추가할 수도 있습니다.

다음 예제는 좋아요와 싫어요에 대한 답변을 받기 위해 구성된 샘플 알림입니다.

```
registration.showNotification('Hello!', {
  ...,
  actions: [
```

```
    {
      action: 'yes-action',
      title: 'Yes',
      icon: '/icons/yes.png'
    },
    {
      action: 'no-action',
      title: 'No',
      icon: '/icons/no.png'
    }
  ]
});
```

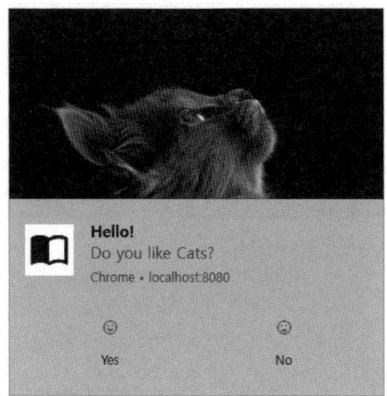

[그림 10-18] 알림 액션 아이콘Windows

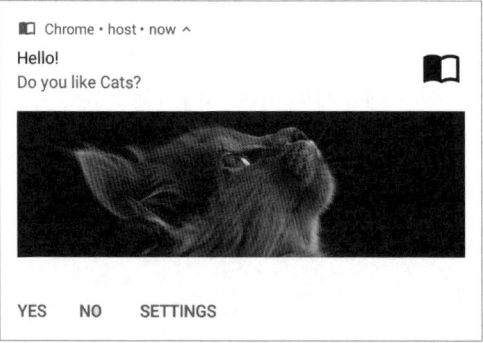

[그림 10-19] 알림 액션

[tag]

짧은 시간 내에 다수의 알림이 사용자에게 전달될 경우 불쾌함을 느낄 수 있습니다. 이때, tag 값을 지정하여 동일한 태그 값을 가진 기존의 알림을 조용히 덮어씌워 하나의 알림으로 대체할 수 있습니다.

다음과 같이 태그를 지정하면 동일한 태그를 가진 알림은 한 번만 전달됩니다.

```
registration.showNotification('Hello!', {
  ...,
  tag: 'simple-noti'
});
```

[renotify]

앞서 살펴본 tag 옵션을 지정하면 동일한 태그의 알림을 덮어씌워 하나만 표시되도록 합니다. 여기에 renotify 옵션을 true로 지정하면, 알림을 덮어씌울 때 알림(소리, 진동 등)을 다시 보낼 수 있습니다.

```
registration.showNotification('Hello!', {
  ...,
  renotify: true
});
```

지금까지 알림의 다양한 옵션을 확인해보았습니다. 사용자에게 제공하고자 하는 알림을 잘 구성하여 사용자의 흥미를 끌거나 정보를 제공할 수 있으며, 여러분의 웹 앱에 재참여할 수 있도록 유도할 수 있습니다.

이제부터, 본격적으로 Paper의 게시물에 좋아요를 눌렀을 때 게시물 작성자에게 푸시 알림이 전달되도록 게시물 좋아요 알림 기능을 구현해보도록 하겠습니다.

10.4 푸시 알림 준비하기

웹 환경에서 푸시 알림 기능을 구현하기 위해선 앞서 살펴보았던 것과 같이 다양한 과정을 거쳐야 하며, 3가지 구성 요소가 준비되어야 합니다. 현재 구성 요소 중 푸시 서비스에 대한 준비가 되어있지 않으므로 이에 대한 작업을 진행하고, 브라우저에서 푸시 서비스를 구독하거나 취소할 수 있는 기본적인 기능을 우선 구현해보려고 합니다. 이들이 모두 준비되면, 여러분의 Paper 서버에서 푸시 메시지를 보내고, 브라우저에서 이를 받아 알림을 생성하기만 하면 푸시 알림 기능 구현이 마무리됩니다. Paper의 마지막 기능을 구현하기 위해 함께 나아가봅시다.

10.4.1 VAPID 키 생성하기

먼저, VAPID 키를 생성하여 Paper 서버 설정에 추가합니다. VAPID 키는 다양한 방법으로 생성할 수 있으며, 우리는 Node.js 환경에서 사용할 수 있도록 구현된 웹 푸시 라이브러리인 web-push를 활용하려고 합니다. web-push 라이브러리는 VAPID 키를 생성하기 위한 도구를 제공하기도 하지만, 푸시 서비스로 푸시 메시지 요청을 보내는 기능도 지원하기 때문에 서버 코드를 구현할 때도 활용할 예정입니다. 소스코드가 위치한 폴더에서 명령 프롬프트CMD 또는 터미널을 열고 아래의 명령어를 입력하여 필요한 모듈을 설치합니다.

```
npm install -g web-push
```

설치가 완료되었다면, 명령 프롬프트 또는 터미널 창에 아래 명령어를 입력하여 VAPID 키 쌍을 생성할 수 있습니다.

```
web-push generate-vapid-keys
```

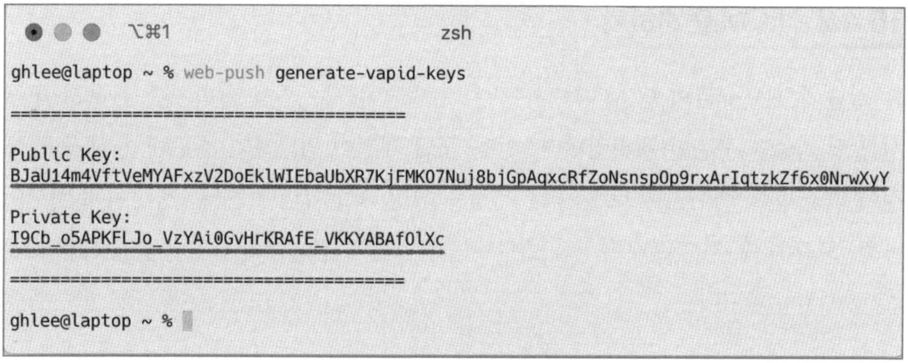

```
● ● ●    ⌥⌘1                    zsh
ghlee@laptop ~ % web-push generate-vapid-keys
====================================
Public Key:
BJaU14m4VftVeMYAFxzV2DoEklWIEbaUbXR7KjFMKO7Nuj8bjGpAqxcRfZoNsnspOp9rxArIqtzkZf6x0NrwXyY
Private Key:
I9Cb_o5APKFLJo_VzYAi0GvHrKRAfE_VKKYABAfOlXc
====================================
ghlee@laptop ~ %
```

[그림 10-20] VAPID 생성하기

공개키와 비공개키가 생성되는데, 이 키 값들을 복사하여 config/default.json에 추가한 후 저장합니다. 또한 subject[4]에 mailto:이메일 형식의 값도 추가합니다.

```
{
  "gcmKey": "",
  "subject": "mailto:이메일",
  "vapidPublic": "생성된 VAPID 공개키",
  "vapidPrivate": "생성된 VAPID 비공개키"
}
```

default.json 파일은 Paper 서버 설정 파일이며 이후 푸시 서비스에게 메시지를 전달할 때 설정 파일에 저장된 VAPID 키 값을 값을 불러온 후 사용합니다. 비교적 간단하게 VAPID 키를 생성했습니다. 우리의 Paper 서버에서 메시지를 받아 사용자 클라이언트로 메시지를 전달하기 위한 푸시 서비스를 준비해보겠습니다.

---

4 VAPID 인증 데이터에 포함되는 연락처 정보입니다.

10.4.2 FCM 준비하기

본 실습에서는 구글의 FCM^{Firebase Cloud Messaging}이라는 푸시 서비스를 활용하여 푸시 알림 기능을 구현할 계획입니다. 먼저, 구글 계정이 필요하기 때문에 아직 구글 계정이 없는 분들 께서는 새로운 구글 계정을 생성[5]해야 합니다. 구글 계정이 준비되었다면, 로그인 후 파이어베이스 콘솔^{Firebase Console}에 접속(https://console.firebase.google.com)합니다.

[그림 10-21] 파이어베이스 콘솔 홈

파이어베이스 콘솔 홈 화면에 보이는 '프로젝트 만들기' 버튼을 눌러 FCM을 사용하기 위한 프로젝트를 새로 생성합니다.

---

5   구글 계정은 https://accounts.google.com에서 생성할 수 있습니다.

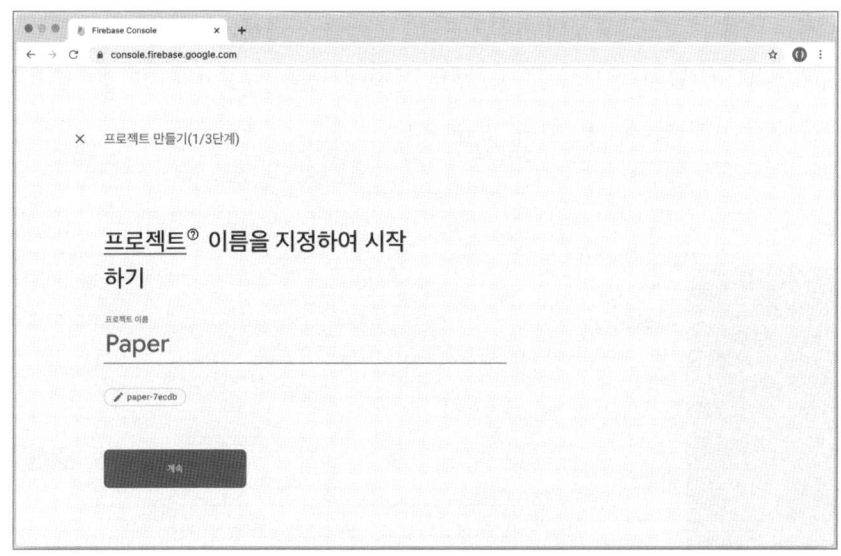

[그림 10-22] 새 파이어베이스 프로젝트 생성

프로젝트 이름을 입력하고, 기타 다양한 옵션(원하는 대로 설정하시면 됩니다)을 설정하면 파이어베이스 프로젝트가 새로 생성되고, 다음과 같이 프로젝트 홈 화면으로 이동합니다.

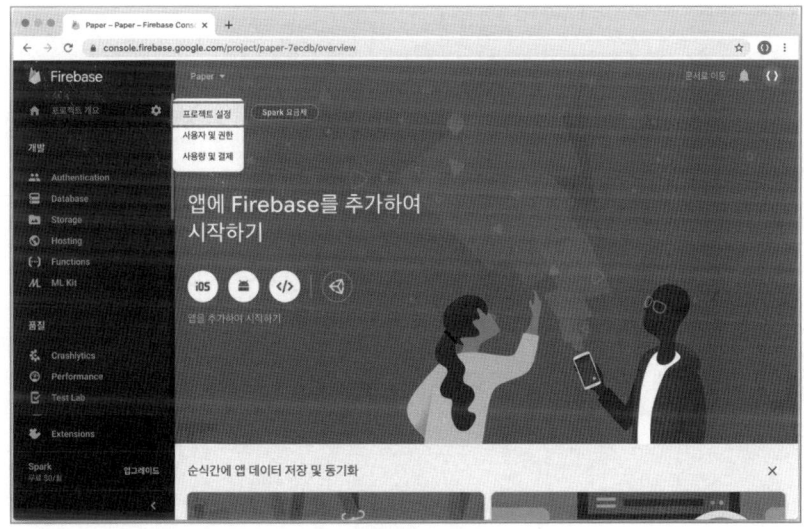

[그림 10-23] 생성된 파이어베이스 프로젝트

10장 Push, 사용자에게 알림 보내기 **299**

프로젝트가 정상적으로 생성되었다면, FCM 설정을 진행하기 위해 프로젝트 설정으로 이동합니다([그림 10-23] 참고). 프로젝트 설정에서 클라우드 메시징 탭으로 이동하면 다음과 같은 메뉴들을 확인할 수 있습니다.

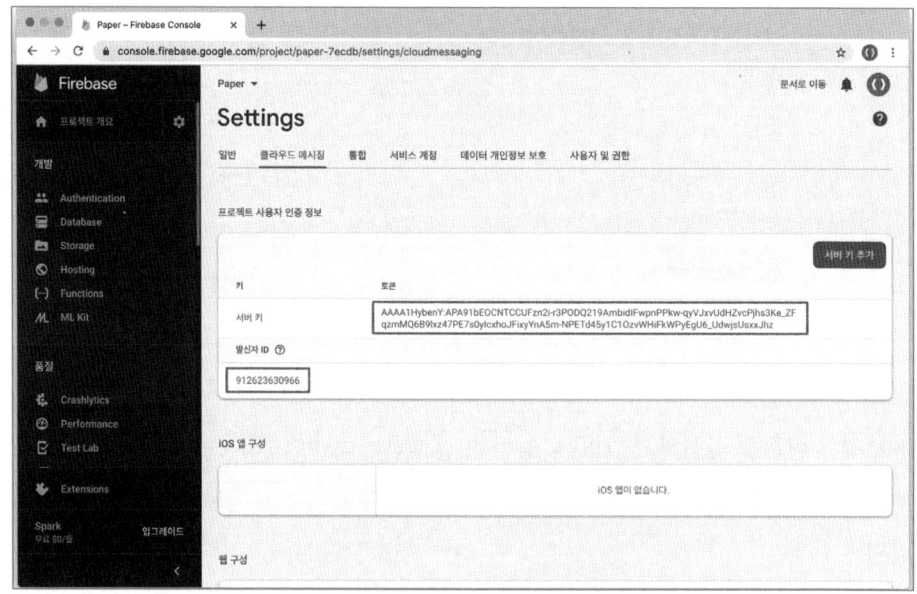

[그림 10-24] 레거시 시스템을 위한 인증 정보

기본적인 FCM 설정은 클라우드 메시징 메뉴에서 수행할 수 있습니다. 해당 메뉴를 살펴보면 서버 키와 발신자ID 값을 확인할 수 있으며, 이는 VAPID를 지원하기 이전에 GCM(현 FCM) 자체 인증 방식에 사용하던 API키 값과 gcm_sender_id 값입니다. VAPID를 지원하는 브라우저인 경우 필요하지 않지만, 일부 지원하지 않는 브라우저에 대응하기 위해 레거시(구형) 인증 방식도 함께 제공하도록 구현하려고 합니다. 먼저, 서버 키에 해당하는 토큰 값을 복사하여 서버 설정 파일의 gcmKey에 추가합니다.

```
{
  "gcmKey": "서버키",
  ...
}
```

또한 발신자 ID 값이 웹 앱 매니페스트의 gcm_sender_id 키에 정의되어 있어야 하기 때문에 다음과 같이 추가한 후 저장합니다.

```
{
  "name": "PWA | Paper",
  ...,
  "gcm_sender_id": "발신자ID"
}
```

레거시 방식을 지원하기 위한 설정이 마무리되었으니, 마지막으로 FCM의 VAPID 설정을 진행합니다. 클라우드 메시징 메뉴의 하단을 확인해보면 다음과 같은 웹 푸시 인증서 메뉴가 보일 것입니다.

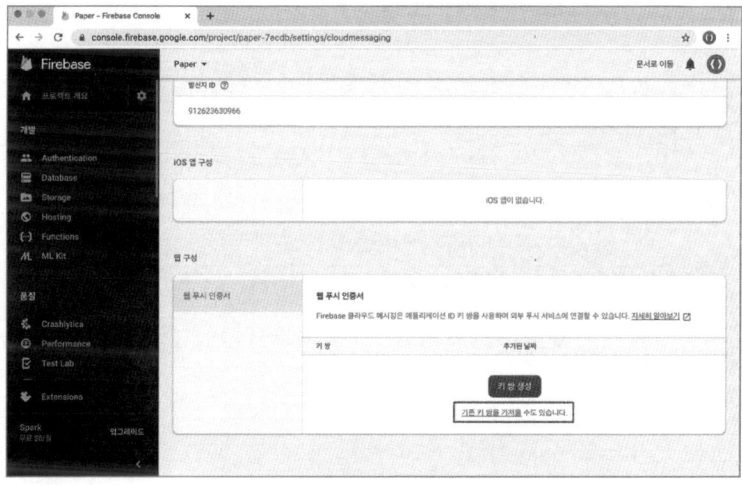

[그림 10-25] FCM에 생성한 VAPID 키 등록

애플리케이션 ID키 쌍을 통해 연동할 수 있다고 나와있으며, VAPID 키 쌍을 의미합니다. 여기서 새로운 VAPID 키를 생성할 수도 있지만, 기존에 생성된 VAPID를 등록할 수도 있습니다. 미리 생성해둔 기존 키 쌍(공캐키, 비공개키)를 FCM에 등록합니다. 이 과정을 모두 마무리했다면, 푸시 서비스 설정은 마무리됩니다. 이제 Paper 서버에서 푸시 메시지를 푸시 서비스로 전달하기만 하면 FCM에서 인증을 수행한 후 브라우저에게 푸시 메시지를 전송할 것입니다. 이제, 브라우저에서 푸시 메시지를 받기 위해 푸시 서비스를 구독하는 기능을 구현해보겠습니다.

10.4.3 푸시 서비스 구독하기

브라우저가 푸시 서비스를 구독하려면 VAPID 공개키가 필요합니다. 공개키를 웹 페이지 소스코드에 직접 추가할 수도 있지만, 서버로부터 받아올 수 있는 GET /api/publicKey API를 미리 구현해두었기 때문에 이를 활용하려고 합니다.

해당 API를 호출하면, default.json에 추가했던 VAPID 공개키를 받아올 수 있습니다. Paper의 '알림 켜기' 버튼을 누르면 VAPID 공개키를 받아오도록 기능을 구현해보겠습니다. workspace/js/index.js 소스코드의 빈 pushSubscription() 함수를 다음과 같이 구현합니다.

```js
// 푸시 구독
function pushSubscribe () {
  // @ch10. 푸시 구독 기능 구현
  axios.get('/api/publicKey').then((response) => {
    const publicKey = response.data;
    console.log(publicKey);
  }).catch((err) => {
    console.error(err);
  });
}
```

pushSubscribe() 함수는 푸시 서비스 구독을 담당하는 함수로 구현할 예정이며, 현재 상태로는 서버에서 VAPID 공개키를 가져온 후 콘솔에 출력합니다. '알림 켜기' 버튼이 눌렸을 때 위 함수가 호출될 수 있도록 다음과 같이 알림 버튼 이벤트 핸들러에 함수 호출 코드를 추가합니다.

```
// 알림 버튼
notificationButton.addEventListener('click', () => {
  // @ch10. 권한 확인 및 요청

  if (!pushSupport) {
    ...
  } else {
    Notification.requestPermission().then((permission) => {
      console.log('Push permission:', permission);
      updatePushButton();

      if (Notification.permission !== 'granted') {
        return;
      } else {
        // 기존에 구현되어있던 알림 메시지 생성 코드 제거

        pushSubscribe(); // 푸시 서비스 구독
      }
    });
  }
});
```

알림 API를 살펴보며 구현했던 알림 메시지 생성 코드를 모두 제거한 후 pushSubscribe() 함수 호출 코드를 작성합니다. 위 코드는 사용자가 '알림 켜기' 버튼을 누른 후 알림 권한을 허용하거나 이미 허용된 경우 pushSubscribe() 함수를 호출합니다. 아직 푸시 서비스 구독 기능이 구현되진 않았지만, 다음과 같이 서버로부터 받아온

VAPID 공개키를 확인할 수 있습니다.

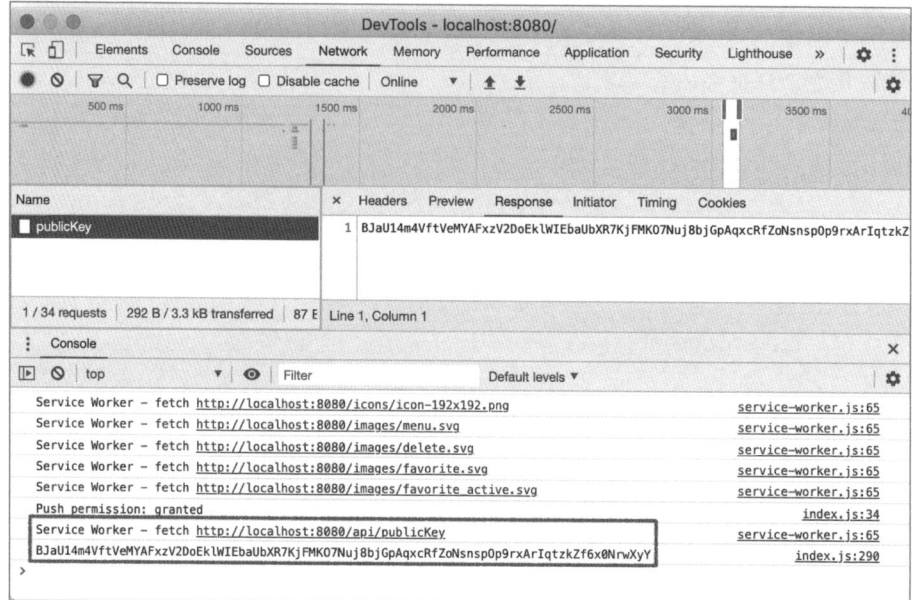

[그림 10-26] VAPID 공개키 받아오기

VAPID 공개키를 가지고 왔으니, 푸시 서비스를 구독할 준비가 완료되었습니다. 푸시 서비스 구독은 푸시 API를 통해 간단히 진행할 수 있습니다.

```
// 푸시 구독
function pushSubscribe () {
  // @ch10. 푸시 구독 기능 구현
  axios.get('/api/publicKey').then((response) => {
    // Uint8Array 타입으로 변환
    const publicKey = util.urlB64ToUint8Array(response.data);

    navigator.serviceWorker.ready.then((registration) => {
      // 구독 옵션
      const option = {
```

```
      userVisibleOnly: true,
      applicationServerKey: publicKey
    };

    // 푸시 서비스 구독
    registration
      .pushManager
      .subscribe(option)
      .then((subscription) => {
        userSubscription = subscription;
        console.log('Push subscribed!', subscription);
      })
      .catch((err) => {
        userSubscription = null;
        console.error('Push subscribe failed:', err);
        util.message('푸시 알림을 구독할 수 없습니다.');
      });
  });
}).catch((err) => {
  console.error(err);
});
}
```

푸시 API를 사용하기 위해 서비스 워커 등록 객체를 가져온 후 PushManager에 접근합니다. PushManager는 다음과 같이 접근할 수 있습니다.

```
registration.pushManager
```

PushManager에는 푸시 기능을 위한 다양한 메소드가 존재하며, 그 중 subscribe() 메소드를 통해 푸시 서비스를 구독할 수 있습니다. subscribe() 메소드는 첫 번째 인자로 옵션을 전달할 수 있습니다. 설정 가능한 옵션에는 userVisibleOnly와

applicationServerKey가 존재하며, 각 옵션은 다음과 같이 설명할 수 있습니다.

1. userVisibleOnly: 푸시 알림을 사용자에게 보여줄지에 대한 여부
2. applicationServerKey: 애플리케이션 서버 키(VAPID 공개키)

userVisibleOnly 옵션은 푸시 메시지를 사용자에게 알림으로 보여줄지에 대한 여부를 나타내며 항상 true 값으로 지정해야 합니다. 만약, 푸시 메시지를 받았음에도 불구하고 사용자에게 알림을 제공하지 않고 수상한 작업을 처리할 경우 보안상의 문제가 발생할 수 있습니다. 이러한 상황을 방지하기 위해 해당 옵션은 항상 true여야 하며, false로 지정하는 경우 에러가 발생할 것입니다.

두 번째 옵션인 applicationServerKey는 브라우저에서 푸시 서비스로 전달하게 되는 VAPID 공개키이며, Uint8Array 형식으로 변환하여 전달합니다. 형식 변환은 미리 구현해둔 urlB64ToUint8Array() 함수를 활용하여 수행합니다. 만약, VAPID를 지원하지 않는 브라우저인 경우 푸시 서비스의 자체 인증 방식을 사용하기 때문에 구독 옵션을 생략할 수 있습니다.

푸시 서비스 구독을 수행하는 subscribe() 메소드는 프로미스 기반이며 브라우저가 사용하는 푸시 서비스에 구독 요청을 보냅니다. 구독에 성공한 경우 등록 객체^{Push Subscription}를 resolve합니다. 위 코드에서는 구독에 성공한 경우 userSubscription 변수에 구독 정보를 저장합니다.

푸시 API를 통해 제공되는 subscribe() 메소드는 브라우저가 사용하는 푸시 서비스에게 구독 요청을 보내며, 브라우저마다 사용하는 푸시 서비스는 다를 수 있습니다.
1. Chrome/Opera: https://fcm.googleapis.com
2. Firefox: https://updates.push.services.mozilla.com
3. Edge(크로미움 기반): https://sg2p.notify.windows.com

앞의 코드를 저장한 후 '알림 켜기' 버튼을 눌러 푸시 서비스 구독이 잘 수행되는지 확인해보겠습니다.

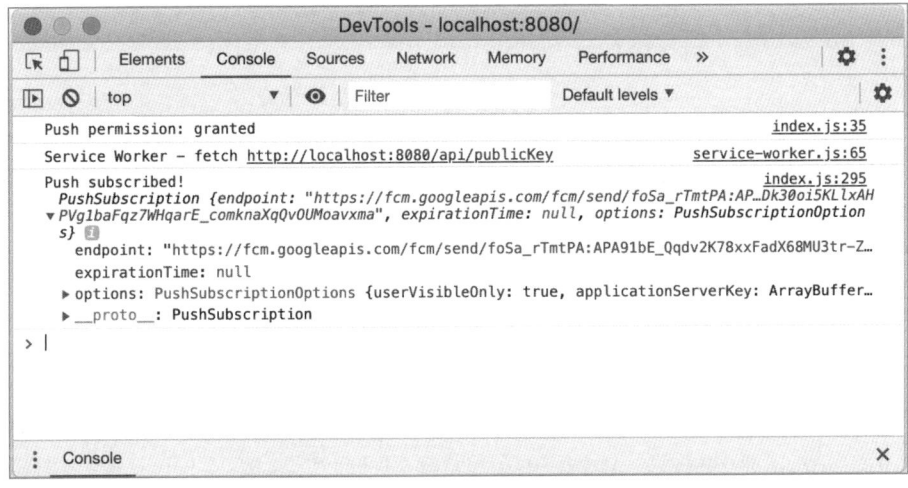

[그림 10-27] 푸시 서비스 구독과 구독 정보

정상적으로 구독되었다면, 구독 정보를 확인할 수 있습니다. 구독 정보에는 푸시 서비스의 URL과 만료 시간과 같은 값이 포함되어 있습니다. 구독 정보는 브라우저마다 고유하며, 애플리케이션 서버에서 해당 URL로 푸시 요청을 보내게 됩니다.

 TIP 주의

푸시 서비스 구독에 대해 한 가지 고려할 사항이 있는데, 구독 정보는 브라우저 기준으로 고유하기 때문에 동일한 기기의 브라우저에서 다수의 사용자가 서비스를 사용할 경우 사용자마다 푸시 기능 사용 여부와 구독 정보를 관리하는 기능이 필요할 수 있습니다.
예를 들면, user 사용자가 Paper의 푸시 알림을 구독하여 사용하다가 로그아웃한 후 동일한 브라우저에서 user2 사용자가 로그인했다면 같은 구독 정보를 불러옵니다. 즉, user2 유저는 푸시 알림을 구독하지 않았더라도 이미 해당 브라우저는 푸시 알림이 구독되어있기 때문에 잘못된 푸시 알림을 받을 수 있는 문제가 발생합니다.

> 본 실습 내용에는 푸시 알림 기능의 전반적인 흐름과 핵심 개념만을 살펴보기 때문에 이와 같은 사용자별 푸시 알림 관리 기능이 구현되어 있지 않은 점 참고하십시오.

푸시 서비스로부터 구독 정보를 전달받았으니, 애플리케이션 서버로 다시 전달하고 저장하는 기능을 마저 구현해보도록 하겠습니다.

10.4.4 구독 정보 전달하기

푸시 서비스로부터 받은 구독 정보는 다시 애플리케이션 서버로 전달해야 합니다. 구독 정보를 받기위한 API 역시 서버에 구현되어 있으며, POST /api/pushSubscription에 해당하는 API로 구독 정보를 전달하면 됩니다. 서버에서는 브라우저에서 전달한 구독 정보를 받아 해당 유저 데이터에 저장합니다. 프로젝트 폴더의 app.js 파일을 보면 다음과 같이 구현된 코드를 확인할 수 있습니다.

```
/**
 * @ch10 구독 정보 저장 API
 * @endpoint /api/pushSubscription
 * @method POST
 */
app.post('/api/pushSubscription', (req, res) => {
  const user = getUser(req.headers);
  const subscription = req.body.subscription;

  // 해당 유저의 구독 정보 저장
  const inserted = SimpleDatabase.upsert('user', {
    where: {
      id: user
    },
```

```
    data: {
      subscription
    }
  });

  ...
});
```

사용자의 구독 정보를 user 저장소(server/database/data/user.json)에 저장하며, 이미 동일한 사용자의 데이터가 존재한다면 값을 갱신합니다. 이렇게 저장된 구독 정보는 푸시 알림을 보낼 때 참조하여 사용하게 됩니다. 서버로 구독 정보를 전달하기 위해 workspace/js/index.js 소스코드의 빈 updateSubscription() 함수를 다음과 같이 구현합니다.

```
// 구독 정보 서버로 전달
function updateSubscription (subscription) {
  // @ch10. 푸시 구독 정보 전송 기능 구현
  axios.post('/api/pushSubscription', { subscription })
    .catch((err) => {
      console.error(err);
    });
}
```

푸시 서비스 구독에 성공했다면, 지금 구현한 updateSubscription() 함수를 통해 구독 정보가 애플리케이션 서버로 전달될 수 있도록 다음과 같이 함수 호출 코드를 추가합니다.

```
// 푸시 구독
function pushSubscribe () {
  // @ch10. 푸시 구독 기능 구현
```

```
axios.get('/api/publicKey').then((response) => {
  ...

  navigator.serviceWorker.ready.then((registration) => {
    ...

    registration
      .pushManager
      .subscribe(option)
      .then((subscription) => {
        // 애플리케이션 서버로 구독 정보 전달
        updateSubscription(subscription);

        ...
      })
      .catch(...);
  });
}).catch(...);
```

구독 정보가 애플리케이션 서버로 잘 전달되면, [그림 10-28]과 같이 구독되었다는 서버 로그를 확인할 수 있을 것입니다.

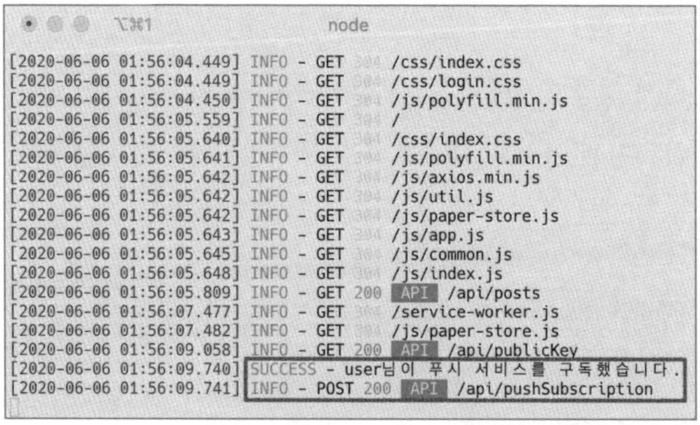

```
[2020-06-06 01:56:04.449] INFO - GET     /css/index.css
[2020-06-06 01:56:04.449] INFO - GET     /css/login.css
[2020-06-06 01:56:04.450] INFO - GET     /js/polyfill.min.js
[2020-06-06 01:56:05.559] INFO - GET     /
[2020-06-06 01:56:05.640] INFO - GET     /css/index.css
[2020-06-06 01:56:05.641] INFO - GET     /js/polyfill.min.js
[2020-06-06 01:56:05.642] INFO - GET     /js/axios.min.js
[2020-06-06 01:56:05.642] INFO - GET     /js/util.js
[2020-06-06 01:56:05.642] INFO - GET     /js/paper-store.js
[2020-06-06 01:56:05.643] INFO - GET     /js/app.js
[2020-06-06 01:56:05.645] INFO - GET     /js/common.js
[2020-06-06 01:56:05.648] INFO - GET     /js/index.js
[2020-06-06 01:56:05.809] INFO - GET 200 API /api/posts
[2020-06-06 01:56:07.477] INFO - GET     /service-worker.js
[2020-06-06 01:56:07.482] INFO - GET     /js/paper-store.js
[2020-06-06 01:56:09.058] INFO - GET 200 API /api/publicKey
[2020-06-06 01:56:09.740] SUCCESS - user님이 푸시 서비스를 구독했습니다.
[2020-06-06 01:56:09.741] INFO - POST 200 API /api/pushSubscription
```

[그림 10-28] 구독 정보 전달하기

전달받은 구독 정보는 server/database/data/user.json 파일에 저장되며, 구독한 사용자의 ID(이름)와 구독 정보가 포함되어 있는 모습을 확인할 수 있습니다. 이제, 사용자의 구독 정보를 애플리케이션 서버에 저장했으니 푸시 메시지를 보낼 수 있을 것입니다. 사용자에게 푸시 메시지를 전달하기에 앞서, 구독 취소 기능과 구독 상태에 따라 버튼 모습을 제어할 수 있도록 구현해보겠습니다.

10.4.5 푸시 서비스 구독 취소하기

푸시 서비스 구독은 PushManager가 제공하는 subscribe() 메소드를 통해 수행했습니다. 반대로, 푸시 서비스 구독을 취소하는 방법도 존재하며, 이 역시 간단하게 구현할 수 있습니다. 푸시 서비스 구독 취소 기능을 구현하기에 앞서 Paper가 로드될 때 구독 상태를 불러올 수 있도록 이전에 구현했던 코드에 다음과 같이 추가 기능을 구현합니다.

```javascript
// @ch9. 서비스 워커 메시지 이벤트 핸들러 구현
if ('serviceWorker' in navigator) {
  navigator.serviceWorker.addEventListener(...);

  navigator.serviceWorker.ready.then((registration) => {
    if (registration.pushManager) {
      ...

      // 구독 정보 불러오기
      registration
        .pushManager
        .getSubscription()
        .then((subscription) => {
          // 구독 정보 가져온 후 userSubscription 변수에 저장
          userSubscription = subscription;
        });
```

```
    }
  });
}
```

작성된 코드를 보면, PushManager의 getSubscription() 메소드를 확인할 수 있습니다. getSubscription() 메소드는 해당 사용자 에이전트(브라우저)의 구독 정보를 가져오며, 프로미스 기반으로 동작합니다. 구독 정보가 존재하면 구독 정보를 resolve하고, 존재하지 않는 경우 null을 resolve합니다. 불러온 구독 정보는 userSubscription 변수에 저장하여 필요할 때 참조할 수 있도록 합니다. 이제, Paper가 로드될 때 구독 정보를 불러올 수 있게 되었으며 푸시 서비스 구독을 취소하기 위한 pushUnsubscribe() 함수를 다음과 같이 구현할 수 있습니다.

```
// 푸시 구독 취소
function pushUnsubscribe () {
  // @ch10. 푸시 구독 취소 기능 구현
  if (!userSubscription) {
    return;
  }

  // 푸시 서비스 구독 취소
  userSubscription
    .unsubscribe()
    .then((result) => {
      console.log('Push unsubscribed:', result);
      if (result) {
        // 애플리케이션 서버에 저장된 구독 정보 지우기
        updateSubscription(null);
        userSubscription = null;
      }
    })
    .catch((err) => {
```

```
      console.error('Push unsubscribe failed:', err);
    });
}
```

만약 Paper가 로드될 때 불러온 구독 정보가 존재하지 않는 경우 푸시 서비스를 구독하지 않은 것이므로 아무런 작업을 수행하지 않습니다. 구독 정보가 존재하는 경우에는 구독 정보의 unsubscribe() 메소드를 호출하여 구독을 취소합니다. unsubscribe() 메소드 역시 프로미스 기반이며, 결과 값으로 구독 취소 여부를 resolve 합니다.

위 코드에서는 구독이 정상적으로 취소된 경우 이전에 구현했던 updateSubscription() 함수에 null 값을 전달하여 애플리케이션 서버에 저장되어 있는 구독 정보 대신 null을 저장하도록 하여 구독 정보를 지웁니다. '알림 켜기' 버튼을 눌렀을 때 아직 푸시 서비스 구독을 하지 않은 경우에는 새로 구독^{pushSubscribe}하고, 이미 구독하고 있는 경우에는 구독을 취소^{pushUnsubscribe}하도록 구현해보겠습니다.

```
// 알림 버튼
notificationButton.addEventListener('click', () => {
  // @ch10. 권한 확인 및 요청

  if (!pushSupport) {
    ...
  } else {
    Notification.requestPermission().then((permission) => {
      ...

      if (...) {
        ...
      } else {
        // 푸시 서비스 구독 상태에 따라 작업 분기 처리
        if (userSubscription) {
```

```
      // 푸시 서비스 구독 상태에 따라 작업 분기 처리
      if (userSubscription) {
        pushUnsubscribe();
      } else {
        pushSubscribe();
      }
    }
  });
  }
});
```

'알림 켜기' 버튼의 이벤트 핸들러를 조금 수정했습니다. 기존에는 별다른 조건 없이 푸시 서비스를 구독하도록 구현되어 있었지만, 사용자의 구독 상태에 따라 새로 구독하거나, 취소할 수 있도록 변경되었습니다. 이제 푸시 서비스 구독과 취소 기능을 '알림 켜기' 버튼 하나로 처리할 수 있습니다. [그림 10-29]은 버튼을 2번 눌러 구독과 취소 기능을 확인한 모습입니다.

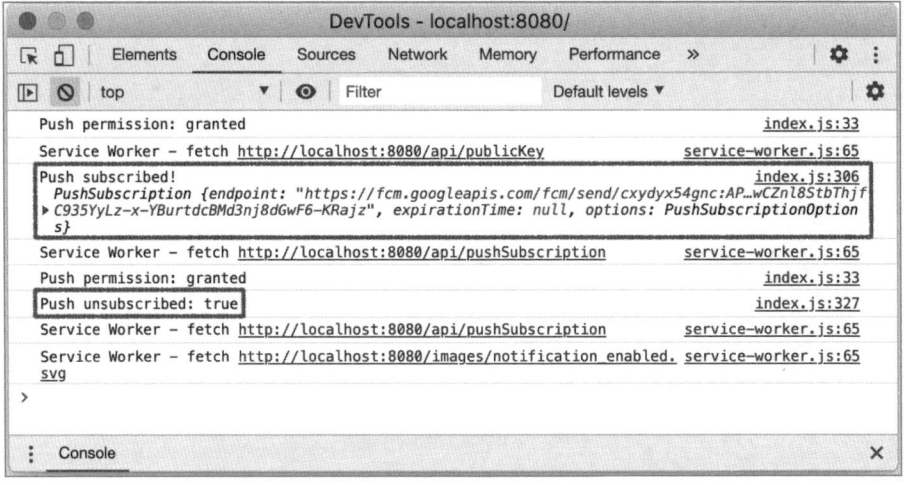

[그림 10-29] 푸시 서비스 구독과 취소

이제 사용자가 원하는대로 알림을 받거나, 구독을 취소하여 받지 않거나 선택할 수 있도록 기능을 구현했습니다. 지금의 버튼은 아무리 눌러도 '알림 켜기' 상태가 그대로 유지되고 있기 때문에 사용자 입장에서는 구독이 되었는지 안되었는지 알 수 없는 상태입니다. 마지막으로, 구독 상태에 따라 버튼이 갱신될 수 있도록 구현해보겠습니다.

10.4.6 구독 상태에 따라 버튼 제어하기

구독 상태는 userSubscription 변수 값의 유무로 판단할 수 있습니다. 푸시 서비스를 새로 구독하거나 이미 구독되어 있는 경우 구독 정보가 존재하고, 아직 구독하지 않았거나 취소한 경우 null이 존재하기 때문입니다. 처음에 알림 권한 상태에 따라 버튼을 제어하던 updatePushButton() 함수 기능에 구독 상태에 따라 버튼을 제어할 수 있는 기능을 추가로 구현해보겠습니다.

```javascript
function updatePushButton () {
    if (Notification.permission === 'denied') {
        // 알림 권한이 거부된 경우
        ...
    }

    if (userSubscription) {
        // 구독 상태인 경우
        notificationButton.textContent = '알림 끄기';
        notificationButton.classList.add('granted');
    } else {
        // 미구독 상태인 경우
        notificationButton.textContent = '알림 켜기';

        // 스타일 클래스를 모두 제거: 기본 버튼
        notificationButton.classList.remove('granted');
        notificationButton.classList.remove('denied');
    }
}
```

기존 기능은 거부된 알림 권한에 대해서만 버튼 스타일을 갱신했지만, 새로운 조건문을 추가하여 구독 상태를 구분할 수 있도록 확장했습니다. 이미 구독 상태인 경우 버튼의 텍스트를 '알림 끄기'로 설정하고, 미리 준비되어 있는 granted 스타일 클래스를 적용합니다. 반대로, 구독하지 않은 상태라면 버튼의 텍스트를 '알림 켜기'로 설정하고 모든 스타일 클래스를 제거하여 기본 버튼의 모습으로 적용합니다.

개선된 updatePushButton() 함수를 Paper가 로드되며 구독 정보를 불러올 때, 구독할 때, 구독을 취소할 때 호출하도록 코드를 추가하여 상태 변경에 따라 버튼 스타일도 갱신되도록 구현해보겠습니다. 첫 번째로 Paper를 로드하며 구독 정보를 불러올 때 버튼을 갱신할 수 있도록 다음과 같이 코드를 작성합니다.

```
if ('serviceWorker' in navigator) {
  navigator.serviceWorker.addEventListener(...);

  navigator.serviceWorker.ready.then((registration) => {
    if (registration.pushManager) {
      pushSupport = true;
      notificationControl.classList.remove('disabled');
      // updatePushButton() <- 제거

      registration
        .pushManager
        .getSubscription()
        .then((subscription) => {
          userSubscription = subscription;
        })
        .finally(() => {
          updatePushButton(); // <- 여기로 이동
        });
    }
  });
}
```

기존에도 updatePushButton() 함수를 호출하고 있었지만, 해당 부분을 지우고 구독 정보를 불러온 이후에 호출하도록 수정합니다. 두 번째와 세 번째는 푸시 알림을 구독하거나 취소한 후 버튼이 갱신되도록 다음과 같이 구현합니다.

```
// 푸시 구독
function pushSubscribe () {
  axios.get('/api/publicKey').then((response) => {
    ...

    navigator.serviceWorker.ready.then((registration) => {
      ...

      registration
        .pushManager
        .subscribe(...)
        .then(...)
        .catch(...)
        .finally(() => {           // 버튼 갱신
          updatePushButton();
        });
    });
  }).catch(...);
}
```

```
// 푸시 구독 취소
function pushUnsubscribe () {
  if (!userSubscription) {
    ...
  }

  userSubscription
    .unsubscribe()
```

10장 Push, 사용자에게 알림 보내기 **317**

```
      .then(...)
      .catch(...)
      .finally(() => {
        // 버튼 갱신
        updatePushButton();
      });
}
```

이제부터 알림 관련 기능을 담당하던 버튼은 상황에 따라 [그림 10-30]과 같은 모습으로 변화할 것입니다.

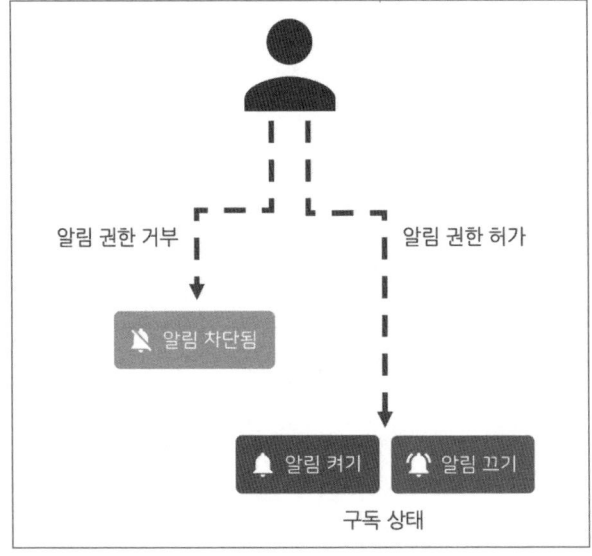

[그림 10-30] 푸시 서비스 구독과 취소

이제 상태에 따라 버튼 모습이 갱신되기 때문에 사용자에게 알림 기능에 대한 정보를 전달할 수 있게 되었습니다. 지금까지, 푸시 서비스 구독과 취소 그리고 버튼 제어 기능을 구현해보았습니다.

앞으로 구현해야 할 기능은 애플리케이션 서버에서 푸시 메시지를 전달하고, 브라우저에서는 이를 받아 새로운 알림을 생성하는 것입니다. 최선을 다해 마지막 푸시 알림 기능을 구현해보겠습니다.

10.5 푸시 알림 보내기

사용자의 구독 정보를 애플리케이션 서버에 저장할 수 있게 되었으니, 특정 브라우저에게 푸시 메시지를 전달할 수 있습니다. 푸시 메시지를 브라우저에게 보내기 위해서는 VAPID 사양에 맞게 데이터를 비공개키로 서명한 후 알맞은 형식으로 푸시 서비스에게 전달해야 합니다.

이 과정은 앞서 설치했던 web-push 라이브러리를 활용할 예정이며, 웹 푸시 사양에 맞게 데이터를 서명하고 적절히 처리하기 때문에 큰 어려움 없이 푸시 메시지를 푸시 서비스로 전달할 수 있습니다. 또한, VAPID를 지원하지 않는 브라우저를 위해 기존에 사용하던 GCM 인증 방식도 지원합니다. 본격적으로 사용자가 게시물의 '좋아요'를 눌렀을 때 게시물 작성자에게 푸시 알림이 전달되도록 기능을 구현해보도록 하겠습니다.

10.5.1 서버에서 푸시 알림 보내기

프로젝트 폴더를 확인해보면, push.js 파일이 존재합니다. 해당 파일은 Paper의 서버 코드의 일부이며 여기에 푸시 메시지 전달 기능을 구현하게 됩니다. 해당 파일을 열어 코드를 확인해보면, 다음과 같이 기본 코드가 구성되어 있을 것입니다.

```
const config = require('config');
const webpush = require('web-push');

const gcmKey = config.get('gcmKey');
const subject = config.get('subject');
const vapidPublic = config.get('vapidPublic');
```

```
const vapidPrivate = config.get('vapidPrivate');

// @ch10. 푸시 설정

/**
 * 푸시 알림을 전송합니다.
 * @param {any} subscription 구독 정보 객체
 * @param {any} data 푸시 알림으로 전달할 데이터 객체
 */
function sendNotification (subscription, data) {
  // @ch10. 푸시 메시지 전달
}

exports.publicKey = vapidPublic;
exports.sendNotification = sendNotification;
```

작성되어 있는 코드를 간단히 살펴보면, 먼저 config 모듈을 통해 프로젝트 폴더의 config/default.json 파일에 존재하는 VAPID 관련 설정 값만이 아니라, gcmKey 값을 불러옵니다. 현재는 비었지만, 푸시 메시지를 푸시 서비스로 전달하게 될 sendNotification() 함수도 존재합니다.

코드의 가장 아래 부분에서는 해당 push.js 파일을 모듈로 불러와 sendNotification() 함수와 VAPID 공개키^{vapidPublic}를 다른 곳에서도 사용할 수 있도록 구현되어 있습니다. 어느 정도 코드를 파악했으니, 푸시 메시지를 보내기 위한 기본 설정을 수행하는 코드를 다음과 같이 작성합니다.

```
// @ch10. 푸시 설정
webpush.setGCMAPIKey(gcmKey);
webpush.setVapidDetails(
  subject,
  vapidPublic,
  vapidPrivate
```

```
);
```

web-push 라이브러리의 setGCMAPIKey()와 setVapidDetails() 메소드를 통해 푸시 서비스로 메시지를 전달하기 위한 기본 설정을 진행할 수 있습니다.
setGCMAPIKey() 메소드는 VAPID를 지원하지 않는 브라우저에게 푸시 메시지를 전달하기 위한 GCM키 값을 설정하며, VAPID를 지원하는 경우 setVapidDetails() 메소드에 설정한 값을 기준으로 데이터를 서명하여 푸시 서버로 전달합니다.
VAPID 지원 여부는 web-push 라이브러리가 구분하여 적절히 처리하기 때문에 여러분은 정확한 키 값만 설정하면 됩니다. 푸시 메시지를 전달하기 위한 기본적인 설정이 마무리되었으니, 푸시 메시지를 전송하는 기능을 sendNotification() 함수에 구현해보겠습니다.

```
function sendNotification (subscription, data) {
  return webpush.sendNotification(
    subscription,
    JSON.stringify(data)
  );
}
```

푸시 메시지는 web-push 라이브러리의 sendNotification() 메소드를 통해 전송할 수 있습니다. sendNotification() 메소드는 메시지를 받게될 사용자 에이전트(브라우저)의 구독 정보를 받으며, 전달하고자 하는 문자열 형태의 푸시 메시지 데이터를 받습니다.
sendNotification() 메소드는 프로미스 기반으로 동작하며, 푸시 서비스의 응답 정보를 반환합니다. 응답 정보에는 HTTP 상태 코드가 포함되어 있으며, 코드가 201인 경우 성공적으로 요청한 것이고, 다른 응답 코드를 받았다면 문제가 발생한 것입니다.
이처럼 web-push 라이브러리를 사용하면 복잡한 절차를 직접 구현하지 않고도 웹 푸시 기능을 간단하게 구현할 수 있습니다. 프로젝트 폴더의 app.js 파일을 열고 코드 상단을 살펴보면 push.js에 구현한 sendNotification() 함수와 VAPID 공개키 값이 담긴 변수 publicKey를 불러오는 부분을 확인할 수 있습니다.

```
const { publicKey, sendNotification } = require('./push');
```

게시물에 좋아요가 추가될 때 sendNotification() 함수를 호출하여 푸시 알림을 전송해보겠습니다. app.js 파일에는 게시물 조회, 추가, 삭제와 같은 REST API가 구현되어 있으며, 게시물에 좋아요를 표시하거나 취소하는 기능도 구현되어 있습니다. 현재 푸시 알림을 전송하는 기능이 존재하지 않으며, 게시물 데이터의 좋아요 값만 변경되도록 구현되어 있습니다.

```
/**
 * 게시물 수정 (좋아요 데이터 수정)
 * @endpoint /api/posts/:id
 *    id - 수정 대상 게시물 ID
 * @method PUT
 */
app.put('/api/posts/:id', (req, res) => {
  const id = parseInt(req.params.id); // 좋아요를 누른 게시물 ID
  const user = getUser(req.headers);   // 좋아요를 누른 사용자 이름
  const state = req.body.state;        // 좋아요 상태

  try {
    // 좋아요 추가/삭제
    const updatedPost = simpleQuery.updateFavorite(user, {
      id,
      state
    });

    ...
```

```
// @ch10. 좋아요 푸시 알림 전송

  } catch (err) { ... }
});
```

여기서 푸시 알림 기능을 구현하며, 사용하게 될 변수는 updatedPost와 state가 존재합니다. updatedPost는 좋아요 상태가 업데이트된 게시물의 데이터이며, 게시물 데이터에서 작성자를 알아내기 위해 사용하게 될 것입니다. 두 번째 state 변수는 사용자가 좋아요를 표시했거나, 취소한 상태 값(true, false)을 가지고 있으며 좋아요가 표시되었을 때에만 푸시 알림을 전송할 수 있도록 구분하기 위해 사용합니다.

@ch10. 좋아요 푸시 알림 전송 주석이 위치한 부분부터 푸시 알림과 관련된 코드를 작성하게 됩니다. 먼저, 좋아요 푸시 알림을 전송하기에 앞서 어떤 상황일 때 푸시 메시지를 전달하는 것이 적절할지 정리해보겠습니다.

좋아요는 2가지 상태를 가지며, 좋아요를 표시했거나 취소하는 상황을 예로 들 수 있습니다. 여기서 좋아요를 취소한 경우에는 알림을 전송하지 않아도 될 것입니다. 또한, 본인의 게시물에 좋아요를 누른 경우에는 굳이 알림을 전송하지 않는 것이 나아보입니다. 위 상황을 간단히 요약하면, 본인이 작성한 게시물이 아닌 다른 게시물에 좋아요를 표시한 경우에만 푸시 알림을 전송하도록 구현하면 될 것입니다. 푸시 알림을 전송하게 될 상황을 다음과 같이 코드로 구현합니다.

```
// @ch10. 좋아요 푸시 알림 전송
if (!state) {
  return;
} else if (user === updatedPost.author) {
  logger.debug('본인 게시물에 좋아요를 눌렀습니다.');
} else {
  // TODO: 작성자의 구독 정보 불러온 후 푸시 알림 전송
}
```

사용자가 좋아요를 취소한 경우 푸시 알림을 전송할 필요가 없기 때문에 첫 번째 조건에서 좋아요의 상태를 확인하도록 구현되어 있습니다. 두 번째 조건은 좋아요를 표시한 사용자와 게시물 작성자가 일치하는지 확인합니다. 본인 글에 좋아요를 누른 경우에도 푸시 알림을 전송하지 않도록 추가된 조건입니다. 위의 두 조건에 일치하지 않은 경우라면, 다른 사람의 게시물에 좋아요를 표시한 상황이므로 푸시 알림을 전송하면 됩니다.

알림을 전송하기 위해선 알림을 받게될 대상 사용자의 구독 정보를 알고 있어야 합니다. 여기서 알림을 받게될 대상은 게시물 작성자이며, 게시물 데이터 updatedPost의 author에서 작성자의 ID를 확인할 수 있습니다. 작성자의 ID만 알고 있다면, 이전에 user 저장소에 저장해두었던 구독 정보를 불러올 수 있습니다. 앞서 작성한 코드의 else 블록 안에 다음과 같은 코드를 구현합니다.

```
// TODO: 작성자의 구독 정보 불러온 후 푸시 알림 전송

// 푸시 알림을 받게될 사용자 정보
const targetUser = SimpleDatabase.select('user', {
  where: {
    id: updatedPost.author
  }
});

if (targetUser && targetUser.subscription) {
  // TODO: 푸시 알림 보내기
} else {
  logger.debug('게시물 작성자의 구독 정보가 존재하지 않습니다.');
}
```

먼저, user 저장소에 저장되어 있는 사용자 정보 중 게시물을 작성한 사용자의 데이터를 조회합니다. 만약, 게시물 작성자가 푸시 알림을 구독했다면 저장되어 있던 조회된 데이터의 subscription에서 사용자의 구독 정보를 확인할 수 있을 것이고, 구독하지

않았다면 아무런 데이터가 존재하지 않을 것입니다. 구독 정보가 존재하는지 구분하기 위해 확인하는 과정이 구현되어 있습니다.

지금까지 다른 사용자의 게시글에 좋아요를 표시했으면서, 게시물 작성자의 구독 정보가 서버에 저장되어 있는 경우를 확인하기 위해 여러 조건문을 구현했습니다. 이제 여러분이 구현했던 pushNotification() 함수를 사용하여 푸시 메시지를 전송해보겠습니다.

```javascript
if (targetUser && targetUser.subscription) {
  // TODO: 푸시 알림 보내기

  // 전송할 푸시 메시지 데이터
  const data = {
    message: `${user}님이 회원님의 게시물을 좋아합니다!`,
    badge: '/icons/push-badge-72x72.png',
    icon: '/icons/push-icon-192x192.png'
  };

  // 구현했던 sendNotification 함수 사용
  sendNotification(authorUser.subscription, data).then((response) =>
  {
    if (response.statusCode === 201) {
      logger.success('알림이 전송되었습니다.');
    } else {
      logger.info(response);
    }
  }).catch((err) => {
    logger.error(err.body.trim());
  });
} else {
  ...
}
```

먼저, 브라우저에게 푸시 메시지로 전달할 데이터를 추가했습니다. 푸시 메시지 데이터는 형식이 정해져있지 않기 때문에 브라우저와 서버 간의 형식을 맞추어 전달하면 됩니다. Paper에서는 기본적인 메시지 데이터와 뱃지 그리고 아이콘 정보만 전달하려고 합니다. 만약, Paper에 사용자 프로필 사진이 존재했다면 지금 사용하고 있는 Paper 아이콘 이미지 대신 사용자의 프로필 사진을 사용하는 등 자유로운 푸시 메시지 데이터를 구성할 수 있습니다.

푸시 메시지 데이터가 준비되었으니 이전에 구현했던 sendNotification() 함수를 통해 푸시 알림을 전송합니다. 첫 번째 인자로 게시물 작성자의 구독 정보를, 두 번째 인자로 푸시 메시지 데이터를 전달합니다. 푸시 서비스로 요청을 보내고 응답을 돌려받게 되며, 앞서 응답의 상태 코드statusCode가 201인 경우 정상적으로 푸시 알림을 보낸 것이라고 언급했습니다. 응답의 상태 코드를 비교하여 성공 여부를 확인하기 위해 서버에 로그를 남깁니다.

지금까지 사용자가 게시물에 좋아요를 표시했을 때 애플리케이션 서버에서 푸시 서비스로 푸시 요청을 보내는 기능을 구현해보았습니다. Paper 서버를 재시작한 후 전달된 푸시 메시지가 브라우저에 잘 도착하는지 확인해보겠습니다.

10.5.2 푸시 메시지를 받고 알림 생성하기

푸시 서비스로부터 전달되는 푸시 메시지 데이터는 서비스 워커의 push 이벤트를 통해 전달받을 수 있습니다. push 이벤트는 푸시 서비스로부터 푸시 메시지가 도달했을 때 트리거되는 이벤트이며, 이벤트 객체에는 애플리케이션 서버가 전달한 데이터도 함께 포함되어 있습니다. 애플리케이션 서버에서 보낸 푸시 메시지를 확인해보기 위해 다음과 같이 workspace/service-worker.js에 아래 코드를 작성합니다.

```
self.addEventListener('push', (event) => {
  const data = event.data.json();
  console.log('Service Worker - push:', data);
});
```

push 이벤트로 전달되는 이벤트 객체의 data 속성에 푸시 메시지 데이터가 존재합니다. 위 코드는 푸시 메시지 데이터의 json() 메소드를 사용하여 전달받은 데이터를 JSON 객체로 변환합니다. json() 메소드 이외에도 다음과 같은 메소드가 존재하며 필요에 따라 적절한 메소드를 사용할 수 있습니다.

1. arrayBuffer(): 푸시 메시지를 ArrayBuffer 객체로 변환하여 반환합니다.
2. blob(): 푸시 메시지를 Blob 객체로 변환하여 반환합니다.
3. json(): 푸시 메시지를 JSON 객체로 변환하여 반환합니다.
4. text(): 푸시 메시지를 그대로 반환합니다.

위 코드를 저장한 후 페이지를 새로고침하여 서비스 워커를 업데이트한 후, 아래의 과정을 따릅니다. 먼저, Paper에 로그인 한 후 테스트를 위한 게시물을 하나 작성합니다. 푸시 알림을 받아야 하기 때문에 푸시 알림을 구독하고 로그아웃합니다. 이후 알림을 구독했던 사용자와 다른 ID로 로그인하여 테스트 게시물에 좋아요를 눌러 푸시 알림이 전달되도록 합니다.

[그림 10-31] 브라우저에서 푸시 메시지 받기

서비스 워커의 push 이벤트 핸들러를 통해 애플리케이션 서버에서 전달한 푸시 메시지를 받아 콘솔에 출력하는 모습을 확인할 수 있습니다. 물론, 웹 페이지를 닫거나 브라우저가 닫힌 상태라도 푸시 알림을 정상적으로 수신합니다. 이제 알림으로 제공할 데이터를 받아왔으니, 알림을 생성하여 사용자에게 제공해보겠습니다.

```
self.addEventListener('push', (event) => {
  ...

  const title = 'Paper';
  const options = {
    body: data.message,
    badge: data.badge,
    icon: data.icon
  };

  event.waitUntil(
    self.registration.showNotification(title, options)
  );
});
```

알림을 생성하는 방법은 이전과 동일하게 서비스 워커의 등록 객체의 showNotification() 메소드를 통해 생성할 수 있습니다. 메소드 사용법이나 옵션은 10.3장에서 알아보았던 것과 동일하기 때문에 원하는 모습으로 구성해보실 수 있습니다.

showNotificaion() 메소드는 프로미스를 반환하기 때문에, waitUntil()을 사용하여 이벤트 수명을 연장시켜야 합니다. 위 코드를 저장하고 다시 푸시 알림을 전송해보면, 다음과 같이 알림이 생성되어 사용자에게 정보를 제공할 것입니다.

[그림 10-32] 게시물 좋아요 알림

지금까지 Paper 서버와 웹 앱 그리고 푸시 서비스까지 푸시 알림 기능을 위해 다양한 설정과 기능을 구현했습니다. 이론적으로만 살펴보았던 것과 달리, 직접 웹 푸시 기능을 구현해보며 웹 푸시의 작동 방식에 대해 더 자세히 알게 되었으리라 생각합니다.

이제, 게시물 좋아요 알림 기능을 제공할 수 있게 되었으며 여러분이 원하는 대로 알림을 구성할 수도 있을 것입니다. 한 가지 아쉬운점은 알림을 눌렀을 때 Paper 웹 앱이 열린다거나, 특정 기능을 제공받는다거나 하는 부분이 존재하지 않는다는 점입니다. 마지막으로, 해당 내용을 살펴보고 웹 페이지를 열 수 있도록 구현해는 것으로 푸시 알림 기능을 마무리하겠습니다.

10.5.3 알림을 눌렀을 때 웹 페이지 열기

현재 사용자에게 표시되는 알림을 눌러보면 아무런 반응이 없다는 것을 알 수 있습니다. 지금까지 구현한 기능은 서버로부터 전달받은 푸시 메시지를 기준으로 알림을 생성하기만 할 뿐, 알림을 누르거나 기타 조작에 대한 이벤트 핸들러가 구현되어 있지 않습니다.

이번에는 사용자가 알림을 눌렀을 때 특정 웹 페이지를 띄워주는 기능을 구현해보려고 합니다. 이를 활용하여 사용자에게 알림을 보내고 여러분의 웹 서비스에 재참여할 수 있도록 유도하거나, 서비스 워커 내에서 기타 작업을 수행하도록 구현할 수 있습니다. 사용자가 알림을 클릭했을 때 서비스 워커에 notificationclick 이벤트가 발생합니다. 다음과 같이 이벤트 핸들러를 구현해보겠습니다.

```
self.addEventListener('notificationclick', (event) => {
  console.log('Service Worker - Notification clicked!');
  event.notification.close();
  event.waitUntil(
    self.clients.openWindow('https://google.com')
  );
});
```

이벤트가 발생하면 사용자가 누른 알림 객체가 포함된 이벤트 객체를 받으며, notification 속성을 통해 참조할 수 있습니다. 작성한 코드를 살펴보면, 알림의 close() 메소드를 호출하는 부분이 보입니다. close() 메소드는 알림을 닫거나 제거합니다.

알림을 닫고난 뒤, clients의 openWindow() 메소드를 호출하여 지정된 URL의 웹 페이지를 새 창으로 열게 됩니다. openWindow()는 프로미스를 반환하기 때문에 이벤트를 연장시키도록 구현되어 있습니다. 잘 작동하는지 확인해보기 위해 작성한 코드를 저장한 후 게시물 좋아요 알림을 눌러보겠습니다.

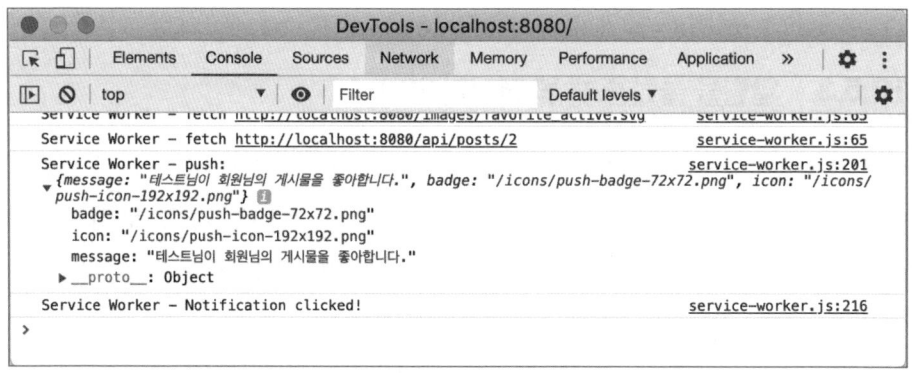

[그림 10-33] 알림 클릭 이벤트

알림을 클릭하면, 지정한 URL의 웹 페이지가 새 창으로 열릴 것입니다. 이렇게 푸시 알림을 제공하고 사용자의 특정 행동에 대한 제어까지 수행할 수 있게 되었습니다.

드디어 계획하고 준비했던 Paper의 기능을 모두 구현했습니다! 지금까지 아무런 기능을 수행하지 못했던 서비스 워커에 다양한 기능을 구현하고 개선해온 결과 아주 평범한 웹 앱이었던 Paper가 오프라인에서도 동작하고 백그라운드 동기화 기능을 제공하며, 다른 사용자의 좋아요 알림까지 제공할 수 있는 프로그레시브 웹 앱으로 발전되었습니다. 지금까지의 실습을 통해 프로그레시브 웹 앱의 핵심 기능을 구현해보았습니다. 여러분에게 유익한 경험이 되었길 바랍니다.[6]

---

6   10장의 소스코드: https://github.com/leegeunhyeok/paper/tree/ch10

10.6 마무리하며

처음 프로그레시브 웹 앱을 접했을 때부터 지금까지, 광범위한 내용에 대해 알아보았습니다. 뿐만 아니라, 여러분의 손으로 직접 구현해보며 평범했던 웹 앱에 프로그레시브 웹 앱이라는 새로운 생명을 불어넣었습니다.

최근 몇 년간 웹 기술은 네이티브 환경에서만 구현할 수 있던 영역을 넘보고, 실제 기술적으로 구현되어 브라우저에 적용되어 왔습니다. 그 중 일부를 Paper에 적용하고 구현해봄으로써 프로그레시브 웹 앱에 한 발 더 다가갈 수 있는 계기가 되었으면 하는 바람입니다.

구현한 기능을 직접 사용해보면서 느꼈을 수 있지만, 프로그레시브 웹 앱은 기존의 웹 환경의 틀에 큰 변화를 주지 않으면서도 강력한 기능과 사용성을 제공합니다. 모든 브라우저에서 주요 기능들이 모두 호환지 않는 것은 사실이지만, 점진적인 향상을 항상 염두하여 개발한다면 웹의 본질을 흐리지 않고 필요에 따라 다양한 기능을 제공할 수 있을 것입니다.

또한, 많은 브라우저들이 프로그레시브 웹 앱의 지원을 확대해나가고 있어서 머지 않아 프로그레시브 웹 앱을 도입하는 사례가 더욱 늘어날 거라고 기대합니다. 프로그레시브 웹 앱을 앱 스토어처럼 한 눈에 볼 수 있는 Appscope라는 서비스도 등장했으며, https://appsco.pe에 접속하여 다양한 프로그레시브 웹 앱을 확인해볼 수 있습니다.

마무리하기에 앞서 마지막으로 한 가지를 더 살펴보려고 합니다. 지금까지 구현했던

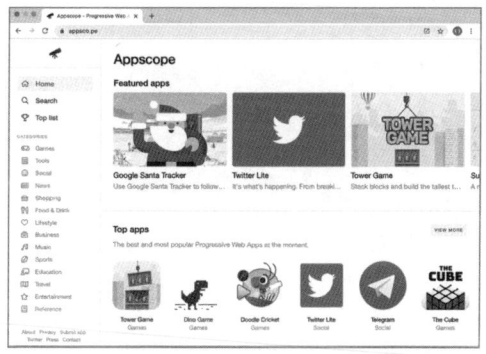

[그림 10-34] Appscope - https://appsco.pe

기능들은 모두 프로그레시브 웹 앱의 점진적인 향상이라는 핵심을 고려하여 개발했기 때문에 서비스 워커나 기타 기능을 지원하지 않는 브라우저에서도 잘 작동할 것입니다. 이를 직접 확인해보기 위해 마지막 작업을 진행해보겠습니다.

10.6.1 구형 브라우저 지원

[그림 10-35] Babel - https://babeljs.io

먼저, 구형 브라우저에서 지금까지 구현한 코드를 정상적으로 실행시킬 수 있도록 추가 작업을 진행합니다. 작성된 코드는 ES6 문법을 사용했기 때문에 인터넷 익스플로러11과 같은 구형 브라우저에서는 실행할 수 없을 것입니다.

이러한 문제를 해결하기 위해 바벨^{Babel}[7]이라는 트랜스파일러^{Transpiler}를 사용하여 ES5 문법으로 변환해보도록 하겠습니다. 프로젝트 폴더의 package.json 파일을 확인해보면, 다음과 같은 개발 의존성 모듈을 확인할 수 있습니다.

```
"devDependencies": {
  "@babel/cli": "^7.8.4",
  "@babel/core": "^7.8.7",
  "@babel/preset-env": "^7.8.7",
  ...
}
```

---

7 바벨은 ES6+ 코드를 이전 버전과 호환되도록 변환해주는 트랜스파일러입니다.

바벨 사용 환경을 미리 구성해두었으며, 프로젝트 폴더에서 npm install 명령어를 입력했을 때 함께 설치되었을 것입니다. 이렇게 설치된 바벨은 상단 script 부분에 정의된 명령어를 통해 실행됩니다.

```
"scripts": {
  ...,
  "build": "babel workspace/js -d workspace/dist"
}
```

이와 같은 명령어가 구성되어 있는데, 여러분이 지금까지 작성한 workspace/js 내에 존재하는 자바스크립트 파일을 ES6 이전 버전으로 변환하여 workspace/dist에 저장합니다. 프로젝트 폴더에서 아래의 명령어를 입력하여, 위 명령어를 실행할 수 있습니다.

```
npm run build
```

잠시 기다리면 변환된 자바스크립트 파일이 workspace/dist에 저장되며, 코드는 다음과 같이 변환될 것입니다.

```
// @ch4. 서비스 워커 등록
if ('serviceWorker' in navigator) {
    navigator.serviceWorker.register('/service-worker.js').
then(function (registration) {
        // 업데이트 발견
        registration.addEventListener('updatefound', function () {
            // 설치 중인 새로운 서비스 워커
            var newServiceWorker = registration.installing;
            console.log('PAPER: New update found!'); // 새로운 서비스 워커
```

```
      ...
    });
  });
}
```

샘플로 변환된 common.js 코드의 일부를 가져왔습니다. 화살표 함수는 일반 함수로 변경되었고, const 키워드로 선언한 변수는 모두 var 키워드로 변환되었습니다. 이와 같이 바벨을 통해 ES6 이상에서만 사용할 수 있는 문법을 하위 버전에서 실행 가능하도록 변환할 수 있습니다. 하지만 문법이 하위 버전으로 변경되었더라도 프로미스와 같은 ES6 객체는 구형 브라우저에 존재하지 않기 때문에 여전히 정상적으로 실행시킬 수 없습니다.

이 문제는 폴리필Polyfill을 통해 해결할 수 있으며, 폴리필은 지원하지 않는 브라우저를 위해 기능을 구현해둔 코드 조각을 의미합니다. Paper의 주요 기능들은 대부분 프로미스 기반으로 작동하므로, 구형 브라우저에서도 프로미스 기반의 기능을 사용하기 위해 workspace/index.html에 다음과 같이 새로운 스크립트를 추가합니다.

```
    <!-- 부록. 구형 브라우저 지원을 위한 폴리필 추가 -->
    <script src="/js/polyfill.min.js"></script>
    ...
  </body>
</html>
```

polyfill.min.js 스크립트는 미리 준비해둔 프로미스 폴리필이며, 최상단에 로드하여 사용할 수 있습니다. 추가한 프로미스 폴리필에는 기본적인 프로미스 객체와 then(), catch(), finally() 메소드가 구현되어 있습니다.

지금까지, 작성한 코드를 구형 브라우저에서 실행시키기 위해 ES6 이전 버전으로 변환했고 프로미스 기반의 주요 기능을 제공하기 위해 폴리필까지 추가했습니다. 결과를 확인해보기 전에, 원본 소스코드(workspace/js) 대신 변환된 소스코드(workspace/

dist)를 웹 페이지에 제공할 수 있도록 아래 명령어로 Paper 서버를 실행시킵니다.

```
node app.js --mode babel
```

바벨 모드로 실행시킬 경우 workspace/js 폴더의 파일 대신 workspace/dist 폴더에 있는 파일을 제공하도록 구현되어 있습니다. 구형 브라우저에서 Paper 웹 페이지를 열어 결과를 확인해보겠습니다.

[그림 10-36] 인터넷 익스플로러 11 실행 확인

아쉽게도 실습을 진행하며 구현했던 캐싱과 백그라운드 동기화 등 대부분의 기능은 브라우저가 지원하지 않아서 사용할 수 없지만, Paper의 기본적인 주요 기능은 모두 정상적으로 작동합니다. 이처럼, 어떠한 상황에서도 웹 서비스의 본질을 잃지 않으면서 브라우저의 지원 범위에 따라 기능을 제공하는 방법이 프로그레시브 웹 앱의 핵심인 점진적인 향상입니다. 이렇게 개발된 웹 앱의 완성도를 측정해주는 도구도 다양하게 존재하며, 대표적으로 라이트하우스Lighthouse가 있습니다. 일반적인 웹 성능 요소만이 아니라, 프로그레시브 웹 앱으로써 얼마나 잘 구현되었는지 평가하고 결과를 보고서로 제공합니다.

웹 앱의 모범 사례뿐 아니라, 개선이나 보완이 필요한 부분을 알려주기 때문에 이를 활용하여 더 나은 웹 앱을 개발할 수 있도록 지원받을 수 있습니다. 라이트하우스에 대해 조금 더 자세히 알고싶다면 부록 2. 라이트하우스Lighthouse를 참고하십시오. 이와 같은 도구 외에도 프로그레시브 웹 앱을 편리하게 개발하도록 기능을 제공하는 라이브러리도 존재합니다. 대표적으로 워크박스Workbox가 있으며 캐싱, 백그라운드 동기화 등 다양한 기능을 간단히 구현할 수 있습니다. 워크박스에 대해 더 자세히 알고 싶다면 부록 3. 워크박스Workbox를 참고하십시오.

10.6.2 다양한 기능 API

지금까지 구현했던 오프라인 캐싱, 백그라운드 동기화, 푸시 알림 기능은 프로그레시브 웹 앱의 주요 구성 요소인 서비스 워커를 통해 구현되었지만, 서비스 워커 없이 구현할 수 있는 다양한 API도 존재합니다. 즉, 일반적인 웹 페이지에서도 사용할 수 있는 기능입니다. 다음과 같이 결제 요청 API Payment Request API나 자격 증명 관리 API Credential Management API 등 새로운 기능들이 계속 추가되고 발전하고 있습니다.

웹 환경에서 바로 결제하여 상품을 주문하거나, 한 번 로그인한 정보를 자격 증명으로 관리하고 다양한 사이트에서 한 번의 터치로 로그인할 수 있는 기능 등 다양한 기능이 이미 구현되어 있습니다. 이러한 기능들을 프로그레시브 웹 앱에서 함께 제공한다면

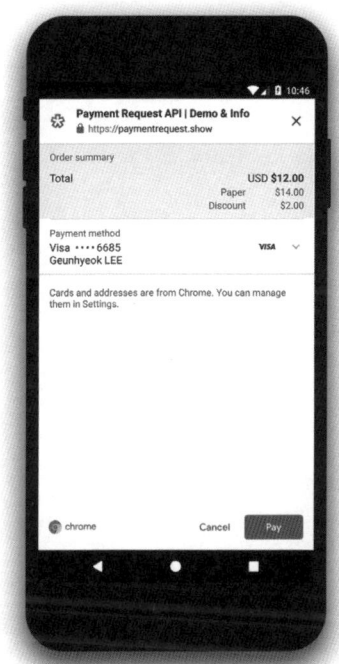 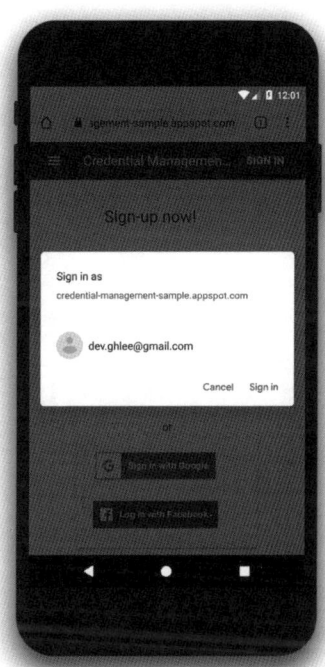

[그림 10-37] 결제 요청 API 및 자격 증명 관리 API

정말 강력한 웹 앱이 될 수 있을 것입니다.

웹 기술과 더불어 프로그레시브 웹 앱은 계속해서 성장하고 발전해나가고 있는 현재 진행형이며, 가까운 미래에는 웹 앱 개발의 새로운 패러다임으로 자리 잡으리라 전망합니다.

CHAPTER 11

부록

11장 부록

11.1 ES6 자바스크립트 맛보기

[그림 11-1] Javascript

ES6에 대해 알아보기에 앞서, ECMAScript에 대해 간략히 살펴보도록 하겠습니다. ES6의 ES는 ECMAScript를 의미하며, ECMAScript는 표준 기구인 ECMA 인터내셔널에서 관리하고 있는 범용 스크립트 언어입니다. ECMAScript는 스크립트 언어가 준수해야하는 규칙과 세부사항을 제공합니다. 자바스크립트는 ECMAScript의 표준을 준수하여 구현된 언어 중 하나입니다. 그렇다면 ES6는 무엇일까요?

ES6는 ECMAScript 6으로 표현할 수 있으며 ECMAScript 표준의 제6판입니다. 즉, 언어의 6번째 버전이라고 볼 수 있습니다. ES6는 ECMAScript 6 외에 ECMAScript

2015, ES2015로도 표현할 수 있으며, 버전이 변경될 때마다 다양한 기능이 언어에 추가됩니다. 버전이 변경될 때마다 자바스크립트에서 바로 사용할 수 있는 것은 아니며, 자바스크립트를 실행하는 엔진에 따라 지원 여부가 달라집니다. 대표적으로 인터넷 익스플로러11와 같은 구형 브라우저에서 ES6 문법을 사용할 수 없는 것을 예로 들 수 있습니다.

본 책에서는 ES6 스펙에 해당하는 문법과 기능을 자주 사용하게 되며 주로 사용하게 될 문법이나 기능을 정리했습니다. ES6만이 아니라, 자바스크립트를 활용하기 위한 내용도 포함되어 있습니다. 다음 내용을 알고 있다면, 부록을 참고하지 않아도 됩니다.

1. 변수(var, let, const)
2. 개선된 객체 프로퍼티(Enhanced Object Properties)
3. 템플릿 리터럴(Template Literals)
4. 화살표 함수(Arrow Function)
5. 콜백 함수
6. 프로미스

위에 해당하는 내용을 하나씩 살펴봅시다.

11.1.1 변수

ES6부터 자바스크립트에서 변수를 선언할 수 있는 새로운 키워드가 새로 추가되었습니다. 다른 언어와는 조금 다르게 작동한다는 이유로 자바스크립트가 새롭게 도약할 수 있는 계기가 되기도 했습니다. 자바스크립트의 변수와 선언 방식에 따른 차이점에 대해 알아보겠습니다.

11.1.1.1. var

첫 번째로 알아볼 변수 선언 키워드는 var입니다. ES6가 탄생하기 전부터 계속 사용해오던 유일한 변수 선언 키워드였습니다. var 키워드를 사용하여 선언한 변수는 재선언할 수 있으며, 함수 스코프Function scope를 가집니다. 대부분의 프로그래밍 언어의 변수는 블록 스코프Block scope를 가지는 반면, var 키워드로 선언한 자바스크립트의 변수는 조금 다른 모습을 보입니다. var 키워드를 사용하여 변수를 선언하고 사용하는 방법은 다음과 같습니다.

```
var name;
var name = 'Tom';
var name = 'Jessica'; // 동일한 이름의 변수를 재선언할 수 있다.
name = 'Unknown';
```

지금도 여전히 사용할 수 있는 변수 선언 키워드이지만, var로 선언한 변수에 대해 잘 이해하지 못하면 종종 예기치 못한 작동을 불러오는 상황이 발생하기도 했습니다. 이러한 이유는 var 로 선언한 변수는 조금 독특하게 작동하기 때문입니다. 아래의 예제를 보고 실행 결과를 예측해보겠습니다.

```
var age = 10;

function myAge () {
  console.log(age);
  var age = 12;
  console.log(age);
}

myAge();
```

위위 코드를 실행하면 어떠한 값이 콘솔에 기록될까요? 10과 12 출력, 또는 10 출력 후 에러가 발생할 것이라고 생각하실 수도 있습니다. 사실 콘솔에 기록되는 값은 바로 undefined와 12입니다.

분명 첫 번째 로그를 남기기 전에 변수를 선언했고, 값도 할당해주었는데 왜 undefined라는 결과가 나왔을까요? 이는 변수의 호이스팅^{Hoisting}으로 인해 일어난 현상이며, 자바스크립트의 언어적 특성입니다. 호이스팅은 변수나 함수의 선언부가 유효 범위의 최상단으로 옮겨지는 것을 의미합니다. 호이스팅은 변수와 함수 선언문에 대해 발생하며, 처음 접한 경우 많이 혼란스러울 수 있습니다. 호이스팅을 더욱 잘 이해하기 위해 아래의 예제를 확인해보겠습니다.

```
function test () {
  console.log('a:', a); // a: undefined
}
test();

var a = 10;

// 다음과 같이 동작합니다

var a; // 호이스팅
function test() {
  console.log('a:', a);
}
test();

a = 10;
```

위 예제는 변수가 선언되기 전에 test 함수 내에서 a 변수를 참조하게 되는데, 이상하게도 아무런 오류가 발생하지 않고 undefined가 값이 출력됩니다. 이유는 호이스팅 때문이며, 변수의 선언부가 유효한 범위의 최상단으로 이동하여 먼저 선언되기 때문입니다. 선언되기만 하고 아직 값이 할당되지 않은 상태이기 때문에 undefined가 출력됩니다. 이제 호이스팅에 대해 알아보았으니 첫 번째 예제를 호이스팅된 모습으로 다시 살펴보겠습니다.

```
var age; // 호이스팅
age = 10;

function myAge () {
  var age; // 호이스팅
  console.log(age);
  age = 12;
  console.log(age);
}

myAge();
```

첫 번째로 선언한 변수 역시 호이스팅되며, 이후 10이라는 값이 변수에 할당됩니다. 그리고 myAge 함수 내부를 살펴보면 함수에서 선언했던 age 변수가 함수 내에서 호이스팅 되었습니다. 이는 var 키워드로 선언한 변수는 함수 스코프를 가지며, 호이스팅은 유효 범위 내에서 이루어지기 때문입니다. 결국 해당 변수의 유효 범위는 함수 내부이기 때문에 이 안에서 호이스팅이 이루어진 것입니다.

먼저, 선언하고 10이라는 값을 할당했던 age 변수 외에 함수에서 age 변수를 다시 선언했습니다. 이 변수는 함수 스코프 범위에서 선언되었기 때문에 아무런 값이 할당되지 않은 undefined 새로운 변수로 취급됩니다.

지금까지 var 키워드로 선언한 변수에 대해 살펴보았습니다. 조금 독특하게 작동해서, 예기치 못한 상황이 발생할 수 있다는 이유로 ES6부터는 var 키워드 사용을 지양하고 있습니다. 이제, var 키워드 대신 사용할 수 있는 키워드와 변수 선언 방법을 마저 알아보도록 하겠습니다.

11.1.1.2. let

ES6부터 사용할 수 있는 변수 선언 키워드 중 하나인 let입니다. let 키워드로 선언한 변수는 var 키워드와 다르게 동일한 이름의 변수를 재선언할 수 없으며 블록 스코프를 가집니다. 또한, var과는 다르게 TDZ[Temporal Dead Zone]로 인해 앞서 살펴보았던 예기치 못한 문제를 어느 정도 방지할 수 있습니다. let 키워드를 사용하여 변수를 선언하고 사용하는 방법은 다음과 같습니다.

```
let name;
let name = 'Tom'; // SyntaxError! 변수 재선언 불가
name = 'Unknown';
```

동일한 스코프 내에서 같은 이름의 변수를 재선언하려고 시도하면 에러가 발생합니다. 변수 재선언을 방지함으로써 변수명 중복 문제를 해결할 수 있습니다. let은 블록 스코프를 가지기 때문에 for나 if와 같이 블록({})으로 감싼 범위에서만 유효합니다.

```
if (true) {
  let name = 'Jessica';
}

conole.log(name); // ReferenceError
```

위의 코드를 실행시켜보면 name 변수가 선언되지 않았다는 에러가 발생합니다. 이는 let 키워드로 선언한 변수는 블록 범위에서만 유효하며, 외부에 선언되지 않았기 때문입니다. 또한, let은 var과 동일하게 호이스팅이 일어나지만, TDZ로 인해 변수가 선언된 위치에 도달하기 이전에 접근할 수 없습니다. 아래의 코드를 확인해보겠습니다.

```
// var
console.log(a); // undefined
var a = 10;
```

```
// let
console.log(a); // ReferenceError
let a = 10;
```

var 키워드로 선언한 변수는 에러가 발생하지 않고, undefined 값이 출력되지만, let 키워드로 선언한 변수는 에러가 발생합니다. let 키워드로 선언한 변수도 호이스팅이 일어나지만, TDZ로 인해 변수가 선언된 위치 이전에서 접근할 수 없습니다. 즉, TDZ 라는 임시 사각지대에 위치하고 있다가 선언된 위치에 도달한 후 접근할 수 있습니다. 위의 코드는 아래의 그림과 같이 나타낼 수 있습니다.

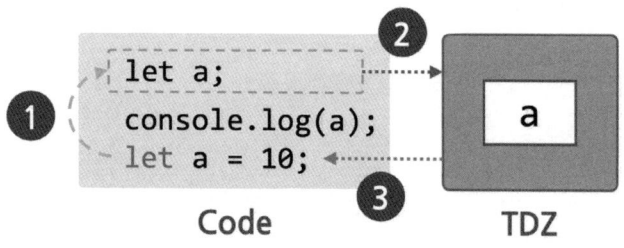

[그림 11-2] Temporal Dead Zone

let으로 선언한 변수 a가 호이스팅되어 유효 범위의 최상단으로 이동합니다. 호이스팅되었지만, TDZ로 인해 아직 선언되지 않은 변수처럼 작동합니다. TDZ 안에 있는 변수를 console.log(a)에서 참조하기 때문에 오류가 발생하며, 코드에서 변수를 선언했던 위치인 3번 부분에 도달해야 TDZ를 벗어나기 때문에 이때부터 변수를 사용할 수 있게 됩니다. 이러한 특성으로 인해 변수가 선언되기 전에 접근하는 등의 동작을 구현할 수 없으며 문제가 발생할 수 있는 상황을 미리 방지합니다.

11.1.1.3. const

ES6부터 사용할 수 있는 마지막 변수 선언 키워드는 const입니다. const 키워드를 사용하여 선언한 변수는 선언과 동시에 반드시 값을 초기화(할당)해야 한다는 점과 값의

재할당이 불가능하다는 점 이외에는 let 키워드로 선언한 변수와 동일합니다. const 키워드로 선언한 변수는 처음 초기화된 값을 변경할 수 없기 때문에 상수라고 할 수 있으며, 다음과 같이 선언할 수 있습니다.

```
const empty; // SyntaxError, 반드시 초기화해야 합니다.
const name = 'Tom';
const name = 'Jessica'; // SyntaxError, 변수 재선언 불가
name = 'Unknown'; // TypeError, 값 재할당 불가
```

let 변수와 동일하지만, 변수를 선언할 때 필수로 값을 할당해야 합니다. 또한, 한 번 초기화된 값은 변경할 수 없습니다. 이러한 제약사항 이외에는 앞서 설명한 let 변수와 동일하게 작동합니다.

11.1.2 개선된 객체 프로퍼티

ES6부터는 객체의 프로퍼티(속성)를 사용할 수 있는 다양한 개선 방법이 추가되었습니다. 그 중 대표적인 것이 프로퍼티 명을 생략할 수 있는 표현법입니다. 이에 대해 한 번 살펴보겠습니다. ES6 이전 버전에서는 객체 프로퍼티를 추가할 때 반드시 프로퍼티 명과 값이 함께 표현되어야 합니다.

```
var name = 'Tom';
var age = 10;

var myObj = {
  name: name,
  age: age
};

console.log(myObj.name); // Tom
```

프로퍼티 명과 변수의 이름이 동일하지만, 프로퍼티명과 값을 함께 작성해야 하기 때문에 다소 번거로운 경우가 존재했습니다. ES6부터는 프로퍼티 명으로 변수를 사용할 경우, 다음과 같이 생략Property shorthand 할 수 있습니다.

```
const name = 'Tom';
const age = 10;

const myObj = {
  name,
  age
};

console.log(myObj.name); // Tom
```

이는 변수의 이름과 동일한 프로퍼티 명으로 자동 생성되기 때문에 간략하게 표현할 수 있으며, 매우 유용하게 사용됩니다.

11.1.3 템플릿 리터럴

ES6에 추가된 템플릿 리터럴Template Literal은 문자열을 표현하는 새로운 표기법입니다. 기존의 문자열은 작은따옴표(')나 큰따옴표(")로 감싸 표현했지만, 템플릿 리터럴은 백틱(`) 문자를 사용합니다. 일반적인 문자열 표현 방법과 다른점이 무엇인지 한 번 비교해보겠습니다. 기존의 문자열은 다른 값과 이어붙이기 위해선 다음과 같이 + 연산자를 사용했습니다.

```
const name = 'Jessica';

console.log('Hello, ' + name + '!!'); // Hello, Jessica!!
```

문자열의 길이가 길어지거나, 조합하는 대상이 늘어나면 가독성이 떨어지고 복잡해지는 문제가 발생했습니다. 그러나 템플릿 리터럴을 사용하면 다음과 같이 표현할 수 있습니다.

```
const name = 'Jessica';

console.log(`Hello, ${name}!!`);
```

백틱 문자를 사용하여 문자열을 감싼다는 점과, 문자열 내부에서 ${}와 같은 표현식을 통해 외부의 값을 간단하게 추가할 수 있습니다. 이를 문자열 인터폴레이션String Interpolation이라고 하며, 다양한 값을 문자열로 변환하여 해당 위치에 삽입합니다.

11.1.4 화살표 함수

ES6에는 변수를 선언하는 방법만이 아니라, 함수를 표현하는 새로운 방식이 추가되었습니다. 일반적인 함수는 다음과 같이 선언하고 사용합니다.

```
function add (a, b) {
  return a + b;
}

add(1, 2);
```

지금까지 항상 봤던 형식의 함수 선언문입니다. ES6에서는 다음과 같이 새로운 모습으로 함수를 표현할 수도 있습니다.

```
const add = (a, b) => {
  return a + b;
};
```

function 키워드가 사라졌고, 함수의 이름도 사라졌습니다. 화살표 함수는 익명 함수이며, 변수에 담아두고 사용할 수 있습니다. function 키워드와 함수 이름 대신 괄호가 보입니다. 화살표 함수는 괄호에 함수의 매개변수를 정의하며 블록{} 안에 함수의 본문을 구현합니다. 또한, 매개변수가 한 개이거나 함수 내에서 값을 즉시 반환^{return}하는 경우 다음과 같이 축약할 수 있습니다.

```
// 매개변수가 하나인 경우 소괄호 생략 가능
add10 = num => {
  return num + 10;
}

// 즉시 값을 반환하는 경우 중괄호 생략 가능
add10 = (num) => num + 10;
```

위의 함수는 모두 동일하게 동작합니다. 이 외에도 일반 함수와 화살표 함수의 차이점(this, arguments 등)이 존재하지만, 이 책의 실습에서는 화살표 함수의 표현법을 위주로 활용하기 때문에 자세한 설명은 생략하겠습니다.

11.1.5 비동기 처리와 콜백 함수

콜백 함수에 대해 알아보기 전에, 먼저 자바스크립트가 동작하는 방식에 대해 알아야 합니다. 자바스크립트는 싱글 스레드 기반으로 동작하기 때문에 오랜 시간이 소요되는 복잡한 작업을 동기적으로 처리할 경우, 처리하는 동안 다른 작업을 수행할 수 없게 됩니다. 이러한 이유로, 데이터를 로딩하거나 네트워크에서 데이터를 가져오는 등의 시간이 걸리는 작업은 모두 비동기로 처리할 수 있도록 구현되어 있습니다.

비동기 작업을 처리할 수 있는 방법은 다양한데, 그 중 대표적인 방법이 콜백 함수를 통해 처리하는 것입니다. 콜백 함수^{Callback}는 이름 그대로 나중에 실행되는 함수입니다. 시간이 걸리는 작업을 요청할 때 함수를 전달하고, 이후 작업이 완료되면 전달했던 함수를 통해 결과를 받는 방식으로 비동기 작업을 처리합니다.

이와 같이, 콜백 함수를 사용할 수 있는 이유는 바로 자바스크립트의 함수는 일급 객체First Class이기 때문입니다. 일급 객체란 다음과 같은 조건을 충족하는 객체를 의미합니다.

1. 변수나 데이터 구조 안에 담을 수 있다
2. 매개변수로 전달할 수 있다
3. 반환 값으로 사용할 수 있다

자바스크립트에서의 함수는 위의 조건을 모두 충족합니다. 변수에 담아둘 수 있고, 함수를 값으로 반환할 수 있으며 다른 함수의 매개 변수로 전달할 수 있습니다. 타이머 샘플을 만들어보면서 콜백 함수에 대해 알아보도록 하겠습니다.

11.1.5.1. 콜백 함수를 활용하여 타이머 만들기

웹 브라우저에서는 지정된 시간 이후에 전달받은 함수를 호출하는 setTimeout()이라는 API를 제공합니다. 여기서 전달하게 되는 함수가 곧 콜백 함수가 됩니다. 다음 코드는 3초 뒤 Hello를 출력하는 샘플 코드입니다.

```javascript
setTimeout(function () {
  console.log('Hello!');
}, 3000);
```

setTimeout()은 첫 번째 인자로, 지정된 시간 이후에 호출할 콜백 함수를 받으며, 두 번째 인자로 시간(ms)을 지정할 수 있습니다. 콜백 방식으로 실행되는 비동기 작업은 다음 그림과 같이 작동합니다.

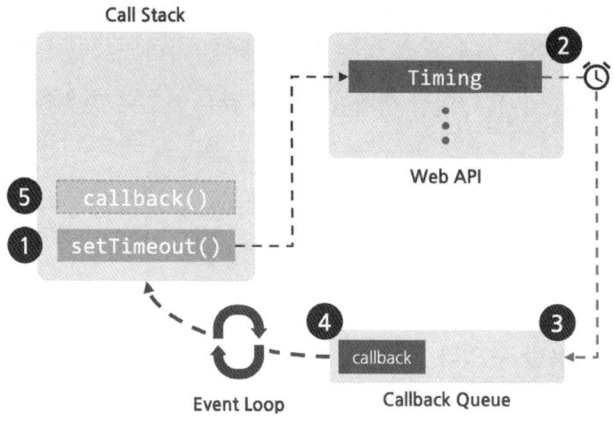

[그림 11-3] 콜백의 동작 방식

자바스크립트는 코드가 실행될 때 콜 스택Call Stack에 작업을 쌓아두고, 이를 하나씩 꺼내 처리합니다. 앞서 살펴보았던 샘플 코드를 예를 들어 그림과 함께 살펴보겠습니다.

1. setTimeout() 함수를 호출하며 콜백 함수를 함께 전달합니다(호출 후 콜 스택에서 사라짐).
2. 브라우저에 구현된 Web API를 통해 비동기적으로 3000ms간 대기합니다.
3. 대기 이후 전달받았던 콜백 함수를 콜백 큐에 집어넣습니다.
4. 콜스택이 비어있을 때, 이벤트 루프가 콜백 큐에서 콜백 함수를 꺼내 콜 스택에 집어넣습니다.
5. 콜백 함수가 호출되어 작업이 완료되었음을 알립니다.

위와 같은 방식으로 콜백 함수를 통해 비동기 작업을 처리하며, 오래 걸리는 복잡한 작업을 동기적으로 수행할 경우 작업이 완료될 때까지 콜 스택을 점유하기 때문에 다른 작업을 수행할 수 없게 되는 것입니다. 지정한 시간(초) 뒤에 콜백함수를 통해 결과를 알리는 간단한 타이머 함수를 구현해보겠습니다.

```
function timer (fn, second) {
  setTimeout(fn, second * 1000);
}

// 사용예
timer(function () {
  console.log('Hello!');
}, 5);
```

지정된 시간(초) 이후에 콜백함수로 완료를 알리는 timer() 함수를 구현했습니다. setTimeout()은 ms 단위의 시간을 받기 때문에 1000을 곱해 초 단위로 변경하도록 구현된 것이 전부입니다. 이제, 구현한 timer 함수를 사용하여 1초마다 1, 2, 3을 출력하도록 구현해보겠습니다.

```
timer(function() {
  console.log('1');
}, 1);

timer(function() {
  console.log('2');
}, 1);

timer(function() {
  console.log('3');
}, 1);
```

위와 같이 코드를 작성할 경우 1초 뒤에 1, 2, 3이 한꺼번에 출력됩니다. setTimeout() 기반으로 구현된 timer() 함수는 비동기적으로 동작하기 때문에 1초마다 출력하기 위해선 다음과 같이 구현해야 합니다.

```
timer(function() {
  console.log('1');
  timer(function() {
    console.log('2');
    timer(function() {
      console.log('3');
    }, 1);
  }, 1);
}, 1);
```

우리가 원하던대로 1초마다 1, 2, 3이 차례대로 출력되고 있습니다. 하지만 코드를 보면 뭔가 복잡해 보이지 않나요? 콜백 방식으로 작동하는 비동기 작업을 순차적으로 처리하려면 위와 같이 콜백 함수 내에서 반복적으로 작업을 수행해야 한다는 한계가 있습니다.

만약, 1부터 10까지 출력해야 한다면 더 복잡해질 수 있습니다. 이처럼 콜백 함수 안에 또 콜백 함수가 존재하고 또 존재한다면, 가독성이 떨어질뿐만 아니라 코드의 복잡도가 늘어납니다. 이러한 문제를 문제를 콜백 헬Callback Hell이라고 부릅니다. 이러한 문제를 해결하기 위해 ES6에 프로미스Promise가 탄생했습니다. 앞으로 프로미스에 대해 알아본 후 위 문제를 개선해보겠습니다.

11.1.6 비동기 처리와 프로미스

ES6에 추가된 프로미스Promise는 비동기적으로 실행하는 작업의 결과를 나타내는 객체입니다. 프로미스는 비동기 작업의 결과물을 객체로 나타낼 수 있다는 것이 특징입니다. 프로미스는 기본적으로 상태를 지니고 있으며, 전체적인 상태는 다음과 같이 나타낼 수 있습니다.

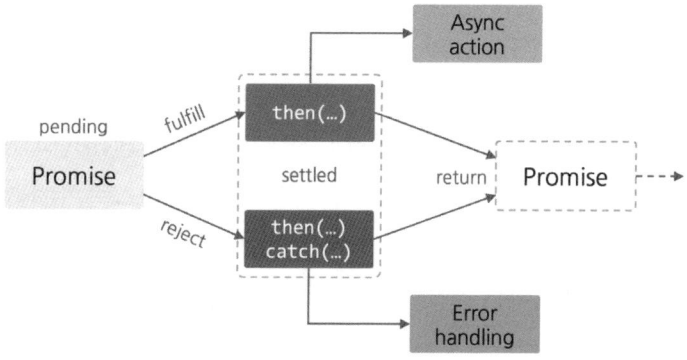

[그림 11-4] 프로미스의 상태

프로미스는 아직 수행되지 않은 비동기 작업의 미래를 나타내기 때문에 대기pending 상태를 초기 상태로 가집니다. 비동기 작업은 수행 도중 성공하거나 실패하게 될텐데 성공했을 경우에는 이행fulfilled 상태가 되며, 예외나 기타 문제가 발생하여 실패한 경우엔 거부rejected 상태가 됩니다. 또한, 성공 이후의 작업 처리는 프로미스의 then() 메소드로 처리할 수 있고, 에러가 발생했을 때의 예외 처리는 then() 또는 catch() 메소드로 간단히 처리할 수 있습니다.

비동기 작업이 성공하거나 실패한 경우, 프로미스의 상태는 처리됨settled 상태가 되며, 해당 프로미스의 작업이 완료되었음을 의미합니다. 코드를 직접 작성해보며 프로미스에 대해 알아보겠습니다.

```javascript
const myPromise = new Promise((resolve, reject) => {
  // 50% 확률로 true/false
  if (Math.floor(Math.random() * 2) % 2 === 0) {
    resolve('Done!!'); // fulfill
  } else {
    reject(new Error('T.T')); // reject
  }
});
```

위 코드에서 새로운 프로미스 객체를 생성했습니다. 프로미스를 생성할 때 resolve와 reject를 매개변수로 갖는 콜백 함수를 전달해야 합니다. 콜백 함수로 전달된 resolve와 reject는 비동기 작업의 이행이나 거부를 수행하기 위한 함수입니다.

resolve()를 호출하면 프로미스는 이행^{fulfilled} 상태가 되며, resolve 결과 데이터를 인자로 전달할 수 있습니다. 반대로, reject()를 호출하면 프로미스는 거부^{rejected} 상태가 되며 resolve와 동일하게 데이터(주로 에러)를 인자로 전달할 수 있습니다. 위 코드에서는 비동기적으로 동작하는 작업이 존재하지 않지만, 50% 확률로 resolve()를 호출하거나, reject()를 호출하도록 구현되어 있습니다. 이렇게 구성된 프로미스는 다음과 같이 프로미스의 then() 메소드로 처리 결과를 받을 수 있습니다.

```
myPromise.then((result) => {
  console.log(result); // Done!!
}, (err) => {
  console.error(err); // Error: T.T
});
```

프로미스의 then() 메소드는 첫 번째 인자로 프로미스가 이행되었을 때 호출될 콜백 함수를 인자로 받으며, 이 콜백 함수는 resolve를 호출할 때 전달한 데이터를 인자로 받습니다. 만약, myPromise가 운이 좋게 resolve된다면, then() 메소드의 첫 번째 인자로 전달한 콜백 함수가 호출되며, Done!! 데이터가 함께 전달될 것입니다.

then() 메소드는 두 번째 인자로 프로미스가 거부되었을 때 호출될 콜백 함수를 받을 수도 있습니다. 이 역시 reject를 호출할 때 전달한 데이터를 인자로 받아 처리할 수 있습니다. then() 메소드는 프로미스의 이행과 거부를 모두 처리할 수 있으며, 다음과 같이 catch() 메소드를 사용하여 별도로 거부 상태를 처리할 수도 있습니다.

```
myPromise.then((result) => {
  console.log(result); // Done!!
```

```
}).catch((err) => {
  console.error(err); // Error: T.T
});
```

또한, 프로미스에는 finally() 메소드도 존재하며, 이는 프로미스의 이행 또는 거부 여부와 관계없이 반드시 호출되는 콜백을 받습니다.

```
myPromise.then((result) => {
  console.log(result); // 50% 확률로 출력: Done!!
}).catch((err) => {
  console.error(err); // 50% 확률로 출력: Error: T.T
}).finally(() => {
  console.log('End!'); // End!는 반드시 출력됨
});
```

코드를 몇 번 실행시켜보면 프로미스가 이행거나 거부될 때 어떻게 동작하는지 감을 잡을 수 있을 것입니다. 프로미스 내부에서 작업(비동기)을 수행하여 결과에 따라 이행하거나 거부하도록 구현하고, 이를 값으로써 사용할 수 있기 때문에 콜백 함수보다 유연하게 사용할 수 있습니다.

또한, then(), catch(), finally() 메소드는 프로미스를 반환하기 때문에 여러 작업을 체이닝(연결)하여 처리할 수 있으며, 이에 대한 내용은 계속 진행하면서 알아보도록 하겠습니다.

11.1.6.1. 프로미스를 활용하여 타이머 만들기

프로미스를 사용하여 새로운 타이머를 다음과 같이 구현해보겠습니다.

```
function timer (second) {
  return new Promise((resolve) => {
```

```
    setTimeout(() => {
      resolve();
    }, second * 1000);
  });
}
```

새로 구현한 timer() 함수는, 프로미스 내부에서 비동기 작업setTimeout을 처리한 후 resolve 하는 프로미스를 반환합니다. 즉, 프로미스 기반으로 동작하기 때문에 다음과 같이 타이머가 완료된 이후의 결과를 받을 수 있습니다.

```
timer(5).then(() => {
  console.log('Hello!');
});
```

5초 뒤에 Hello!가 출력될 것입니다. 그렇다면 콜백 방식의 타이머와 같이 1초마다 1, 2, 3을 출력해보기 위해 다음과 같이 코드를 작성합니다.

```
timer(1).then(() => {
  console.log('1');
});

timer(1).then(() => {
  console.log('2');
});

timer(1).then(() => {
  console.log('3');
});
```

위와 같이 구현하면 1초 뒤에 1, 2, 3이 한꺼번에 출력될 것입니다. 이 역시 비동기적으로 동작하기 때문에 프로미스를 체이닝하여 순차적으로 처리될 수 있도록 구현할 수 있습니다.

```
timer(1).then(() => {
  console.log('1');
  return timer(1);
}).then(() => {
  console.log('2');
  return timer(1);
}).then(() => {
  console.log('3');
});
```

위 코드를 실행시켜보면 1초마다 1, 2, 3이 순차적으로 출력될 것입니다. 코드를 확인해보면, 콜백 방식보다 훨씬 가독성이 좋은 것을 확인할 수 있습니다. 프로미스의 then(), catch(), finally() 메소드는 프로미스를 반환하기 때문에 위와 같이 작업을 처리하기 위한 프로미스를 묶어 순차적으로 처리할 수 있습니다. 이렇게 묶어서 처리하는 것을 프로미스 체이닝Promise Chaining이라고 합니다. 마지막으로, 실습에서 종종 사용하는 프로미스 매핑 방법에 대해 간략히 알아보도록 하겠습니다.

11.1.6.2. 프로미스 매핑하기

프로미스 체이닝을 통해 여러 프로미스를 순차적으로 처리할 수 있습니다. 이 밖에도 동시에 작업을 시작하고, 결과를 받을 수 있도록 하는 Promise.all() 메소드도 존재합니다. Promise.all() 메소드는 프로미스 배열을 받으며, 배열에 있는 프로미스가 모두 이행될 때까지 기다린 후 resolve 하는 프로미스를 반환합니다. 만약, 배열에 존재하는 프로미스 중 하나라도 reject되면, Promise.all()에서 반환한 프로미스도 reject됩니다. 다음 예제는 Promise.all()을 사용하여 1, 2, 3초 타이머를 동시에 처리하고 결과를 확인하는 코드입니다.

```
const t1 = timer(1);
const t2 = timer(2);
const t3 = timer(3);

Promise.all([t1, t2, t3]).then(() => {
  console.log('Done!');
});
```

코드를 실행시켜보면, 3초 뒤에 Done!이 출력됩니다. 배열에 포함된 프로미스가 모두 이행될 때까지 기다리기 때문에 가장 긴 시간인 3초 뒤에 이행됩니다. 이 책의 실습 내용에서는 이를 활용하여 다양한 프로미스 작업을 하나의 배열로 묶어(매핑) 처리하는 코드를 구현합니다.

['Apple', 'Cat', 'Banna', 'Dog'] 키워드 중 과일은 3초 뒤에 출력하고, 동물은 5초 뒤에 출력할 수 있는 프로미스 작업을 하나의 배열로 매핑하고, Promise.all() 메소드로 한 번에 처리할 수 있도록 구현해보도록 하겠습니다.

```
const keywords = ['Apple', 'Cat', 'Banana', 'Dog'];

// 과일: 3초 뒤 출력 및 이행
function fruitPromise (fruit) {
  return new Promise((resolve) => {
    setTimeout(() => {
      console.log('Fruit:',fruit);
      resolve();
    }, 3000);
  });
}

// 동물: 5초 뒤 출력 및 이행
function animalPromise (animal) {
  return new Promise((resolve) => {
```

```
    setTimeout(() => {
      console.log('Animal:', animal);
      resolve();
    }, 5000);
  });
}

Promise.all(
  keywords.map(keyword => {
    if (keyword === 'Apple' || keyword === 'Banana') {
      return fruitPromise(keyword);
    } else {
      return animalPromise(keyword);
    }
  })
).then(() => {
  console.log('Done!');
});
```

keywords 배열에는 키워드들이 저장되어있으며, map() 메소드를 통해 프로미스를 매핑합니다. 배열의 map() 메소드는 배열 내의 모든 요소(키워드)에 대해 콜백 함수를 호출하고, 결과를 새로운 배열에 모아 반환합니다. map() 메소드의 인자로 전달한 콜백 함수는 키워드가 과일인지, 동물인지 비교하여 fruitPromise 또는 animalPromise를 반환합니다.

결과적으로 map 메소드의 반환 값은 fruitPromise와 animalPromise가 포함된 배열이며, 이를 Promise.all 메소드로 일괄 처리합니다. 위 코드를 실행시켜보면 3초 뒤에 과일 2개가 먼저 출력 되고, 추가로 2초가 더 지나면(5초) 동물 이름이 출력될 것입니다. 마지막으로, Promise.all()의 프로미스가 이행되므로 Done!이 출력되어 다음과 같은 모습으로 출력될 것입니다.[1]

---

[1] Promise.all()로 일괄 처리하는 프로미스들은 순서에 영향을 끼치지 않기 때문에 실행할 때마다 결과가 조금 달라질 수 있습니다.

```
Fruit: Apple
Fruit: Banana
Animal: Cat
Animal: Dog
Done!
```

지금은 비동기 작업으로 setTimeout()을 사용했지만, 실습에서는 네트워크 요청을 보내는 작업에 적용하게 될 것입니다. 위 예제만 이해했다면, 실습을 진행하는 데 있어 큰 어려움은 없을 것입니다.

11.2 라이트하우스 Lighthouse

[그림 11-5] Lighthouse - https://developers.google.com/web/tools/lighthouse

라이트하우스Lighthouse는 웹 앱의 품질을 개선하는 오픈 소스 자동화 도구입니다. 웹 페이지의 전체적인 성능이나, 접근성, 검색 엔진 최적화 등의 항목을 검사하여 어떤 부분에 개선이 필요한지 보고서로 요약 정리하여 제공합니다. 또한, 프로그레시브 웹 앱에 대한 항목도 검사하기 때문에 웹 앱을 개발할 때 유용하게 사용할 수 있는 도구입니다.

라이트하우스를 통해 지금까지 개발했던 Paper 웹 앱을 검사해보고 보고서를 확인해보겠습니다. 먼저, 라이트하우스 사용을 위해 크롬 브라우저를 준비하고 라이트하우스 홈페이지(https://developers.google.com/web/tools/lighthouse)에 접속해서 크롬 확장프로그램 설치 페이지로 이동합니다.

[그림 11-6] 라이트하우스 크롬 확장프로그램

'Chrome에 추가' 버튼을 눌러 라이트하우스를 설치할 수 있습니다. 설치 후 Paper 웹 앱에서 개발자 도구를 열어 Lighthouse 메뉴가 추가되었는지 확인합니다.

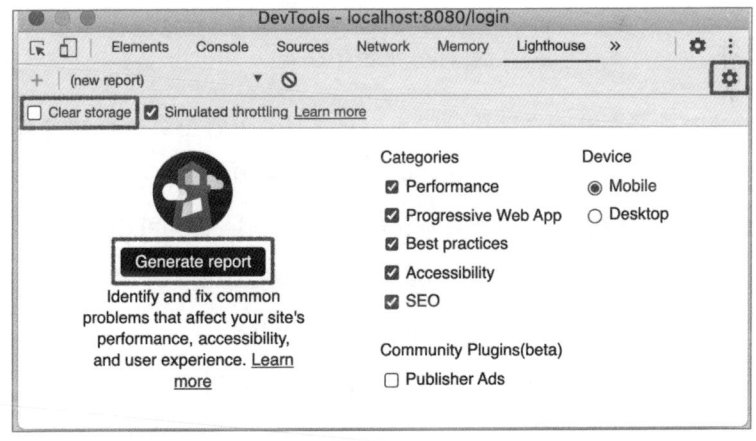

[그림 11-7] 라이트하우스 메뉴

라이트하우스는 웹 앱의 성능과 접근성, SEO 등의 항목을 검사하며 프로그레시브 웹 앱에 대한 검사도 수행합니다. 여러분이 원하는 항목만 선택하여 검사할 수 있으며, 데스크탑 환경 또는 모바일 환경 등을 지정하여 성능을 제한한 상태로 검사할 수도 있습니다.

검사하기에 앞서 우측 상단의 설정 아이콘을 눌러 Clear storage 옵션을 해제합니다. 실제 사용자들이 프로그레시브 웹 앱을 사용하게 된다면 리소스가 캐싱되어 있는 상태로 웹 앱을 사용할 것이기 때문에 비슷한 환경에서의 웹 앱 성능을 측정하기 위해서입니다. 설정이 완료되었다면, 'Generate report' 버튼을 눌러 라이트하우스 검사를 시작합니다. 잠시 뒤 웹 앱의 평가 결과를 보고서로 제공하며 전반적인 상태를 확인할 수 있습니다.

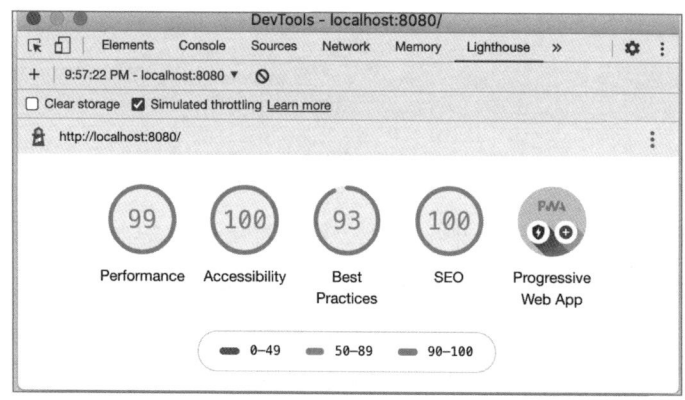

[그림 11-8] 라이트하우스 메뉴

Paper 검사 결과 준수한 점수를 받았으며, 프로그레시브 웹 앱의 주요 평가 항목을 모두 통과한 모습을 확인할 수 있습니다. 반대로, 라이트하우스의 Clear storage 옵션을 활성화하고 검사해보면 성능이 크게 하락할 것입니다. 모든 저장소를 지우고 검사하기 때문에 사용자가 처음 웹 앱에 접속한 상황과 동일하며 초기 리소스를 모두 로드하기 때문에 첫 접속 시에는 성능을 기대하기 어렵습니다.

이후 서비스 워커가 활성화되고 리소스가 캐싱된 상태로 웹 앱을 다시 사용해보면 첫 번째 라이트하우스의 결과처럼 좋은 성능을 발휘할 것입니다.

11.3 워크박스 Workbox

[그림 11-9] Workbox - https://developers.google.com/web/tools/workbox

워크박스Workbox는 웹 앱의 오프라인 지원을 위한 라이브러리입니다. 구글에서 개발하고 있으며, 프로그레시브 웹 앱을 구현하는 데 있어 다양한 기능을 최대한 사용할 수 있도록 합니다. 이 책에서 직접 구현하는 기능들 중 일부를 직접 구현하지 않고도 쉽게 사용할 수 있도록 구현되어 있으며, 주로 서비스 워커측의 기능 구현을 지원합니다.

서비스 워커를 직접 구현하고 관리하기에는 어려운 부분이 있을 수 있기 때문에 워크박스와 같은 라이브러리를 활용하여 쉽고 빠르게 프로그레시브 웹 앱을 구성할 수도 있습니다. 워크박스는 서비스 워커에 다음과 같이 스크립트 하나만 로드하면 바로 사용할 수 있으며, 기본적인 기능 몇 가지를 살펴보도록 하겠습니다.

```
importScripts('https://storage.googleapis.com/workbox-cdn/releases/5.1.2/workbox-sw.js');

// workbox 사용 가능!
```

워크박스는 이 책의 실습을 통해 구현했던 것과 동일하게 지정된 리소스를 사전에 미리 캐싱하거나, 동적으로 캐싱하는 방법을 모두 제공합니다.

```
// 경로에 해당하는 리소스 캐싱
workbox.precaching.precacheAndRoute([
```

```
    '/',
    '/login',
    '/js/app.js',
    '/js/util.js',
    '/js/common.js',
    '/js/axios.min.js',
    '/js/index.js',
    '/js/login.js',
    '/js/paper-store.js',
    '/css/index.css',
    '/css/login.css'
]);
```

위와 같이 지정된 리소스를 미리 캐싱할 수 있으며 특정 경로나, 리소스 유형에 따라 동적으로 캐싱하도록 구현할 수도 있습니다. 워크박스를 통해 캐시된 리소스는 다음과 같이 제공할 수 있습니다.

```
self.addEventListener('fetch', (event) => {
    const cacheFirst = new workbox.strategies.CacheFirst();
    event.respondWith(cacheFirst.handle({ request: event.request }));
});
```

서비스 워커의 fetch 이벤트가 발생했을 때 워크박스를 통해 캐싱했던 리소스를 캐시 우선Cache First 전략으로 제공합니다. 워크박스에는 캐시 우선 뿐만 아니라 다양한 전략이 구현되어있기 때문에 직접 구현하지 않고도 쉽게 사용할 수 있습니다.

1. CacheFirst: 선 캐시
2. NetworkFirst: 선 네트워크, 후 캐시
3. NetworkOnly: 네트워크만

4. CacheOnly: 캐시만

5. StaleWhileRevalidate: 응답 및 네트워크를 통해 캐시 업데이트

워크박스가 잘 동작하는지 확인해보겠습니다.

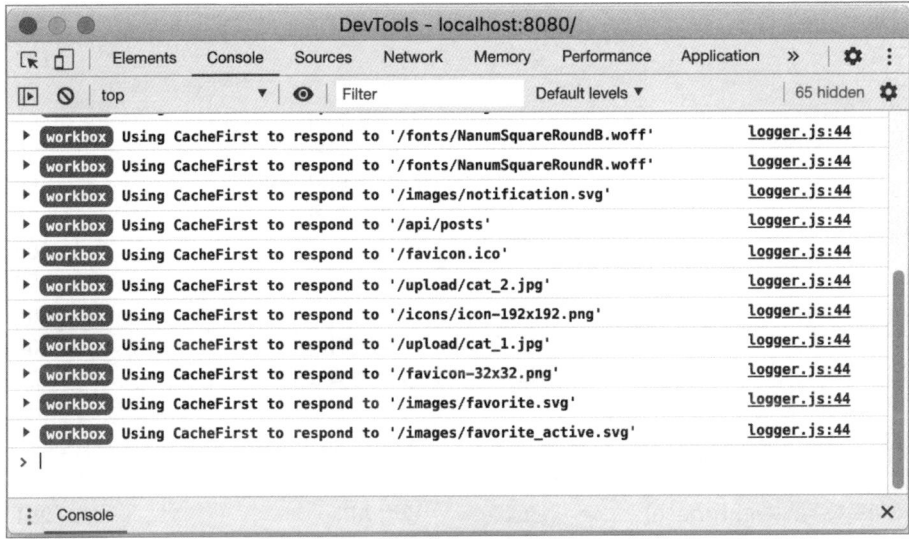

[그림 11-10] 워크박스를 통해 캐시된 리소스 응답하기

이처럼 서비스 워커 기능을 직접 구현하지 않고도 캐싱, 라우팅 제어, 백그라운드 동기화 등의 주요 기능을 간단히 사용할 수 있기 때문에 워크박스와 같은 라이브러리를 활용하여 프로그레시브 웹 앱을 구성하는 것도 좋은 방법이 될 수 있습니다.

찾아보기

ㄱ

객체 저장소	125, 133
구독	278

ㄴ

내부키	137
네이티브 앱	13

ㄷ

동기화	214

ㄹ

라이트하우스(Lighthouse)	362
레코드	126
로컬 스토리지	40, 124
로컬 호스트	9
리소스 캐싱	86

ㅁ

메시지	252
메시지 채널	266

ㅂ

바벨(Babel)	332
백그라운드 동기화	215
브라우저 렌더링	52
비동기 처리	350, 354

ㅅ

색상 테마	199
색인	126
생명주기	69
서비스 워커	52
서비스 워커 등록	56
서비스 워커 범위	58
서비스 워커 상태	76
설치	209
스레드	52
스트림	107
시작 페이지	204
실행 컨텍스트	53

ㅇ

알림 API	281
알림 권한	284
알림 권한	283
앱 셸	7, 84
앱 아이콘	196
앱 이름	194
오프라인 우선	46
외부키	137
워크박스(Workbox)	365
웹 앱	14
웹 앱 매니페스트	192
웹 워커	52
웹 푸시 프로토콜	276
이벤트 수명	90
인터랙티브	2

ㅈ

점진적인 향상	48

ㅋ

캐시 삭제	96
캐시 스토리지	82
커서	152
콜백 함수	350
클라이언트	252

ㅌ

태그	215
템플릿 리터럴	348
트랜스파일러	332
트랜잭션	126, 143

ㅍ

포트	267
폴리필	334
푸시	273
푸시 API	272
푸시 구독	302
풀	272
푸시 구독 취소	311
푸시 서비스	274
푸시 알림	272
프로그레시브 웹 앱	3
프로미스	354
프로미스 매핑	359
프로미스 체이닝	359
프로퍼티 생략	348
프록시	55

ㅎ

하이브리드 앱	15
호이스팅	343, 346
화면 모드	203
화면 방향	202
화살표 함수	349

A

activate	70
App Shell	7, 84
apple-mobile-web-app-status-bar-style	201
apple-mobile-web-app-title	196
apple-mobile-web-appcapable	196
apple-touch-icon	199
apple-touch-startup-image	208
autoIncrement	138
Axios	41

B

background_color	199
Blob	126

C

Cache.add()	89
Cache.addAll()	89
Cache.delete()	265
Cache.keys()	262
Cache.put()	107
CacheStorage	86
CacheStorage.delete()	98
CacheStorage.keys()	98
CacheStorage.match()	94
CacheStorage.open()	89
claim()	71
clients	71
Clients.matchAll()	253
Clients.openWindow()	330
const	346

D

display	203
DOM	53

E

ES6	340

F

FCM	298
fetch	61, 64
for ··· of	172

G

gcm_sender_id	300

H

HTTPS	10

I

icons	196
IDBCursor	153
IDBCursor.continue()	154
IDBCursor.delete()	161
IDBCursor.update()	159
IDBDatabase	132
IDBDatabase.createObjectStore()	135
IDBFactory.open()	130
IDBKeyRange	155
IDBObjectStore	135
IDBObjectStore.add()	148
IDBObjectStore.clear()	161
IDBObjectStore.createIndex()	140
IDBObjectStore.delete()	160
IDBObjectStore.get()	149
IDBObjectStore.index()	151
IDBObjectStore.openCursor()	153
IDBObjectStore.put()	157
IDBRequest	130, 132
IDBRequest.onerror	131
IDBRequest.onsuccess	131
IDBRequest.onupgradeneeded	134
IDBTransaction	143
IDBTransaction.onabort	145
IDBTransaction.oncomplete	145
IDBTransaction.onerror	145
importScript()	239
IndexedDB	124
install	70

J

JWT	278

K

keyPath	137

L

let	344
Local Storage	40, 124

M

map()	361
MessageChannel()	268

N

name	195
navigator.onLine	119
navigator.register()	58
Node.js	19
Notificaion API	281
Notificaion.permission	283
Notificaion.requestPermission()	283
notificationclick	329
NPM	29

O

ObjectStore	133
oldVersion	136
orientation	202

P

pathname	105
postMessage()	253, 258
Promise.all()	359
Promise.catch()	356
Promise.finally()	357
push	63, 326
Push API	272
PushManager	282
PushManager.getSubscription()	312
PushManager.subscribe()	305
PushSubscription	306
PushSubscription.unsubscribe()	313
PWA	3

R

readonly	143
readwrite	143
reject	356
REPL	21
resolve	356
respondWith()	65
REST API	34

S

self	57
Service Worker	52
ServiceWorkerGlobalScope	57
short_name	195
showNotification()	287, 328
skipWaiting()	71
start_url	204
statechange	76
Subscription	278

sync	62, 215
SyncManager	216
SyncManager.getTags()	217
SyncManager.register()	217

T

TDZ	345
theme_color	199

U

unique	140
updatefound	75
URL()	105
User Agent	274

V

VAPID	278
var	341
versionchange	141, 143

W

waitUntil()	90
Web App Menifest	192
web-push	296

SNS 앱 예제로 배우는 프로그레시브 웹 앱
네이티브 앱처럼 동작하는 웹 프로젝트 완성

초판 1쇄 발행 | 2020년 7월 30일

지은이 | 이근혁
펴낸이 | 김범준
기획/책임편집 | 이동원
교정교열 | 최현숙
표지/편집 디자인 | 이승미

발행처 | 비제이퍼블릭
출판신고 | 2009년 05월 01일 제00-2009-38호
주소 | 서울시 중구 청계천로 100 시그니처타워 서관 10층 1011호
주문/문의 | 02-739-0739   **팩스** | 02-6442-0739
홈페이지 | https://www.bjpublic.co.kr   **이메일** | bjpublic@bjpublic.co.kr

가격 | 26,000원
ISBN | 979-11-6592-008-1
한국어판 ⓒ 2020 비제이퍼블릭

이 책은 저작권법에 따라 보호받는 저작물이므로 무단 전재와 무단 복제를 금지하며,
전부 또는 일부를 이용하려면 반드시 저작권자와 비제이퍼블릭의 서면동의를 받아야 합니다.

잘못된 책은 구입하신 서점에서 교환해드립니다.

소스코드 다운로드 | https://github.com/bjpublic/snsapp